红色记忆

上海社会科学院图书馆
——馆藏红色文献精粹

HONGSE JIYI SHANGHAI SHEHUI KEXUEYUAN TUSHUGUAN
GUANCANG HONGSE WENXIAN JINGCUI

主编 钱运春

厦门大学出版社
XIAMEN UNIVERSITY PRESS
国家一级出版社
全国百佳图书出版单位

图书在版编目（CIP）数据

红色记忆：上海社会科学院图书馆馆藏红色文献精
粹 / 钱运春主编. -- 厦门：厦门大学出版社，2023.12
　ISBN 978-7-5615-9131-4

　Ⅰ. ①红… Ⅱ. ①钱… Ⅲ. ①中国共产党-党史-文
献-汇编-上海 Ⅳ. ①D235.64

中国版本图书馆CIP数据核字(2023)第239632号

责任编辑　林　鸣
美术编辑　李夏凌
技术编辑　许克华

出版发行　厦门大学出版社
社　　址　厦门市软件园二期望海路 39 号
邮政编码　361008
总　　机　0592-2181111　0592-2181406(传真)
营销中心　0592-2184458　0592-2181365
网　　址　http://www.xmupress.com
邮　　箱　xmup@xmupress.com
印　　刷　湖南省众鑫印务有限公司

开本　710 mm×1 000 mm　1/16
印张　15.5
字数　228 千字
版次　2023 年 12 月第 1 版
印次　2023 年 12 月第 1 次印刷
定价　98.00 元

本书如有印装质量问题请直接寄承印厂调换

厦门大学出版社
微信二维码

厦门大学出版社
微博二维码

从上海社会科学院图书馆馆藏红色文献
看马克思主义在中国的传播

（代前言）

"红色文献"主要指五四运动前后至 1949 年中华人民共和国成立前后，由中国共产党机关或各根据地出版发行的马恩列斯著作、中国共产党领袖著作、中国共产党组织各类文件及各种图书和报纸杂志等，还有红色理论家和作家撰写的有关中国共产党的理论、历史，革命歌剧，革命小说等。这些红色文献曾是中国共产党武装斗争的理论基础，是中国共产党新民主主义文化建设的重要组成部分。如果范围再扩大一点，对中国共产党创建、发展政权有影响的相关图书，包括有关共产主义（社会主义）理论、共产国际、苏维埃社会主义制度的著作等，也可看作红色文献的一部分。

这些文献最初的印数不多，又经历战争、"文革"、院校合并等，能够流传至今的非常少，不是孤本也是文物。上海社会科学院图书馆（以下简称"图书馆"）民国书库藏有一批红色文献，1600 余种，超过 1900 册。数量不多，但极其珍贵，是上海社会科学院红色基因的重要组成部分。

一、馆藏来源和文献特色

图书馆的红色文献主要来源于 1958 年建院时合并过来的高校图书馆，包括东吴大学、沪江大学、之江大学、华东政法学院，以及后来并入的上海商学院、上海法学院、复旦大学、光华大学、上海海关、立信会计专科学校、中国人民银行等单位的社会科学方面的图书。建院后，图书馆又从市场上购买了一批民国图书，大大扩充了规模。

（一）馆藏红色文献的特色

图书馆的红色资源具有较为鲜明的特色。一是涵盖范围比较广，比如马恩列斯经典著作、中国共产党早期领导人的著作、马克思主义理论家的著作等，政论、经济、社会、文化、小说、歌剧等都有涉及，时间上从 1920 年前后一直延续到 1949 年。二是学术性强、学术氛围浓厚、理论著作多。三是来源广泛，许多图书馆或藏书机构都盖有印鉴，特别是大学藏书章，说明当时中国共产党的理论著作，已经通过不同渠道向大学传播，影响青年学生心向革命。除此之外，图书馆馆藏还有三个特点：

第一，有少量图书盖有"岫庐藏书"朱印。"岫庐"是时任商务印书馆总经理王云五的号，他收藏的图书均盖有"岫庐藏书"的方形朱印，也有极少部分加盖有"岫庐藏书"中英文的圆形钢印。目前图书馆发现有 40 多种。这些书是 1948 年王云五应立信会计专科学校校长潘序伦之请捐赠过来的。后来全国院系调整后，立信会计专科学校最终于 1958 年并入上海社会科学院。其中有两本极其重要的红色图书，一本是陈望道翻译的首版首印《共产党宣言》（社会主义研究社 1920 年版），另一本是中国共产党创立时共产国际联系人杨明斋的专著《评中西文化观》（北京印刷所 1924 年版）。还有不少名家题签的文献，包括胡适、潘序伦等。

第二，译著和原著丰富。由于圣约翰大学图书馆是图书馆的主要前身，此外还有一些其他教会大学如东吴大学图书馆等，因此，馆藏的外文文献十分丰富，既有英文、日文、俄文、德文的译著，又有外文原版书，比如英文文献 *Capital: a Critique of Political Economy*（《资本论：政治经济学批判》，纽约现代图书馆 1906 年版），*The Communist Manifesto of Karl Marx and Friedrich Engels*（《马克思和恩格斯的共产党宣言》，纽约国际出版公司 1930 年版），*A Handbook of Marxism*（《马克思主义手册》，伦敦戈兰茨出版公司 1935 年版）等；再如日文文献，高畠素之译『资本论』（《资本论》）有两种（东京新潮社 1929 年版、

东京改造社 1927—1932 年版），河上肇译『労賃、価額および利潤』（《工资、价格及利润》，京都弘文堂书房 1926 年版），山本美编纂『マルクス＝エンゲルス全集』（《马克思恩格斯全集》，东京改造社 1928 年版），西雅雄译『ゴータ綱領批判』（《哥达纲领批判》，东京岩波书店 1949 年版）；还有俄文文献，如 *Капитал: Критика политической экономии*（《资本论：政治经济学批判》三卷本，莫斯科国家政治出版社 1949 年版）等。

第三，初版书和重要书复本多。图书馆有相当多红色文献是在第一次出版时即有收藏，比如陈望道译《共产党宣言》、郑次川译恩格尔（即恩格斯）《科学的社会主义》（公民书局 1921 年版）、杨明斋《评中西文化观》（北京印刷所 1924 年版）、李达《中国产业革命概观》（昆仑书店 1930 年版）等。甚至还有多个版本以及多家出版社出版的同一本书，比如毛泽东《论联合政府》不同年代的四个版本（中国灯塔出版社 1946 年版、新中国书局 1949 年版、华东新华书店 1949 年版、华北新华书店 1949 年版）；毛泽东《经济问题与财政问题》不同年代的三个版本（东北书店 1942 年版、上海合众出版社 1946 年版、中原新华书店 1949 年版）。品种非常丰富。另外，由于部分图书并入的图书馆均有收藏，导致一些重要图书的复本很多。

（二）红色文献的类型

1921 年，以马克思主义思想为指导的中国共产党成立。中国共产党非常重视马克思主义经典著作的出版和传播。到中华人民共和国成立前夕，马克思主义经典著作在中国从无到有、从少到多，许多重要著作基本上都有了中文本，有单行本，也有多卷本，有的著作甚至有好几种版本。这些著作在战争年代对于宣传马列主义、配合武装斗争发挥了重要作用，也为中华人民共和国成立以后马克思主义的传播奠定了基础，成为中国共产党和中国人民最宝贵的精神财富。图书馆有 1600 余种红色文献，按照《中国图书馆分类法》来划分，马克思主义、列宁主义、毛泽东思想类 342 种，占比 21%；哲学类 110 种，占比 7%；经济类 326 种，占比 20%；政治和社会生活类 482 种，占比 30%；文学类 123 种，占比 7.7%；共产党和共产主义类 69 种，占比 4.3%。此外还有工业经济、农业经济、军事、财政金融、综合性图书等，这些文献数量较少，但是一些重要文献基本都有收录，而且版本较为多样，有的重要著作版本有 10 多种。

（三）出版中心的变迁

民国时期上海是出版和思想宣传重镇，有商务印书馆等很有影响的出版社，还有生活、大众、亚东等几大书局，加之上海有众多的教会学校、私立学校等，各类红色图书在当时的大中小学都有馆藏。这些出版单位按照时间顺序，有从上海向外地发展，再集中于延安进而扩大到解放区的过程。比如从 1920 年到 1937 年全面抗战前夕，出版事业主要集中于商务印书馆、公民书局、民智书局、开明书店、生活书店、社会科学研究社、求益书店等，反映了上海作为建党的理论中心、思想中心和舆论中心的重要地位，也证明中国共产党之所以能够诞生于上海的历史必然性。但这段时间出版机构主动介绍红色文献的不多，作为学术引介的不少。1938—1945 年，商务印书馆出版的红色图书明显减少，说明商务印书馆最初出版红色图书仅仅是将马克思主义作为一种学术思潮引进，并不具有主动宣传马克思主义的成分。取而代之的是大众出版社、解放社和新华书店，其他还包括独立出版社、读书生活出版社、抗敌救亡出版社、苏北出版社、东北书店等，这些出版机构在红色图书出版上具有更多的自觉成分，是中国共产党组织理论宣传的重要阵地。出版内容也从海外文献引入转向介绍中国共产党的抗战方针政策、对敌游击战的战术等。最后是 1946—1949 年，由于解放战争以及宣传的需要，红色图书在各地争相出版，这段时间虽然不长，但是其间的馆藏文献最为丰富，内容最为多样，是马克思主义中国化较为明显的时期，在思想政治、经济社会、曲艺文化等各方面，形成一系列宣传机制。以大众出版社、东北书店、新华书店、光华书店、解放社、三联书店、新中国书店（局）、中国出版社、新知书局、人民出版社、工人出版社等为主，出版了不少关于抨击国民党政治腐败、反内战、边区生活、中共中央文件及工作总结等图书，从经济、政治、文化和社会等各方面对国民党政权进行清算。因为各地工作需要，出版社如雨后春笋般涌现，一些重点图书被多家出版社同时出版或者不断再版。其中新华书店因出版大量宣传马克思主义、列宁主义、毛泽东思想、党中央方针政策和革命文化的红色出版物，可谓红色出版物的摇篮。解放社也发挥了同样的作用。这些中国共产党领导的出版机构所出版的大量红色图书不仅供应陕甘宁边区和其他各根据地，而且还秘密供应国民党统治区甚至远销国外，特别是被上海高校图书馆大量采购。这也是图书馆能找到很多红色文献且复本比较多的原因。

二、馆藏红色文献与马克思主义在中国的传播

马克思主义最早是作为一种学术思潮，于 19 世纪末 20 世纪初开始传入中国，具有明显的自发特征。如 1899 年 2 月，《万国公报》第 121 期刊载了由传教士李提摩太节译、蔡尔康笔述的英国资产阶级社会学家颉德所著的《社会的进化》一书，译名为《大同学》，文中提到的"马克思"、"马客偲"和"恩格思"是迄今所知的马克思和恩格斯的最早译名。在新文化运动之后，一批初步具有共产主义思想的知识分子（如李大钊、陈独秀等）开始主动地将马恩著作翻译介绍到中国。有些书虽然不是经典作家的著作，但是运用了马克思主义思想研究的成果，也是相关的红色文献。

（一）马克思恩格斯著作的译介

图书馆收藏的马克思恩格斯的著作有 50 多种（包括不同出版社出版的同一著作）。最为有名的是陈望道译《共产党宣言》（后来又有好多版本，图书馆还收藏了 1938 年新文化书房和 1949 年解放社、苏南新华书店和新中国书局分别出版的版本）。《共产党宣言》之后，中国学者一是聚焦社会主义思想方面，如 1921 年出版的《科学的社会主义》、20 世纪 20 年代末新生命书局出版的《家族、私有财产及国家之起源》。二是聚焦经济学方面，如广州（上海）人民出版社 1921 年出版的《工钱劳动与资本》（袁让译），1924 年商务印书馆出版的《价值价格及利润》，1929 年上海泰东图书局出版、朱应祺和朱应会合译的《工资价格及利润》《工资劳动与管理》《工资劳动与资本》，还有由多家出版社出版的《政治经济学批判》（神州国光社 1932 年版、1939 年版，群益出版社 1947 年版）、《资本论》（昆仑书店 1930 年版、国际学社 1932 年版、东亚书局 1932 年版、商务印书馆 1934 年版、世界名著译社 1936 年版、读书生活出版

社 1938 年版），延续时间自 1930 年到 1947 年。这些著作图书馆都有收藏。《资本论》除读书生活出版社的三卷本被完整收藏外，其他版本都仅有 1～2 册被收藏。三是聚焦马恩政论方面，包括《法兰西内战》（解放社、华东新华书店 1949 年版）、《马恩论中国》（中国出版社 1938 年版）、《中国问题评论集》（珠林书店 1938 年版）等。恩格斯独著的著作也有一些，包括《社会发展史》（新民出版社 1946 年版）、《费尔巴哈论》（昆仑书店 1932 年版、上海生活书店 1937 年版、南强书局 1932 年版）、《共产主义原理》（民间出版社 1949 年版）、《宗教·哲学·社会主义》（上海亚东图书馆 1949 年版）等。

（二）马克思主义日文版著作译介

除了直接从德语、法语甚至英语文献中翻译介绍马克思主义著作外，日文文献也不少。虽不能算是严格意义上的红色文献，但是日文著作对中国共产党人的影响不容忽视。因为日本的马克思主义研究和宣传比中国要早很多，日文著作可以说是马克思主义向中国传播的第一个中介。大量留日学生向国内转译马克思主义著作。比如首版首印《共产党宣言》全译本，就是由留日的陈望道借鉴日文版和英文版译出。再如生田长江和本间久雄共同著作的《社会改造之八大思想家》（林本等译，商务印书馆 1927 年版），是一本专门介绍马克思等八人生平与思想的书。还有如 1927 年出版的堺利彦《社会主义学说大要》（吕一鸣译，北新书局印行），1930 年出版的高畠素之《资本论大纲》（施复亮译，大江书铺初版）等。

图书馆收藏最多的日本学者图书是河上肇的著作及译本，共有 26 本。河上肇被誉为"东方最伟大的马克思主义传道者"，是李大钊的老师。受河上肇启发的中国人不但有李大钊，还有李汉俊、李达、王亚南、郭沫若、陈望道、艾思奇等。河上肇著作时间跨度为从 1922 年的《近世经济思想史论》（李培天译，学术研究会版）到 1949 年的《经济学大纲》（北平经济学社版），其他图书包括《马克思主义经济学基础理论》《社会主义经济学》《唯物史观》《资本论入门》等。

（三）俄文马克思主义理论著作译介

"十月革命一声炮响，给中国送来了马克思列宁主义。十月革命帮助了全世界的也帮助了中国的先进分子，用无产阶级的宇宙观作为观察国家命运的工具，重新考虑自己的问题。"（毛泽东《论人民民主专政》）李大钊坚信"将来的环球，必是赤旗的世界"，提出"以俄为师"的思想。"南陈北李"在共产国际的帮助下，携手建党。中国的新文化运动出现了重大的转向，思想界开始有意识地主动宣传马克思列宁主义。之后，有大量俄国文献也被翻译引进。有些文献虽然算不上红色文献，但是对中国共产党人思考中国革命的道路问题产生了很重要的作用，对中华人民共和国成立以后社会主义建设的探索也产生了重要的影响。

苏共文献的翻译出版时间跨度为从1930年到1949年，从最初的引介发展到"拜师"。早期是译介《联共党史》《俄国党史》《论清党》，到20世纪30年代后期，开始介绍《苏联共产党（波尔什维克）历史简要读本》《苏联共产党的建设问题》（1～3版）。20世纪40年代后期，由解放社、新华书店等主动出版《论布尔什维克成功的基本条件》《联共（布）历史研究提纲》《苏联共产党的战略理论》。

对苏共文献的引入，还有一个重要方面就是列宁和斯大林著作的译注。革命导师列宁的著作，基本是从20世纪30年代初的一般介绍，发展到40年代末的主动引入。1933年正午书局出版《列宁回忆录》，随后介绍列宁革命思想的著作如《帝国主义浅说》《二月革命至十月革命》等陆续出版，到40年代末期《列宁论中国》、《关于国家和阶级专政》、《论民族殖民地问题》、《国家与革命》《论马克思恩格斯及马克思主义》、《列宁文选》（1～6卷）等被引入出版。《列宁选集》多卷本（图书馆藏有部分）曾于1939年由解放社出版，后来新华书店于1949年又出版了卷次更多的版本（图书馆藏有16、17卷初版）。斯大林著作的引入要比列宁著作稍晚一些，主要包括1938年《斯大林言论选集》、《论列宁》《论中国革命》（新华书店1949年版）、《斯大林选集》（1～5卷，东北新华书店1949年版）。另外，《列宁斯大林论青年团底任务》、《什么是列宁主义》（第一分册）、《革命的理论》（三版），也是重要的文献。

此外，当时苏联的马克思主义理论大家著作也被大量引介，包括普列汉诺夫（有的书译为蒲力汗诺夫、普列哈罗夫）的《史的一元论》（1929年）、《马克思主义底基本问题》（1930年）、《无政府主义批判》（1935年）、《从唯心论到唯物论》（1936年）、《社会科学的基本问题》（1938年起，多个版本）、《论一元论历史观之发展》（1948年），布哈林的《共产主义的ABC》《转型期经济学》（1930年）、《有闲阶级的经济理论》（1930年），列昂捷也夫（现一般翻译为列昂惕夫，1973年诺贝尔经济学奖获得者）的《政治经济学基础教程》《马克思的资本论》等，波达诺夫的《经济科学概论》（商务印书馆和大江书铺出版了多个版本）。

（四）中国共产党早期创建者的译介

中国共产党的主要创建者中有不少既是革命家，又是理论家。他们是向中国译介马克思主义文献的主力。比如1915年李大钊等翻译了日本学者今井嘉幸的《中国国际法论》，对李大钊政治和法律思想的形成有重要影响。李汉俊编译的《马格斯资本论入门》（1920年）是国内最早研究介绍马克思《资本论》主要内容的单行本中文译作。毛泽东在1920年通过该书接触了《资本论》，将其列为"书之重要者"。李达是中国共产党的创始人之一，也是把马克思主义引入中国的关键人物。1921年由李达翻译的荷兰郭泰著《唯物史观解说》，是中国第一本专门介绍唯物史观的读物。1922年，他编译《劳农俄国研究》，介绍了马克思列宁主义在俄国的实践。1930年，他翻译了河上肇的《马克思主义经济学基础理论》，这也是珍贵的早期马克思主义理论文献。

三、马克思主义的中国化及其发展

1938年10月，毛泽东在党的六届六中全会上作题为《论新阶段》（重庆新华日报馆1938年版）的政治报告，充满自信地提出"马克思主义中国化"的革命任务和发展道路。马克思主义中国化是中国共产党人从实践中总结"左"的教条主义给革命造成的巨大危害，进一步认识到必须使马列主义"民族化"和"中国化"，才能指导中国革命取得胜利。特别是延安边区政权建立后，中国共产党有了新民主主义理想的"试验田"，从抗日统一战线、政治清明、经济发展（土改）、思想文化运动等方面，开始了全方位的探索。馆藏文献主要包括：

（一）毛泽东思想的文献

关于毛泽东思想的著作具有非常明显的战略性和对策性，是对抗日战争、国共合作、解放战争、建立新政权等问题的理论回应。图书馆收藏最早的是1938年出版的《论持久战》（译报图书部1938年版），是中国共产党领导抗日战争取得胜利的纲领性文献，国民党高级将领白崇禧将其归纳为"积小胜为大胜，以空间换时间"[①]。另一本《论查田运动》，虽然是1948年翻印的，但是原文发表于1933年，于次年由共产国际翻译出版，毛泽东的思想从此开始在共产国际内部传播。1942年12月毛泽东起草的《经济问题与财政问题》手稿是关于敌后抗日根据地经济建设的重要指导性文件之一。

毛泽东的《论联合政府》明确提出了新民主主义的一般纲领，并完整地制定了党的具体纲领和政策。图书馆收藏了不同年代的四个版本。《目前形势和我们的任务》是1947年中共中央在陕北米脂县杨家沟召开扩大会议后于1948年出版的，是重庆新华日报馆出版的"新群丛书"中的一种。图书馆藏有当年出版的四个版本。其他著作还有《农村调查》（新华书店1949年版）、《中国革命战争的战略问题》（新华书店1949年版）、《中国共产党红军第四军第九次代表大会决议案》（新华书店1949年版）、《中国抗战的前途》（民族复兴出版社1938年版）等。

随着中国共产党提出的一系列抗日主张日益深入人心，各出版机构开始对毛泽东的文章进行结集出版。早期有代表性的是《毛泽东论文集》（1937年由上海大众出版社出版），前有毛泽东小传，共收录毛泽东撰写的12篇文章，主要是讲中国共产党的抗战主张和民族统一战线问题。后期又出了《毛泽东选集》多卷本，图书馆藏有1945—1947年苏中出版社、上海大众出版社、渤海新华书店等版本。关于毛泽东的介绍和研究著作，主要有《毛泽东自传》，是依据美国著名记者埃德加·斯诺在延安多次采访毛泽东、周恩来、徐特立等老一辈无产阶级革命家的记录整理而成，推测在1937年前后出版。还有张如心所著的《毛泽东论》（华中新华书店1948年版）、《毛泽东思想方法论》（苏南新华书店1949年版）、

[①] 于化庭：《中国共产党的抗战历程·上》，济南出版社2019年版，第201页。

《毛泽东思想与作风》（苏南新华书店 1949 年版）。张如心曾于 1941 年在文章中第一次使用了"毛泽东同志的思想"这一提法。另外还有爱泼斯坦等著《毛泽东在重庆》、马康等著《毛泽东的故事》（三版）等。

（二）中国共产党主要创建者的著作

中国共产党的早期创建者也写了不少宣传马克思主义的文章。陈独秀的《独秀文存》、李大钊的《守常文集》、杨明斋的《评中西文化观》等，是比较有代表性的著作。《乱弹及其他》是瞿秋白的文艺论文结集，是新文化运动的重要文献之一。李达是马克思主义中国化的代表人物之一：1926 年出版的《现代社会学》是一部系统地阐述历史唯物主义和科学社会主义的著作；1930 年出版的《中国产业革命概观》是马克思主义经济学中国化的开启之作；1937 年出版的《社会学大纲》是中国人自己写的第一本马列主义哲学教科书，毛泽东说他读了十遍以上。李达还是中国学者中最早将前资本主义政治经济学进行系统研究并予以体系化的，代表作是 1948 年出版的《先资本主义的社会经济形态论》。

图书馆也收藏了一些中国共产党重要领导人的著作，基本都是 1945 年之后出版的。刘少奇的著作包括《论国际主义与民族主义》、《论思想意识》（与毛泽东等合著）、《人的阶级性，改造我们的学习》（与毛泽东合著）、《关于修改党章的报告：一九四五年五月十四日在中国共产党第七次全国代表大会上》（四版）。1938 年出版的朱德、彭德怀合著的《抗敌的游击战术》，确认了游击战"十六字方针"的提出者是毛泽东。1949 年出版的《论解放区战场》是朱德在中共七大上所作的军事报告，是运用马列主义研究中国抗日民族解放战争的杰作。

（三）马克思主义中国化的其他文献

1945 年以后，随着重庆谈判破裂，中国两种命运之争到了最终决战的阶段。很多文献虽然在解放区印刷，但是有不少传播到国统区特别是上海的高校图书馆。

1. 经济建设方面的文献

图书馆收藏的经济建设方面的红色文献，既有对国统区经济危机的抨击，如唐守愚等编著的《国民党地区的饥荒与经济危机》、许涤新编著的《论中国经济的崩溃》，也有中国共产党在解放区发展经济的政策指导，包括毛泽东的《新民主主义的新经济政策》《经济问题与财政问题》，任弼时发表的讲话《土地改革中的几个问题》，其中讲话分析了土地改革中发生"左"倾错误的原因，提出了纠正的原则和方法。另外，在新民主主义经济理论上也有成果问世，如李达《社会的经济再造》、马寅初《中国经济改造》（三版）、沈志远《新经济学大纲》、薛暮桥《政治经济学》等。

2．政治建设方面的文献

除了上述经济建设方面的相关著作，图书馆还有不少党的政策文献的汇编以及宣讲等文献，如《八一宣言》（1935年）、毛泽东在中共六届六中全会上所作的《中国共产党在民族战争中的地位》、毛泽东在中共七大上所作的政治报告《论联合政府》（中国出版社1946年版，新中国书局、解放社、新华书店均为1949年版）等。此外，图书馆还藏有《中国人民政治协商会议第一届全体会议重要文献》（1949年），包括四个文献，完成了建立新中国的历史使命；为筹建"中华全国民主妇女联合会"而出版的六本书中，图书馆藏有五本，分别是《新社会的新女工》《中国解放区的南丁格尔们》《中国解放区妇女参战运动》《中国解放区农村妇女翻身运动素描》《中国解放区农村妇女生产运动》等。

3．相关文学作品

图书馆还藏有多种题材的相关文学作品。一是关于抗战题材的文学作品。如《北运河上》，描写了1937年冬，四川大学生李行和贵州大学生熊民等从北平流亡到北运河畔的聊城参加抗日救亡工作。茅盾评价这部作品触及了抗战中的一个主要问题，即"贪污政治与农村生活破产所造成的'土匪'——这一民间的武力，如何引导到抗战的路上来"。杨震所编的《东北抗日联军的过去、现在和未来》，表现了中华民族不畏强暴、英勇不屈的精神。胶东新华书店出版的《血战八年的胶东子弟兵》记述了胶东八路军抗战期间的战史、战绩。话剧《把眼光放远一点》描写了在抗日战争期间一家村民参军抗战的故事。《没有弦的炸弹》是报告文学，记叙两个八路军侦察员与伪军的一次遭遇战，表现了战友间的友情及军民之间的感情。《地覆天翻记》是长篇小说，生动展现了抗战期间中国共产党领导贫苦农民所进行的阶级斗争的故事。《地雷阵》叙述了晋察冀民兵开展地雷战把日本侵略者打得焦头烂额的故事。

二是关于新旧社会对比的作品。延安文艺座谈会之后，涌现了一大批红色作家，他们创作了大量新旧社会对比的文学作品，为新社会的建设造势。话剧《炮弹是怎样造成的》讲述一个遭敌人破坏的兵工厂克服困难恢复生产造出炮弹支援前线的故事。丁玲的小说《桑干河上》描写1946年华北解放区土地改革运动初期的情况，展现了中国农民在中国共产党领导下已经踏上了光明大道。该书俄文版曾获1951年斯大林文艺奖二等奖。中华人民共和国成立后，小说又恢复书名《太阳照在桑干河上》。《赵树理小说选集》《被开垦的处女地》《地雷》《老赵下乡》等，也都是这个主题的文学作品。《艾艾翻身曲》是反映土地改革运动的叙事长诗。

三是反映中国人民反抗压迫和以史为鉴题材的戏剧作品。贺龙评价歌剧《刘胡兰》说："刘胡兰就是中国的'卓娅'，是了不起的英雄。"马少波的新编历史京剧《木兰从军》《闯王进京》《正气歌》等，也都有很大的影响力。歌剧《赤叶河》反映老解放区的贫苦农民受地主阶级剥削压迫，在中国共产党的领导下斗地主闹翻身的故事。阿英创作的历史话剧《李闯王》主题更鲜明，影响更大。

四是以报告文学为主的战地文学。《飞兵在沂蒙山上》采用日记体的形式，真实地记述了中国人民解放军某炮兵连在鲁南进军中的生活片段。刘白羽的《光明照耀着沈阳》再现了1948年冬中国人民解放军进军沈阳的壮阔的历史性场面。《挺进大别山》是曾克随刘邓大军挺进大别山，边战斗，边工作，边采访，边写作，最终集成的文学著作。

4. 期刊报纸

《群众》周刊于1937年12月在汉口创刊，1938年12月迁至重庆，抗战胜利后，于1946年6月3日起迁至上海，成为解放战争时期中国共产党在国统区的公开刊物。1949年10月20日停刊。图书馆藏有从1946年第6期至1949年第12期的《群众》周刊。

《东北日报》是中国共产党在东北解放区创办的第一份地区报纸，报头由吕正操将军题写。图书馆藏有从1945年11月1日创刊至1949年9月（中华人民共和国成立以后缺失）的报纸。

图书馆收藏的《新中华报》原为陕甘宁边区政府机关报，1939 年 2 月 7 日改为中共中央机关报，刊期另起，三日一刊，李初梨为主编。该报是陕甘宁边区最有影响力的报纸。

（四）其他相关作品

从个人身份来看，虽然 1945 年由重庆国讯书店出版发行的黄炎培《延安归来》一书不能归入红色文献，但是书中记述的著名的"窑洞对"，不仅改变了黄炎培一生，也鼓舞了全国人民支持中国共产党政权的信心。

关于第一国际、第二国际和第三国际（共产国际）的翻译和介绍，也有不少，包括最早于 1930 年出版的《国际运动发达史》《第一国际史》《第二国际与第三国际》，以及后来的作品——特别是第三国际解散后的文献，如《共产国际纲领》《第三国际兴亡史》《第三国际解散问题专辑》等。商务印书馆出版的德国经济学家李士特的著作《李士特经济学说与传记》《国家经济学》等，虽然不是红色文献，但是对马克思主义经济学产生了很大影响。

一些苏联的文学作品也不能纳入红色文献，但是在中国人民解放战争中，这些作品有众多拥趸，反映了中国人民对新生活的向往。亚历山大·绥拉菲靡维奇所著的《铁流》，以十月革命后的 1918 年内战为题材，叙述了古班的红军——达曼军的事迹。军事文学作品《恐惧与无畏》《伊凡·尼古林——俄罗斯的水兵》，受到部队官兵好评。

为了进一步传承红色文化，赓续上海社会科学院的红色基因，在上海社会科学院建院 65 周年之际，在上海市党史专家指导下，我馆同仁通力合作，精选了 100 余本馆藏珍稀红色文献做成提要，向中国共产党建党 102 周年献礼。

钱运春

2023 年 3 月 27 日

目　录

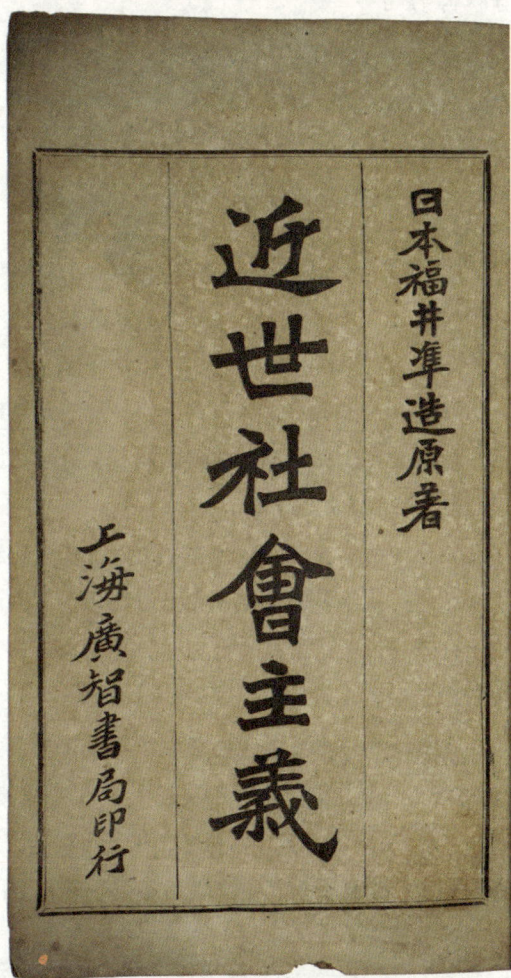

责 任 者 ［日］福井准造 著，赵必振 译

出版机构 上海广智书局

出版时间 光绪二十九年（1903 年）

定 价 不详

备 注 铅印本；上下册

《近世社会主义》是日本较为系统地介绍社会主义思想发展史和各国社会主义运动概况的第一部著作，亦是近代中国较系统地介绍社会主义学说的第一本译著。赵必振（1873—1956），湖南常德人。戊戌变法失败后流亡日本。到日本后，任《清议报》《新民丛报》校对、编辑。1902 年，党禁稍松，又回到上海，积极从事译述，翻译了本书。民国时期陆续在财政部任职十余年。中华人民共和国成立后，赵必振被聘为湖南省文物管理委员会委员、湖南文史研究馆馆员。

本书在介绍马克思及其倡导的社会主义时，肯定了他所持的见解，认为在马克思之前的社会主义"全为空理想之一夕话"，只有马克思的社会主义，"以深远之学理，精密而研究之，以讲经济上之原则，而认信真理之正理。故于多数之劳民，容易实行其社会主义，得多数雷同之赞助，而其事易底于成。……虽嫌恶社会主义者，于其学理，亦苦无反驳之余地"。该书还对马克思主义代表论著的写作过程与主要内容作了介绍，并说明了"剩余价值"学说的基本内容，理所当然地引起中国读者的兴趣。书中有"加陆·马陆科斯（即卡尔·马克思）及其主义"一章，它简要介绍了马克思的生平活动及其学说，称马克思为"一代之伟人"，"为社会主义定立确固不拔之学说"；介绍恩格斯是马克思的"有力之同志"，"野契陆斯（即恩格斯）与马陆科斯（马克思）相亲善，终始同其难苦"。在叙述马克思的生平时简要说明了马克思的《资本论》、《共产党宣言》（译作《共产主义宣言》）、《哲学的贫困》（译作《自哲理上所见之贫困》）、《政治经济学批判》（译作《经济学之评论》）和恩格斯的《英国工人阶级状况》（译作《英国社会劳动之状态》）等著作的写作过程。对《资本论》尤为赞颂，并较详细地介绍了《资本论》的内容，说《资本论》为"一代之大著述"。称《共产党宣言》是"一大雄篇"，并摘引了《共产党宣言》的最后一段话。对戊戌变法失败后探求救国救民道路的先进中国人，产生了一定影响。

（高明）

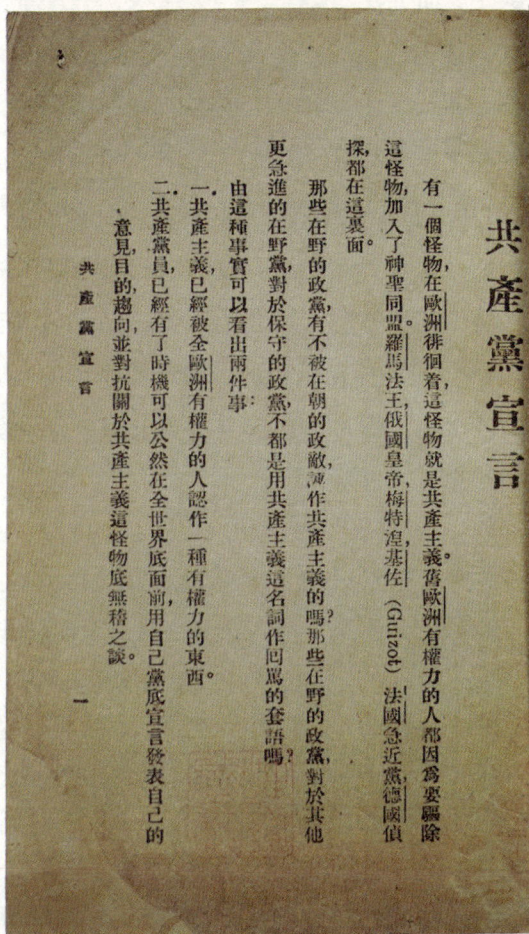

共產黨宣言

有一個怪物在歐洲徘徊着這怪物就是共產主義舊歐洲有權力的人都因爲要驅除這怪物加入了神聖同盟羅馬法王,俄國皇帝梅特涅基佐(Guizot)法國急近黨德國偵探,都在這裏面。

那些在野的政黨,有不被在朝的政敵誣作共產主義的嗎?那些在野的政黨,對於其他更爲進的在野黨對於保守的政黨不都是用共產主義這名詞作同罵的套語嗎?

由這種事實可以看出兩件事

一共產主義已經被全歐洲有權力的人認作一種有權力的東西。

二共產黨員,已經有了時機可以公然在全世界底面前用自己黨底宣言發表自己的,意見目的趨向並對抗關於共產主義這怪物底無稽之談。

共產黨宣言

一

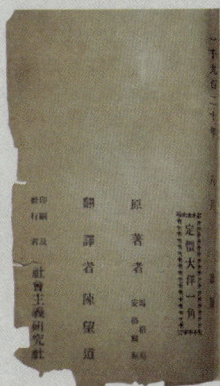

责 任 者　［德］马格斯（马克思）、安格尔斯（恩格斯）著，陈望道 译

出版机构　社会主义研究社

出版时间　1920 年 8 月

定　　价　大洋一角

备　　注　封面左上角书写"敬赠 岫庐先生"六字，首页有"岫庐藏书"朱印。经考证，此本为 1920 年 9 月由中国共产党创始人之一陈独秀赠送给当时的出版商王云五（号岫庐）的。在图书末页有"私立立信会计专科学校"书袋卡，封面上还有"上海财政经济学院图书馆"章，推测为王云五在中华人民共和国成立前夕赠送给立信会计专科学校潘序伦校长的。1952 年全国院系调整时，立信会计专科学校并入上海财经学院，后者于 1958 年并入上海社会科学院。

　　陈望道（1891—1977），我国现代著名的思想家、社会活动家、教育家和语言学家。曾留学日本早稻田大学，回国后在浙江第一师范学校任教。1920 年 5 月，他前往上海，任《新青年》编辑，与陈独秀、李汉俊、李达等酝酿组织马克思主义研究会。1949 年后，历任全国人大常委会委员、全国政协常委、民盟中央副主席、中国科学院哲学社会科学部委员等职。

　　《共产党宣言》是标志着马克思主义诞生的纲领性文献。但是到五四时期，《共产党宣言》在中国还没有一个全译本公开出版。1919 年秋，从日本留学归来的陈望道收到邵力子来函，提及《星期评论》周刊主编戴季陶拟邀请陈望道为该刊翻译《共产党宣言》。陈望道欣然应允，在家乡义乌分水塘村的柴屋里，"费了平常译书的五倍工夫，把彼全文译了出来，经陈独秀、李汉俊两先生校对"。1920 年 5 月，陈望道带着译稿赶赴上海。然而，《星期评论》却被迫停刊了。《共产党宣言》中译本不得不另找机构出版。当共产国际代表维金斯基得知《共产党宣言》中译本已经译出，决定资助出版。为此，在上海辣斐德路（今复兴中路）成裕里 12 号，建起了名叫"又新"的小印刷所。1920 年 8 月，《共产党宣言》中文全译本终于在上海问世，所印一千册很快赠售一空。由于排版疏漏，这本《共产党宣言》封面印有水红色马克思半身像，书名错印为"共党产宣言"，故又被称为"红头本"。上端从右至左印着"社会主义研究小丛书第一种"，署"马格斯安格尔斯合著，陈望道译"。全文用 5 号铅字竖排，56 页。封底印有"一千九百二十年八月出版""定价大洋一角""印刷及发行者社会主义研究社"字样。

　　《共产党宣言》促进了马克思主义在中国的传播，推动了中国共产党的诞生，指明

了中国革命的方向和道路，锻造了中国革命者的坚定信仰。习近平总书记指出："《共产党宣言》是一部科学洞见人类社会发展规律的经典著作，是一部充满斗争精神、批判精神、革命精神的经典著作，是一部秉持人民立场、为人民大众谋利益、为全人类谋解放的经典著作。马克思主义理论的科学性和革命性源于辩证唯物主义和历史唯物主义的科学世界观和方法论，为我们认识世界、改造世界提供了强大思想武器，为世界社会主义指明了正确前进方向。"①

（钱运春）

---

① 习近平：《学习马克思主义基本理论是共产党人的必修课》，《求是》2019 年第 22 期。

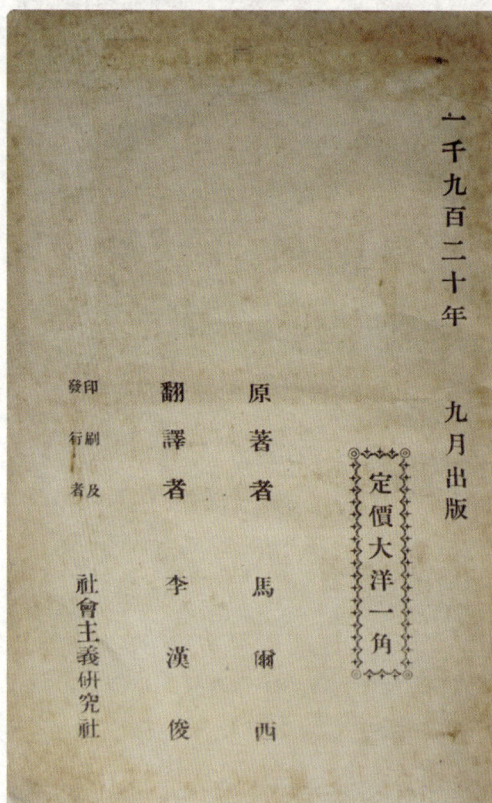

一千九百二十年　九月出版

定價大洋一角

原著者　馬爾西

翻譯者　李漢俊

印刷者及發行者　社會主義研究社

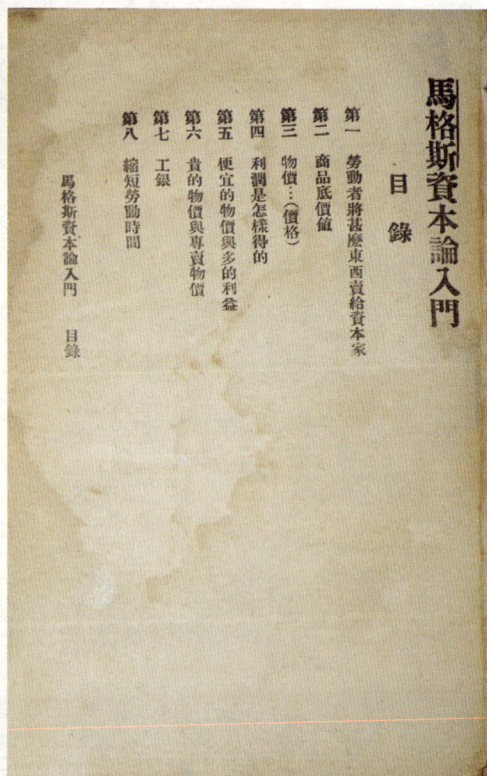

馬格斯資本論入門

目錄

馬格斯資本論入門　目錄

责 任 者 〔德〕马尔西 著，李汉俊 译

出版机构 社会主义研究社

出版时间 1920 年 9 月

定 价 大洋一角

备 注 社会主义研究小丛书第二种

李汉俊（1890—1927），原名李书诗、李人杰，笔名有人杰、汉俊、汗、先进等。出生于湖北潜江县垯埠垸，排行第三。1902 年东渡日本求学，1918 年毕业于东京帝国大学（今东京大学），获工科学士学位。在日期间受到日本马克思主义经济学者河上肇的影响，钻研马克思主义经典著作。回到上海后，李汉俊全力从事马克思主义宣传，先后在《新青年》《星期评论》《建设》《劳动界》《共产党》等报刊上发表数十篇宣传马克思主义的文章和译文，影响深远。

《马格斯资本论入门》是李汉俊根据日本远藤无水所译《通俗马格斯资本论》一书重新翻译，中译本分为八节，计五十四页。原著为英文本，作者米里·马尔西（Mary E. Marcy）是《万国社会党评论》的联合编辑，因《资本论》原书材料复杂、内容艰深，为方便普通读者了解和学习，特意编撰此书。本书将马克思经济学说的骨干，即商品、价值、价格、剩余价值以及资本和劳动的关系，用通俗的方法加以说明。李汉俊 1920 年 9 月所撰序言，称"将马格斯经济学说，说得这样平易而又说得这样得要领的。在西洋书籍中也要以这本书为第一"。李汉俊的译本，将原书中抽象之处和需要运用经济学知识理解的地方，加以注释，对马克思主义经济史观和剩余价值论在中国的传播起到积极作用。北京、上海、武汉各地共产主义小组都曾将此书当作学习马克思主义的必读材料，是中共建党史的重要文献之一。

（袁家刚）

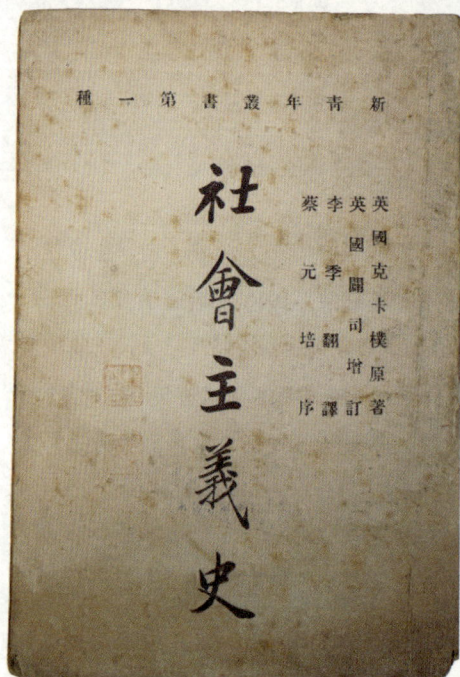

新青年叢書第一種

社會主義史

英國克卡樸原著
英國闊司增訂
李季翻譯
蔡元培序

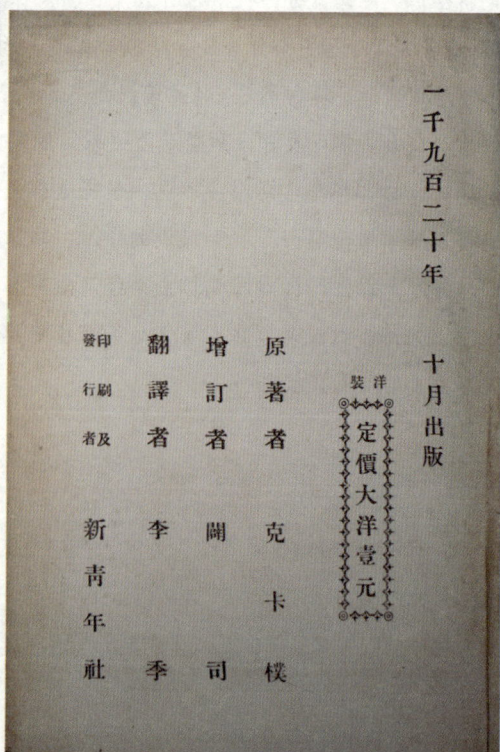

一千九百二十年 十月出版

洋裝 定價大洋壹元

原著者 克卡樸
增訂者 闊司
翻譯者 李季
印刷者及發行者 新青年社

责 任 者　［英］克卡朴　著，［英］辟司　增订，李季　译

出版机构　新青年社

出版时间　1920 年 10 月

定　　价　洋装大洋一元　平装大洋八角

备　　注　新青年丛书第一种

　　克卡朴（1844—1912）于 1892 年完成该书，辟司于 1913 年又将原书出版之后 20 年内各国（英、法、德、俄等）社会主义运动情况进行了增补，删减了大量对"社会主义"的解释，作为该书第五版发行。两位英国作者对社会主义均持保守态度，对当时殖民主义、宗教主义也进行了辩护，但是叙述的内容仍旧比较客观，也尊重事实。正如蔡元培在序言中所说："但是他们叙述给我们的教训，已经很多。"

　　李季（1892—1967），又名原博、卓之，号协梦、移山郎，湖南平江县人。1918 年毕业于北京大学英文系。1920 年参与筹建上海共产主义小组，为小组成员。作为建党初期积极的参与者，他不仅与陈独秀、李大钊等中国共产党早期领导人联系密切，更重要的是翻译了大量马克思和关于社会主义思想的外文著作，其中克卡朴的《社会主义史》是其早期翻译的影响较大的一本。

　　本书作为各国社会主义发展的总体叙述，也是较早翻译成中文出版的社会主义文献，是我国早期传播马克思主义和社会主义的标志性读本，是许多早期革命人士社会主义思想的启蒙性读本。如毛泽东曾说："我第二次到北京期间，读了许多关于俄国情况的书。我热心地搜寻那时候能找到的为数不多的用中文写的共产主义书籍。有三本书特别深地铭刻在我的心中，建立起我对马克思主义的信仰。我一旦接受了马克思主义是对历史的正确解释以后，我对马克思主义的信仰就没有动摇过。"三本书中，其中就有这本李季翻译的《社会主义史》。可见该书对当时有志之士影响之深远。

（张瑞力）

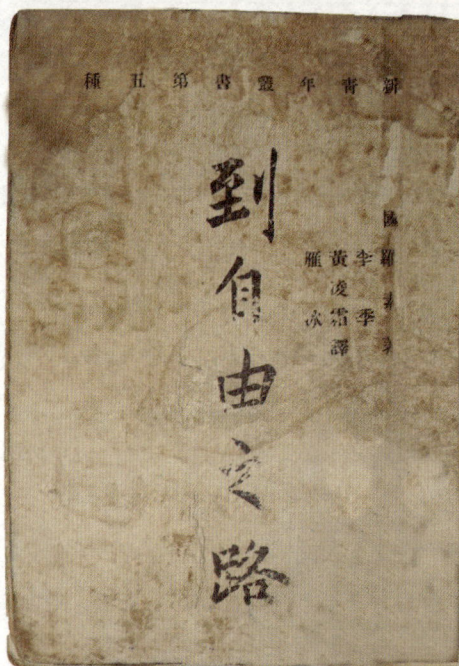

中華民國九年十一月初版

（新青年叢書第五種）

到自由之路

定價大洋五角

著　者　　英國羅素

譯　者　　李季
　　　　　黃凌霜
　　　　　雁冰

出版者　　新青年社　上海法大馬路大自鳴鐘對門

印刷者　　華豐印刷所　上海英租界浙江路三十號

责 任 者 ［英］罗素 著，李季、黄凌霜、雁冰 译

出版机构 新青年社

出版时间 1920 年 11 月

定　　价 大洋五角

备　　注 新青年丛书第五种

　　1920 年 10 月，因英国哲学家罗素（Bertrand Russell，1872—1970）访华，引起中国知识界的极大关注，上海新青年社遂约请李季、黄凌霜、沈雁冰三人联手翻译，译稿作为"新青年丛书第五种"出版。

　　罗素原书（*Proposed Roads to Freedom : Socialism, Anarchism and Syndicalism*）撰成于1918 年，出版于 1919 年。绪论之外，分为两部分：第一部分，以历史的方法考察"马克思和社会主义的教义""巴枯宁和无政府主义""工团主义的革命"；第二部分，从"工作与报酬""政府和法律""国际关系""在社会主义之下的科学和艺术"等几方面对三种主义的内涵分别加以评析。

　　虽然罗素并不完全赞同马克思的立场，但对其学说的影响则充分重视。开篇第一章"马克思和社会主义的教义"，对马克思和社会主义学说的发展脉络和学说主旨予以清晰勾勒和梳理，将马克思主义的精髓界定为"唯物史观""资本集中的规律""阶级战争"。作者不惜篇幅，引用和转述了《共产党宣言》《资本论》的主要内容，称赞《共产党宣言》"有最惊人的勇气及力量，他以直截爽快的语气说出世界上两大势力恶战以及必然的结局"，"无论什么人如果想要懂得马克思社会主义所以能支配大部分工界领袖之才智及思想，必须要知道这宣言中警策的文句"。进而又称赞《资本论》"将《共产党宣言》底量及质加以扩充"，认为马克思对于经济事实的讨论显示出非常精博的知识，书中贡献的盈余价值论是对"资本主义掠夺之实在的工具"的深刻说明。

　　本书的三位译者，毕业于北京大学及北大预科，各自都撰写过与社会主义、马克思主义相关的文章，他们或者加入中国共产党，或者与党的发起组织产生过联系。《到自由之路》的中译本，不仅是罗素著作在中国流行最广的一种，而且使当时的读者对马克思主义产生了初步的认识和浓厚的兴趣。

（袁家刚）

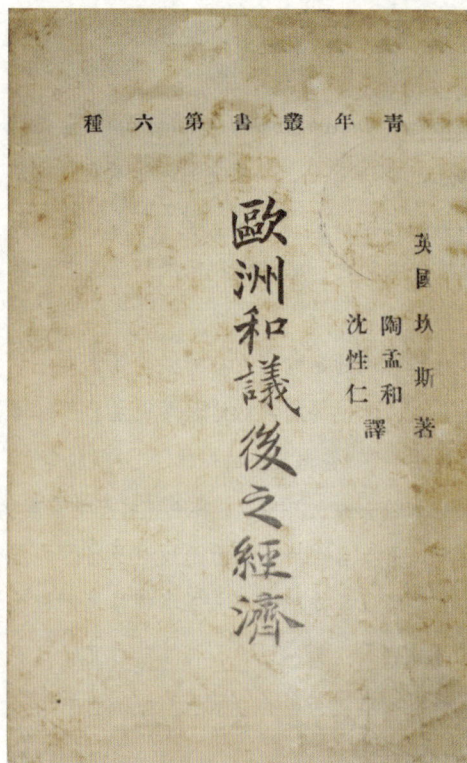

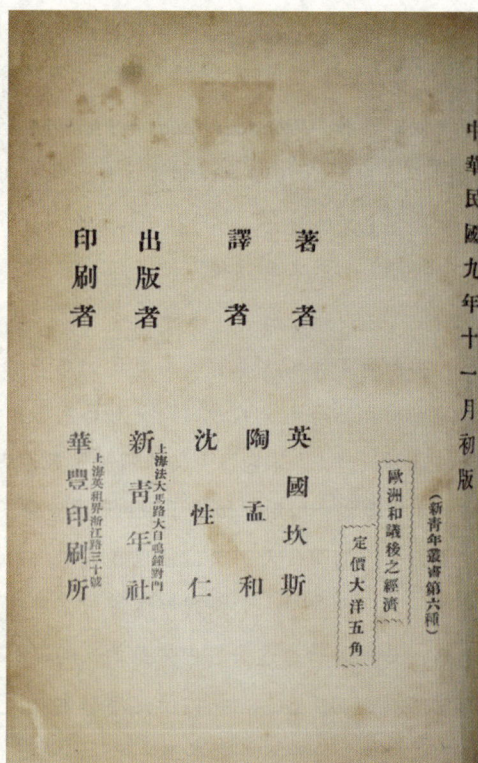

责 任 者 〔英〕坎斯　著，陶孟和、沈性仁　译

出版机构　新青年社

出版时间　1920 年 11 月

定　　价　大洋五角

备　　注　新青年丛书第六种

本书作者"坎斯"，即英国经济学家凯恩斯（John Maynard Keynes）。原书 *The Economic Consequences of the Peace*（《和约的经济后果》）1920 年出版。一战爆发后，凯恩斯被征召进入英国财政部工作，战后被派往巴黎担任英国议和代表随员，并作为英国财政总长的代表出席高等经济会议。本书主要内容是分析第一次世界大战后欧洲各国所面临的经济形势，利用详尽的经济数据和实证资料，对战后资本主义经济社会的种种弊端进行披露和剖析，是凯恩斯的成名之作。

此书出版后立刻风靡全球，据译者陶孟和称，当时已经"再版十几次，翻成九国文字，加上中文译本就是十国了"。1920 年 7 月，在莫斯科召开的共产国际第二次代表大会上，列宁发表《关于国际形势和共产国际基本任务的报告》，报告中多处引用凯恩斯此书的数据和观点，指出"没有一篇共产主义的或任何革命的宣言就其效果来说能比得上凯恩斯书中描写"。此书也由此成为共产国际的必读图书。

译者社会学家陶孟和、沈性仁夫妇当时从欧洲考察归国，是新青年社的同仁，受陈独秀的委托翻译此书。《欧洲和议后之经济》不仅是凯恩斯著作的首个中译本，更使当时的中国读者能够通过阅读资产阶级学者的著作，理解一战后国际政治和经济的变局，进而达到批判资本主义制度的目的。

（袁家刚）

新文化丛书

唯物史观解说

上海中华书局印行

责 任 者　[荷]郭泰　著，李达　译

出版机构　上海中华书局

出版时间　1921 年 5 月

定　　价　银四角

备　　注　版权页印有"李达之章"字样

李达（1890—1966），名庭芳，字永锡，号鹤鸣，湖南省永州市零陵人。杰出的马克思主义理论家、宣传家和教育家，中国共产党主要创始人和早期领导人之一，中国最早研究和传播马克思主义的学者之一，对社会主义唯物史观在中国的传播起到重要作用，被誉为"普罗米修式的播火者"，参与筹备和组织中国共产党第一次全国代表大会。中华人民共和国成立后，先后任中央政法干部学校副校长、湖南大学校长和武汉大学校长，并担任中国哲学会会长、中国科学院学部委员及哲学社会科学部常委、中国科学院武汉分院筹委会主任及院长等职。

本书的原作者为荷兰社会主义学者赫尔曼·郭泰（Herman Gorter）。在译者附言中，李达指出这是"为荷兰的劳动者作的，解释唯物史观的要旨，说明社会主义必然发生的根源"，它是当时诠释唯物史观比较好的一本书。本书由考茨基作序，14 章，共 134 页，其主要内容包括：历史的唯物论与哲学的唯物论，以及关于科学、发明、法律、政治、习惯与道德、宗教与哲学、艺术等方面的唯物论剖析，最后有译者附言。《唯物史观解说》原版是德文，中文本的底本是日本社会主义者堺利彦的日文版，于 1920 年由日本大镫阁出版。日文版不是全本，除了缺字的地方很多外，还没有翻译考茨基所作的序以及第十一章、第十二章，后经李达参照德文本补译，成就了中文全译本。1918 年至 1920 年，李达翻译了此书，书中强调了历史唯物主义中意识形态的重要性，是我国第一本专门介绍唯物史观的读物。书中的唯物史观能合理解释当时中国的社会现状，让李达看到了马克思主义在中国发展的契机。唯物史观作为科学的世界观、宇宙观与方法论传入我国，使先进的中国人获得了改造国家、社会与自然的先进思想武器。

（蒋晨）

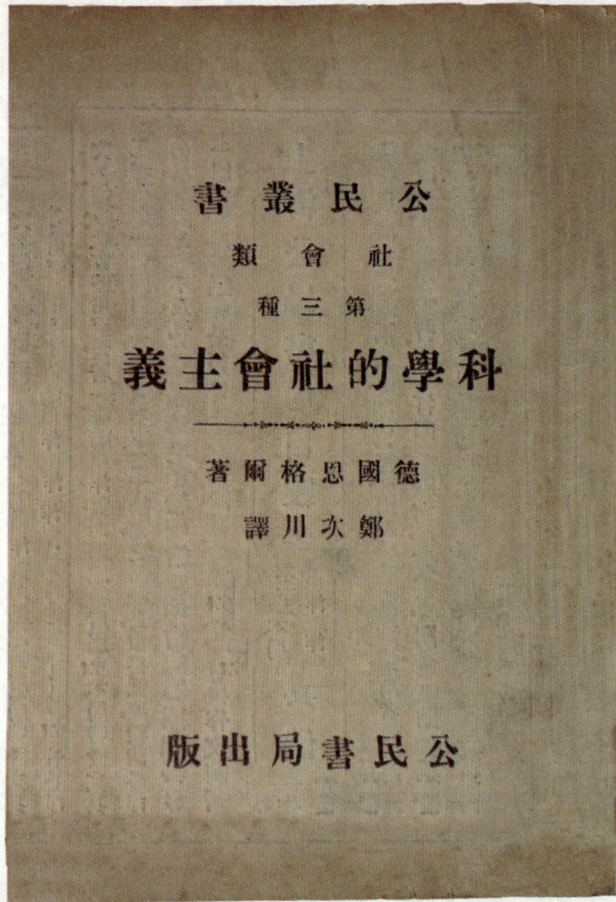

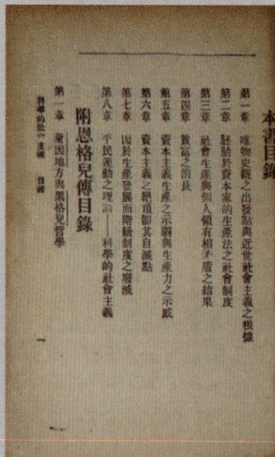

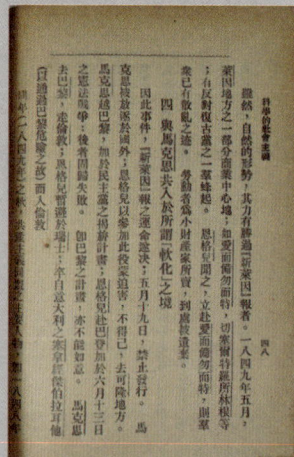

责 任 者　［德］恩格尔（恩格斯）　著，郑次川　译

出版机构　公民书局

出版时间　1921 年 7 月

定　　价　大洋一角五分

备　　注　公民丛书社会类第三种；盖有"岫庐藏书"章

　　郑次川（1887—1925），原名郑梦驯，浙江衢县（今衢州市柯城区）人，毕业于上海中国公学。后赴日留学，就读于东京帝国大学教育系。郑次川在王云五的帮助下，以日本远藤无水翻译的日文本（东京文泉堂 1920 年 1 月版）为底本，翻译了《社会主义从空想到科学的发展》的第三部分。其译文简洁，讲求"信达雅"，在语序、段落的划分上也做了相应的调整，将其分拆为 8 章，各自拟定小标题，有利于读者更好地去把握原文的结构和要点，"尤其对于后来战争时期的中国共产党干部来说，其文化水平不高，马列主义基本理论知识掌握得不够深入系统，通过章节标题可以更好地理解原文的中心和重点"。书后附的"恩格尔传"是我国第一篇系统地介绍恩格斯生平的传记，分"莱茵地方与黑格儿哲学""最初之社会主义的著述"等 7 个部分，着重介绍了恩格斯的伟大功绩，尤其是阐述了恩格斯在 1848—1849 年欧洲革命运动中的主要作用以及恩格斯在马克思主义创建中的伟大贡献。同时，受制于历史条件和研究水平，郑译本有漏译、错译的情况，对部分理论知识的翻译体现得不够准确，所表达的思想并不能完全符合恩格斯的本意。

　　《社会主义从空想到科学的发展》是恩格斯对"科学社会主义"进行既"学术化"又"大众化"、既"系统化"又"通俗化"总结的经典名著。这本书从出版到现在，始终是科学社会主义的奠基作、代表作、权威作，标志着科学社会主义创立的历史过程第一次得到完整的总结和叙述。马克思亲自校阅了此书，并在法文版出版前言中称赞它说："在这本小册子中我们摘录了这本书的理论部分中最重要的部分；这一部分可以说是科学社会主义的入门。" 公民书局在刊登图书广告时亦称："恩格尔系马克思一生最要好的朋友，《共产党宣言书》是他们两人合著的。马克思死后，许多遗稿都赖恩氏清理印行，所以他两人的著作系相辅而行的，凡研究马克思主义的人都该读恩格尔的著作，尤以这本书为不可不读。"

　　《科学的社会主义》作为这部经典著作的第一个中文节译本，是我国首次以单行本形式出版的恩格斯著作，一度成为《社会主义从空想到科学的发展》在社会上流传的主要版本，加深了普通中国人对马克思主义的认知，与陈望道译《共产党宣言》一起，敲开了近代中国翻译和传播马克思主义的大门，是中国共产党正式成立前的宝贵文献。

（高明）

譯例

一、本書是由一八九一年伯林出版的恩格斯稍加以修正的德文本譯出，本譯文注釋中所謂『原文』即指此而言，本譯文參考一九〇二年紐約發行的羅斯路卜 (H. E. LOTHROP) 底英譯本，本譯文注釋中所謂『英譯』即指此而言。

二、本譯文各章底標題，除第二章外，都是根據於英譯本補入。

三、原文拼字中間稍留空白引人注意之處，在本譯文中附以……以示區別。

四、本譯文中底（ ）符號內的歐文爲原文或英譯語，（ ）符號內底中文爲譯者引申原文之意斟酌加入的。

工錢勞動與資本譯例

一

责 任 者　[德]马克思　著，袁让　译

出版机构　广州人民出版社

出版时间　1921 年 12 月

定　　价　不详

备　　注　马克思全书第二种

　　本书今译《雇佣劳动与资本》，译者署名袁让。中共中央党史和文献研究院研究员李惠斌最新考证，根据口述记录和书信，李汉俊遗留下来的讲义手稿，以及李汉俊的外语水平和知识储备，对比同时期李汉俊的其他译著，可以发现一些术语存在一致性。袁让所译《工钱劳动与资本》和李汉俊所译《马格斯资本论入门》两部著作的序言是相同的叙述逻辑，并结合广州人民出版社当年通告的"计划出版图书"的翻译情况等判断，袁让也极有可能是李汉俊的笔名之一。

　　《工钱劳动与资本》是马克思早期的一部重要政治经济学著作，写于 1847 年，是马克思根据他于 1847 年 2 月在比利时布鲁塞尔为德意志工人协会所做的几次讲演写成的，最初以讨论形式陆续发表在 1849 年《新莱茵报》上，后以单行本多次发行。这部著作以通俗易懂的形式，揭示了雇佣劳动与资本的关系、工人的奴役地位、资本家的统治，更为无产阶级反对资产阶级提供了思想武器和科学依据。1921 年 12 月，广州人民出版社出版了《工钱劳动与资本》，这是《雇佣劳动与资本》的第一个中文译本。1939 年，沈志远根据俄文版并参阅英文版翻译了《雇佣劳动与资本》，由重庆生活书店出版。

（张瑞力）

新 青 年 叢 書 第 七 種

工團主義

英國 哈列 著

李季 譯

责 任 者 〔英〕哈列 著，李季 译

出版机构 新青年社

出版时间 1922 年 1 月

定 价 大洋三角

备 注 新青年丛书第七种

　　李季作为建党初期积极的参与者，翻译了大量马克思和社会主义思想的外文著作，除克卡朴的《社会主义史》外，其他如罗素的《到自由之路》、哈列的《工团主义》、列德莱的《社会主义思潮及运动》等也均是当时在国内引起不小反响的社会主义著作。从 1918 年至 1964 年，他一直从事外文文献翻译工作。

　　全书分六章：到工团主义的路、工团主义和民权主义者、工团主义的创造、索列和理论家、工团主义的幸福时代、工团主义的意义。主要观点是"工团主义是在工联政府之下，由各工联的行动去实现一种幸福时代的方法，而他所根据的基本说，是为工界或第四阶级保持正义唯一的法子，在乎工界自己独立的和强迫的努力奋斗"。本书末尾有同为李季翻译的《社会主义史》订阅信息。

（张瑞力）

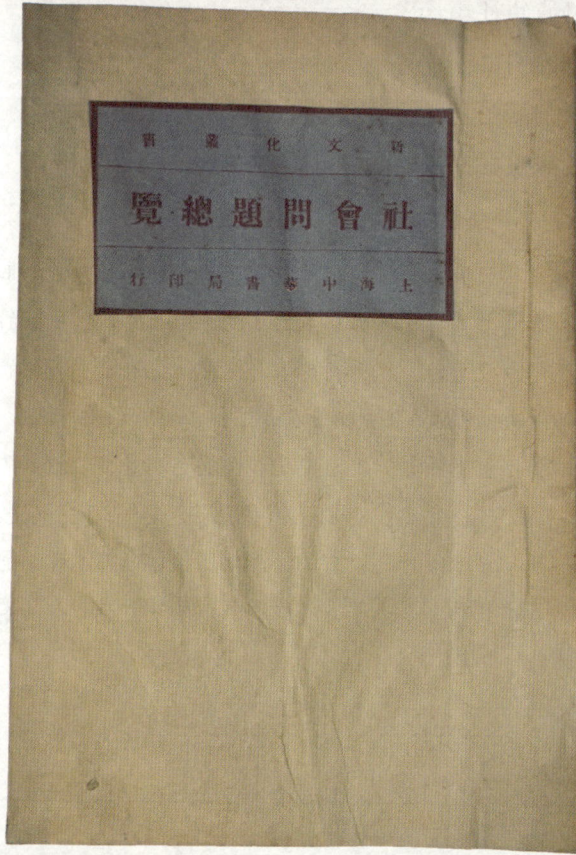

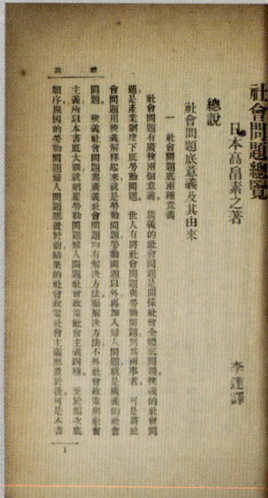

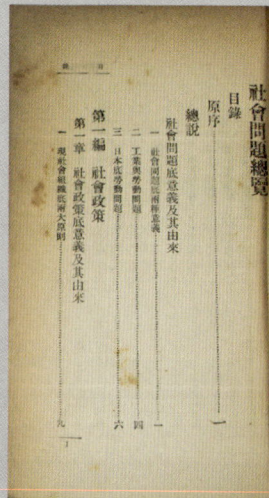

责 任 者　　[日]高畠素之　著，李达　译

出版机构　　上海中华书局

出版时间　　1930 年

定　　价　　不详

　　《社会问题总览》著者高畠素之是日本著名的社会思想家和《资本论》的日译者。该书是著者尝试用马克思唯物史观分析社会问题的代表作，日文版于 1920 年 1 月出版。全书分"总说""社会政策""社会主义""工会""妇女问题"等，共 20 章，以工业和劳动问题为中心，详细论述了欧美各国和日本的社会政策、社会理论和社会运动，是当时学习科学社会主义的一部难得的好书。李达早在 1918 年再次赴日专攻马克思主义理论之时，就开始了《社会问题总览》等马克思主义著作的翻译工作。1920 年 8 月，李达带着《社会问题总览》等译稿，怀着寻找同志从事社会主义革命的目的回到了上海，并在中国共产党筹建过程中将译稿交付上海中华书局。1921 年 4 月，《社会问题总览》李达译本被编入宣扬西方新思潮的"新文化丛书"并正式出版，至 1932 年 8 月，共出 11 版。就当时的社会形势来看，李达翻译此书的目的显然是希望通过对社会政策的系统研究，论证中国实行社会主义的必要性。

　　《社会问题总览》李达译本是 19 世纪末 20 世纪初以来中国传播社会主义学说的一部巨著。在当时国内马克思主义著作十分缺乏的情况下，这本译著对我国先进分子学习马克思主义，促进马克思主义在中国的传播起了重要作用。

（刘奕）

社會主義與進化論

日本 高畠素之 著

夏　丏　尊
李　穉　楨　合譯

上海商務印書館

但是此種狀態，洗不到於多自底生存，
卻而生的在諸秒此直數的戰團內人類都不，得以固立兼其存在，
常用他的各自底底此自然底此自然的競爭多其了，
最後此國底最為的極接是員，為任接隨於其下，
澹的時候，卷否兼人的中狀的於員是員，于團接亦成是專訓。
此孺國高理数的

二　愛義和平的遺達

道達玩妻底說是我在由一亜紀，他谷學底底本土，间界，運作上底思
為最短製約說，　所不開的作，是要不上自由而求達契約底基礎是想知建契約的
後的學制制到流而復興約度底底狀態，此接連力自能。
底達接模作學時代在自然底底無選那只有自由的中卒率。
　　　　　　　　　　　　但人底益達生

责 任 者　［日］高畠素之　著，夏丏尊、李继桢　译

出版机构　上海商务印书馆

出版时间　1922 年 3 月

定　　价　大洋四角五分

备　　注　封面中间有地球及双手紧握图案，象征着全世界无产者的联合

夏丏尊（1886—1946），原名铸，字勉旃，号闷庵，浙江上虞人，著名教育家、翻译家、中国新文学运动的先驱。1920 年执教于湖南第一师范学校，次年 6 月与陈独秀、李达、李汉俊、邵力子、周建人、沈雁冰、陈望道、经亨颐等早期共产党小组成员发起成立新时代丛书社。该书社以翻译、介绍国内知识分子对马克思社会主义理论的创造成果为主，协助开展党的组织工作。李继桢（1897—1956），又名记今，苗族，湖南绥宁寨市东门村人。曾就读于湖南第一师范学校，与毛泽东是同学。1924 年考入国立西北大学文史系。毕业后，在冯玉祥部任秘书，后返教育界，执教于长沙、常德等地，以才学著称，威望很高。1937 年抗日战争全面爆发后，带领学生大力宣传抗日。后与毛泽东书信往来频繁，并数次收到毛泽东托秘书转来的《解放》《边区文艺》等报刊。《社会主义与进化论》著者高畠素之是日本著名的社会思想家和《资本论》的日译者，被陈望道称为"马克斯（马克思）派的经济学者"，"于马克斯学，造诣很深"。该书原著于 1919 年 3 月由东京卖文社出版，在当年 7 月就已发行至第 4 版，其后相继有多个版本问世，在日本流行了近十年之久。《社会主义与进化论》由夏丏尊与其学生李继桢以 1919 年卖文社初版为蓝本合译而成，1921 年 3 月 10 日至 4 月 21 日在《民国日报》"觉悟"副刊的《名著译载》栏目连载，1922 年 3 月由上海商务印书馆作为"新时代丛书第二种"出版，至 1927 年多次再版。

《社会主义与进化论》详细介绍了各种社会哲学思想，如卢梭的契约论、达尔文的淘汰说、克鲁泡特金的互助论、马克思的唯物史观等，同时对各派学说进行了评说，以马克思主义和达尔文主义之间存在的继承关系为前提，对社会主义理论与进化论的关系进行了详细的阐述。从译书的内容来看，全书有关"社会主义"的内容并不多，唯有第 7 章"考茨基"一部分涉及。译者将"社会主义"一语置于译书的书名之首，与译者曾是当时的进步人士有极大的关系。《社会主义与进化论》作为早期宣传社会主义理论的译著，推动了马克思主义的通俗化、大众化，同时为马克思主义中国化奠定了基础。

（刘奕）

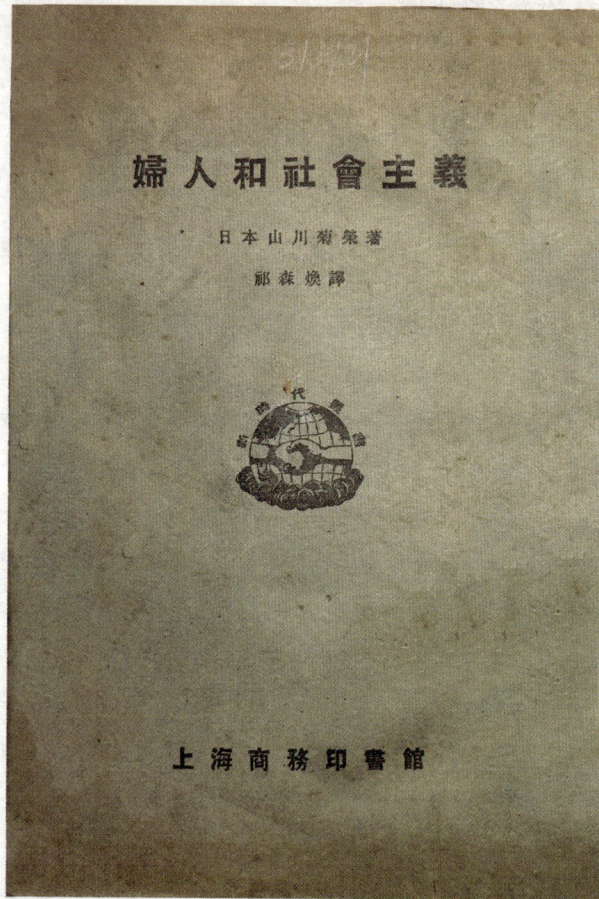

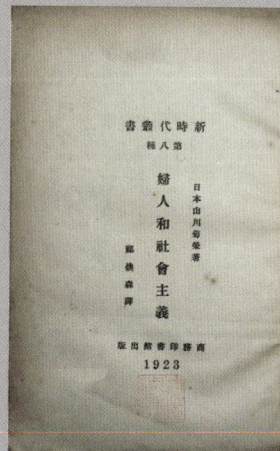

婦人和社會主義

日本山川菊榮著

郁森煥譯

上海商務印書館

责 任 者　〔日〕山川菊荣　著，祁森焕　译

出版机构　上海商务印书馆

出版时间　1923 年

定　　价　大洋四角

备　　注　新时代丛书第八种；盖有"岫庐藏书"章

　　《妇人和社会主义》是日本著名的社会活动家山川菊荣关于社会问题和女性问题的论文集，由当时留学日本的祁森焕（广岛高等师范学校文学学士）翻译。山川菊荣是东京女子师范第一期学员，她站在社会主义的立场上讨论妇女解放的问题，竭尽全力宣传社会主义，同时也十分关心亚洲的妇女问题。

　　这本书是上海商务印书馆"新时代丛书"系列中的"第八种"。书中共收录了山川菊荣的 10 篇文章，分别是：第一，妇人运动的四潮流；第二，社会主义和妇人；第三，妇人劳动时间问题；第四，妇人劳动组合运动；第五，育儿制限和社会主义；第六，无产阶级之妇人运动；第七，劳农俄国的妇人；第八，回教国之妇人问题；第九，妇人的战争；第十，社会主义的妇人。选择编译这些论文的目的"并非打算成一部妇女问题大全，亦非欲为学究的论述，乃是对于妇人运动家，欲与以一种的刺激和暗示，借以备其参考罢了"。1921 年 6 月初，由陈独秀、李大钊、李达、周作人、李季、李汉俊、沈玄庐、周佛海、邵力子、沈雁冰、陈望道、戴季陶、周建人、经亨颐、夏丏尊共 15 人担任编辑的出版机构"新时代丛书社"成立，编辑出版的这套"新时代丛书"，是包括马克思主义在内的社会科学知识丛书，对传播新思想、新文化起到了积极的推动作用。

（宋京）

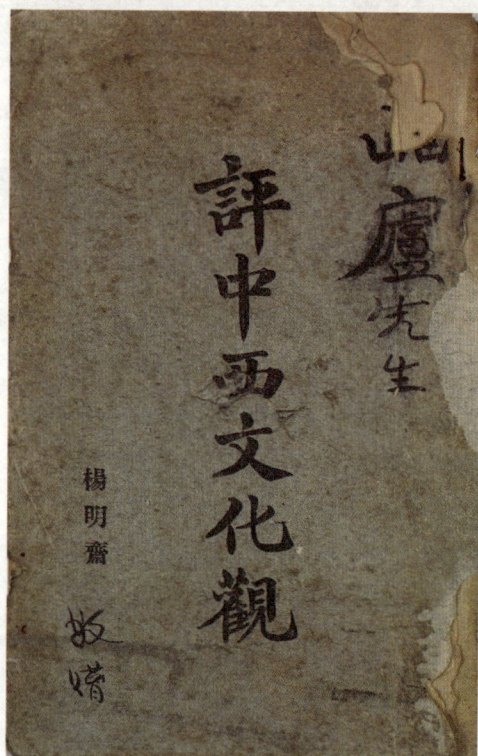

泌廬先生

評中西文化觀

楊明齋

牧婧

菊迄讀圖盡上略著求亡子而未得」的這步田地這是誰管誰人家猶著猶種職爭了五六年，戰得人困馬乏心焦案亂物質膏盲圖之時，過見了幾個受時局反應到懷此悲觀者說了過句東西文化的結果與將來人家沒好氣的說自己的文化如何流弊不好梁君本是懷著一種悲思去的一遇到遺種談話便立刻把自己的胸懷的思想拿出告訴人家道「孔子說「不患寡而患不均」等類的話人家當然是極力的奉承了「見歐心影錄」載道廬著他也不細察人家的文化是怎樣會流弊對於其流弊有無補救的方法其補救之法是否合乎人讀此法於我們於世界於將來之關係如何便決定同國發揮自己的文化以期輸入人家假使便照實奉揮也稓可無奈藪不如此凡致遺次歐戰殘殺以及決定勢裏爭闘的方法是打破那稨養本帶國軍閥也非採用社會主義不可因為資本國家受圖軍閥等類的主義都是因經濟而起的所以也非從經濟上去解決他不可遺都是生產之變動進化所產出的一種結果直非人當之所可能如何除非是不要生產進化孔孟墨荀商韓等的社會主義影色是否遺是一

評中西文化觀

一頁

责 任 者 杨明斋 著

出版机构 北京印刷所

出版时间 1924 年 6 月

定　　价 大洋一元

备　　注 封面右上角写有"岫庐先生"四字。封面左下角的印刷字"杨明斋"之下，写有"敬赠"二字。首页有"岫庐藏书"朱印以及"王云五私人图书馆"钢印。在图书末页有"私立立信会计专科学校"书袋卡，封面上还有"上海财政经济学院图书馆"章，推测为王云五在中华人民共和国成立前夕赠送给立信会计专科学校潘序伦校长的。

　　杨明斋（1882—1938），山东平度人。1901 年，他跟随同乡"闯关东"。留俄期间，杨明斋参与当地工人运动，成为一名旅俄华工领袖。十月革命胜利后进入莫斯科东方劳动者共产主义大学学习，为其撰写马克思主义学术著作打下了深厚的理论基础，是建党初期党内的马克思主义理论家之一。1920 年，他随俄共（布）代表维经斯基回到中国，先后会见李大钊和陈独秀，参与中国共产党的发起初建工作。驻上海期间，杨明斋加入马克思主义研究会，筹建中俄通讯社，主办外国语学社，并一度代表党指导上海社会主义青年团。可以说，无论在党的组织建设、干部教育，还是宣传工作上，杨明斋都是建党工作的主要推动者之一。20 世纪 30 年代后期，被诬陷入狱的杨明斋在苏联牺牲。

　　《评中西文化观》全书分 4 卷 16 章，约 13 万字，批判了"东方文化派"梁漱溟、梁启超、章士钊的复古倒退思想。这本书以马克思主义唯物史观为武器，一评梁漱溟的《东西方文化及其哲学》，二评梁启超的《先秦政治思想史》，三评章士钊的《农国辩》，最后以"总解释"结束。它系统、彻底地批判了"东方文化派"的观点，论证了中国必须打破闭关自守、吸收马克思主义学说、走社会主义道路才能获得新生的道理。该书具有重要的时代价值和史学价值，体现了早期中国共产党人运用辩证唯物主义分析问题的能力，以及对马克思主义和社会主义的肯定态度，是中国共产党全面参与东西文化大论战且发挥了重要作用的文本证明。

（钱运春）

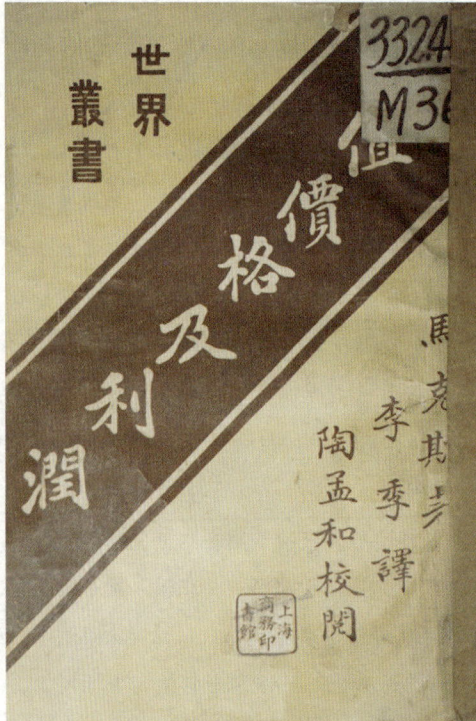

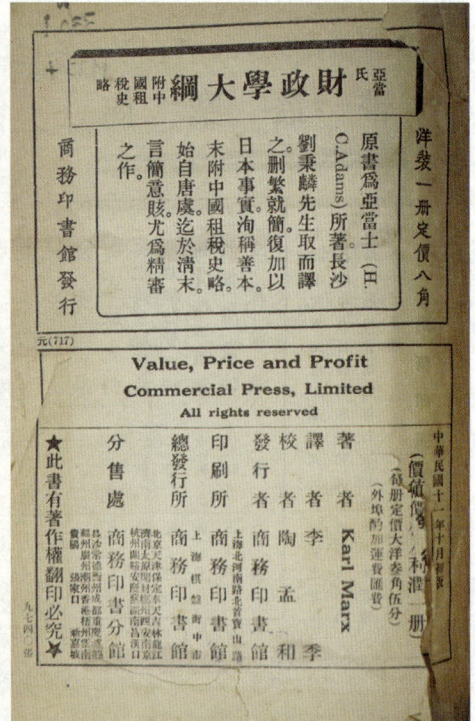

责 任 者 ［德］马克斯（马克思）　著，李季　译，陶孟和　校阅

出版机构 商务印书馆

出版时间 1922 年 10 月

定　　价 大洋三角五分

备　　注 世界丛书

本书是马克思于 1865 年 6 月 20 日和 27 日在国际工人协会总委员会会议上用英语所作的演说。1898 年由马克思的幼女爱琳娜以《价值、价格和利润》（*Value, Price and Profit*）为题，在伦敦发表英文本，同时德文译本改名为《工资、价格和利润》出版。书中马克思通俗扼要地阐述了《资本论》中的一些重要原理（政治经济学批判的基本原理、劳动价值论和剩余价值论的基本原理），分析了资本主义发展表现出的新特征，运用大量数据、事例、事实来说明资产阶级对工人阶级的剥削，从而说明剩余价值的形成过程和工资的实质，揭示了资本家对工人进行剥削的秘密。

李季译本是马克思这篇演讲最早的中译单行本，1922 年 10 月由商务印书馆出版。《价值价格及利润》也是最早一批公开出版的马克思原作单行本之一，分为十四章，书中"所讨论的与《资本论》第一卷所讨论的商品、货币、生产、剩余价值、价格、工钱、资本诸问题相同，不过有繁简深浅的区别罢了"。出版之际，正值译者李季留学德国期间，书前有校阅者陶孟和所写序言，虽不完全赞同马克思学说，但是承认"马克斯一生勤勉的精神与对于劳动者的同情，都是使我们崇拜的。他所标榜的主义，他所想象的社会的前途，诚然使我们不满意于现代社会的人心向往之"，又说"马克斯的著作是共产党的圣书，是正统的社会主义者的思想源泉。我们要了解真正的马克斯学说，须研究他自己的著作"。李季译本曾多次再版，被时人誉为研究马克思主义经济学最好的入门书之一。

（袁家刚）

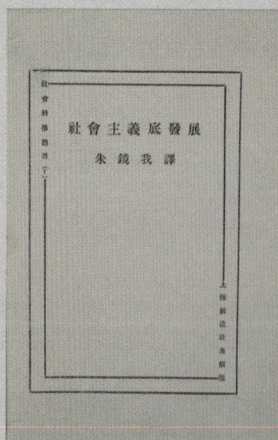

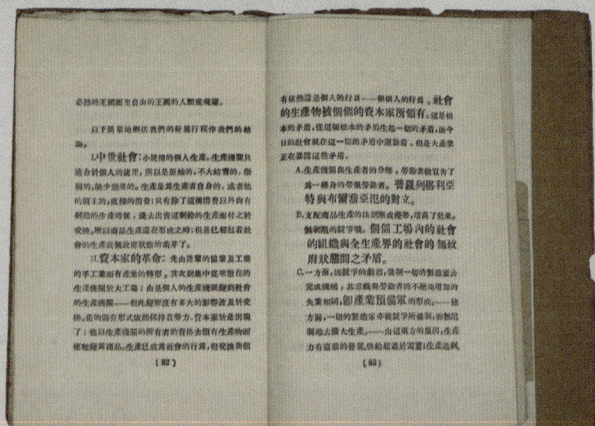

责　任　者　［苏］拉狄克　著，朱镜我　译

出版机构　上海创造社出版部

出版时间　1925 年 5 月（考证出版时间为 1928 年 5 月）

定　　　价　道林纸本大洋三角，白报纸本大洋一角半

朱镜我（1901—1941），浙江省鄞县人，原名朱德安。1927 年毕业于东京帝国大学，获得文学学士学位。同年 10 月，朱镜我在上海加入了革命文学团体创造社。11 月，在创造社创办的《文化批判》创刊号上发表《科学的社会观》。为了加强马列主义及其文艺理论的传播工作，朱镜我及其创造社战友们在《创造月刊》《文化批判》等刊物上，开始提出"普罗列塔利亚文学"（即无产阶级革命文学）的口号。1928 年 5 月，朱镜我加入中国共产党。

拉狄克著《社会主义底发展》与恩格斯所著《社会主义从空想到科学的发展》有着紧密的联系。为了反驳杜林的错误观点，恩格斯详细论述科学的社会主义并著述《反杜林论》。为了帮助法国工人党成为成熟的马克思主义政党，应法国著名工人活动家保尔·拉法格的请求，恩格斯将《反杜林论》中社会主义的中心思想选取出来，做成小册子。后来这本小册子由保尔·拉法格翻译成法文，在由恩格斯本人校阅后以题为《空想社会主义和科学社会主义》于 1880 年出版。在此之后，其被翻译为多个语种版本。1883 年（扉页出版时间为 1882 年）的德文版书名改为《社会主义从空想到科学的发展》。

随着俄国十月革命的胜利以及新文化运动的兴起，马克思主义思想在我国以译介形式传播。其中，对《社会主义从空想到科学的发展》的译介是马克思主义传播的主要内容。早期对该书的翻译是选取片段节译，后开始完整翻译。朱镜我的译本根据拉狄克所编的《社会主义底发展》一书翻译而来（这本书内还有拉狄克所著的《从科学到行动的社会主义底发展》一篇），于 1928 年 5 月由上海创造社出版部出版发行，封面书名印成《社会主义的发展》。（该书版权页写有"1925 5 30 初版"，"译者序"后落款"一九二八三月"。据考证，该书出版时间为 1928 年 5 月。）这是恩格斯《社会主义从空想到科学的发展》在我国的首个全译本，也是大革命失败后我国最早出版的马克思主义著作。全书包括空想的社会主义、辩证法的唯物论、资本主义的发展三章，对于"世界是怎样地运动着""社会是怎样地进化着""人的思维是怎样地发展去""空想的社会主义的思想为什么不能成立，为什么不能看作一个革命理论"等等这些关键问题提供了简明的解答，从而帮助读者深刻理解科学的社会主义的中心思想。

（朱莹）

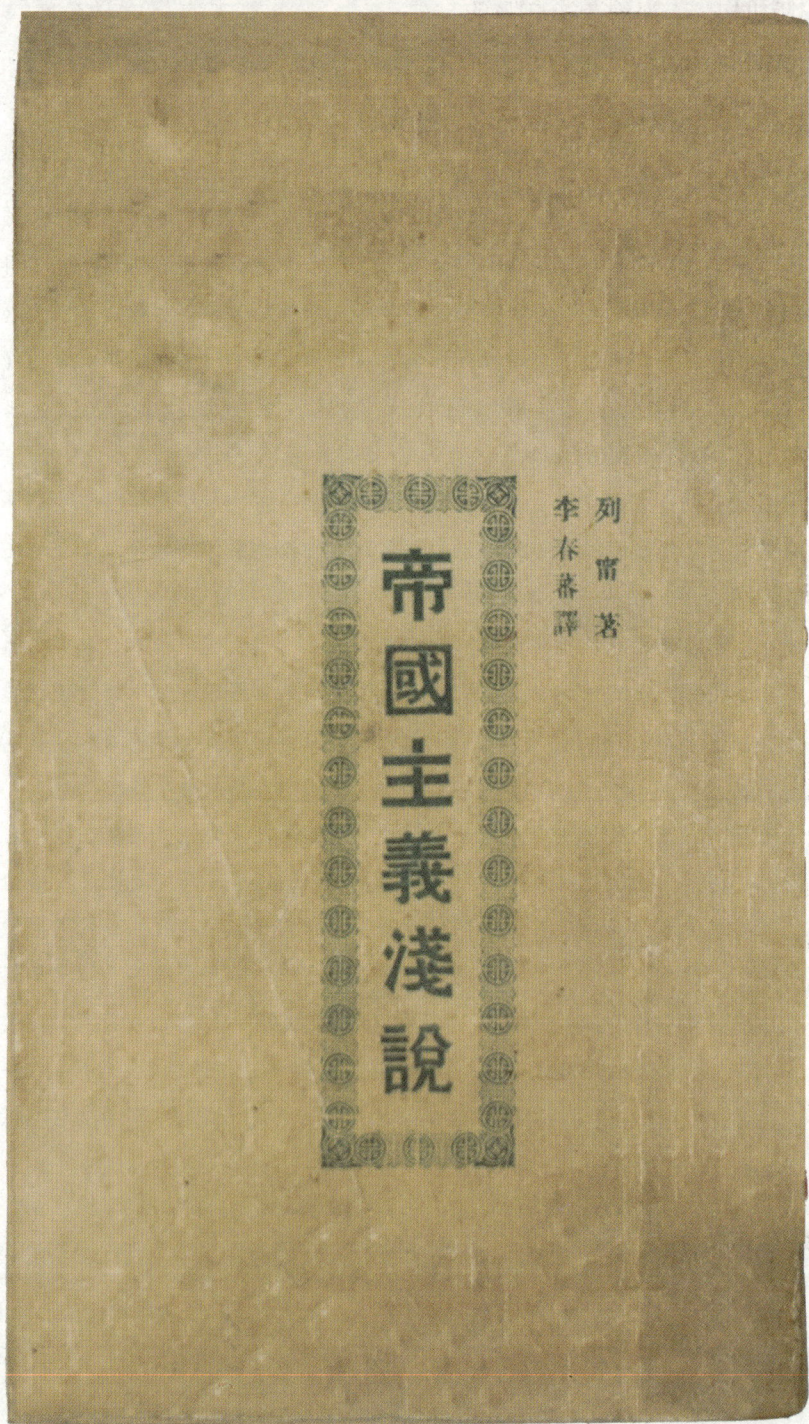

列
甯
著

李
春
蕃
譯

帝國主義淺說

责 任 者 〔苏〕列宁 著，李春蕃 译，沈泽民 校订

出版机构 上海新文化书社

出版时间 1925 年 12 月

定 价 大洋二角五分

李春蕃（1904—1985），后改名柯柏年，广东潮州人。1924 年 1 月加入中国共产党。1929 年后在上海从事党的秘密工作，任中国社会科学家联盟党团成员。1937 年辗转到达延安。1938 年 5 月 5 日，中央马列学院成立，李春蕃任西方革命史室主任、中央研究院国际问题研究室主任。

《帝国主义浅说》是列宁《帝国主义是资本主义最高阶段》的中译单行本。1924 年 5 月，《民国日报》"觉悟"副刊以"帝国主义"为题，分 16 期连载了沪江大学李春蕃根据列宁《帝国主义论》英文本所翻译的内容，虽然没有翻译后 4 章，但将帝国主义最基本的特征——垄断性介绍给了中国人民。1925 年出版了合订本。《帝国主义浅说》首先揭示帝国主义的特质。帝国主义的基本特征是生产与资本高度集中，形成垄断，象征资本主义进入衰落期。其次剖析帝国主义的时代特征。帝国主义时代，与旧资本主义不同，最大区别在于由商品输出变成资本输出。最后揭露帝国主义的本质。帝国主义国家输出资本的根本目的是分割世界。李春蕃称翻译此书有三个目的，分别是证明"社会主义的社会制度底可能和必然"；解释"金融资本"与"外国之掠夺我国，是资本主义发达之必然结果"；欲救中国的唯一办法只能"联合世界一切弱小民族，起来推倒这个国际的资本主义"。

帝国主义理论对于正在争取民族解放运动的中国人民来讲，无疑是一盏明灯，使他们对造成世界乱源、中国乱源的祸首——帝国主义的认识从感性上升到理性；为中国共产党进行革命斗争，提供了方法论思想利器，使得中国共产党不仅一改此前习惯于从政治角度解读帝国主义概念的思维模式，将以蕴含经济内容为主的列宁学说推向社会，为国内废约等反帝运动提供了理论依据，而且依靠列宁"帝国主义是资本主义最高阶段"的结论强化了"世界革命论"，明确了中国革命的最终目标。

（钱运春）

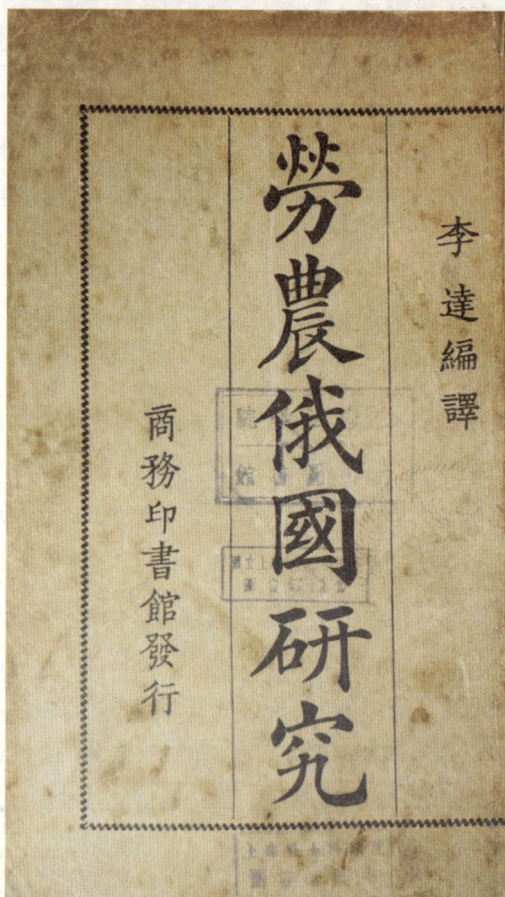

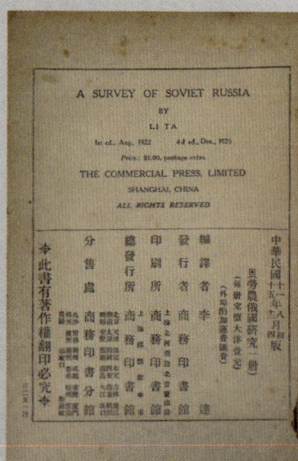

责 任 者 李达 编译

出版机构 商务印书馆

出版时间 1926年12月第4版

定 价 大洋一元

《劳农俄国研究》全书共10章，是李达根据自己翻译的大量材料编译而成，详尽系统地介绍了俄国的劳农政治和制度。十月革命是俄国工人阶级在布尔什维克党领导下联合贫农所完成的伟大的社会主义革命，劳动者和农民的结合形成了新的制度。书中鲜明地指出劳农政治的特质即无产阶级专政与民主主义，对劳农制度进行了深入研究，详细介绍了劳农俄国的政治组织，劳农制度思想的起源，劳农会的组织、选举和构成。"由列宁说起来，惟有劳农制度与马克思在四五十年前所豫想的无产阶级的政治组织相当。"本书还介绍了劳农俄国的劳动者、农业的社会主义化、教育制度、文化设施和妇女解放等相关情况。

1922年本书首次出版，当时就中国革命应该选择一条什么样的道路，是否"走俄国人的路"意见不一。李达指出"社会革命，工业劳动者固然是主力军，而非与农村无产阶级结合，就不易成"。他还指出关于劳农俄国实行的新经济政策，譬如和农民妥协以及和资本主义国家通商等事，亦颇有非难。"这种非难，实在没有理由。劳农俄国之行新经济政策，是否违背共产主义原则，我想共产主义者必能了解，绝不会像资本阶级那样诽谤的。"因此，李达根据自己翻译的大量材料，以鲜明的观点编译成了《劳农俄国研究》一书，是其时俄国社会劳动者和农民具体情况的真实写照，对于帮助党内外群众全面详细地了解十月革命的成就和社会主义制度的优越性，回击来自各方面的非难，消除人们的误解，坚定"走俄国人的路"，有很大贡献。

（程佳）

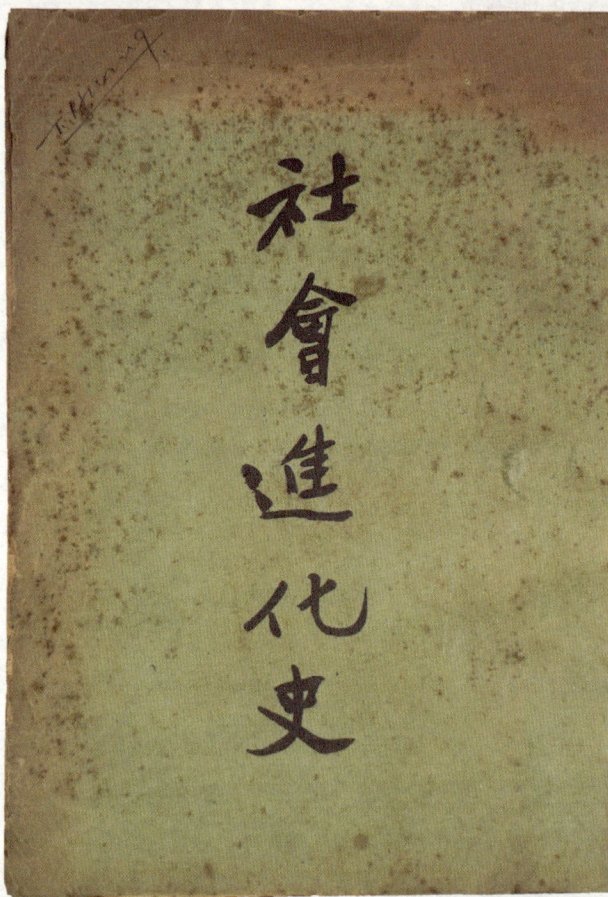

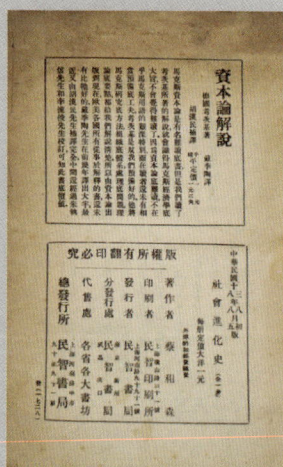

資本論解說
郭沫若原著

中華民國十八年八月四版
社　會　進　化　史　(全一冊)

蔡和森　著

版權所有　翻印必究

著作者　蔡和森
印刷者　民智印刷所
發行者　民智書局
分發行處　民智書局
總發行所　民智書局
代售處　各省各大書坊

實價大洋一元二角

责 任 者 蔡和森 著

出版机构 民智书局

出版时间 1929 年 8 月第 5 版

定　　价 大洋一元

蔡和森(1895—1931),字润寰,号泽膺,湖南湘乡县人。中国共产党早期的重要领导人,杰出的共产主义战士,无产阶级革命家、理论家和宣传家。

1924 年,《社会进化史》在上海出版,本馆收藏的是 1929 年 8 月第 5 版。它是中国人以马克思主义唯物史观写成的第一部社会发展史,是此类著作的奠基之作。全书主要分为四部分,即绪论"有史以前人类演进之程序"、"家族之起源与进化"、"财产之起源与进化"和"国家之起源与进化",共 230 页。书的基本内容主要是阐释恩格斯的《家庭、私有制和国家的起源》,但它并没有局限于《家庭、私有制和国家的起源》,又增加了中世纪和近代的许多有关材料,进一步叙述了"家族"、"财产"和"国家"的"进化",即从三个侧面,由古迄今,边叙边议,详细地考察了整个人类社会发展的全过程,科学地阐述了人类历史发展的规律。它剖析了人类所经过的原始社会、奴隶社会、封建社会、资本主义社会等各个社会形态,还展望了未来的共产主义社会,指出:资本主义大生产为它自己造成了最大多数的掘墓人——近代无产阶级,并为将来的共产主义社会准备了各种必要的物质条件。它的结论是:资本主义必然崩溃,无产阶级为实现社会主义、共产主义所进行的革命必然成功。

蔡和森的这部《社会进化史》在中国共产党成立之初颇有影响,是当时较系统的研究和宣传马克思主义唯物史观的著作之一,成为大革命高潮时期农民运动讲习所及党的基层活动的教材和读物,在当时对马克思主义唯物史观的传播发挥了重要的作用。

（蒋晨）

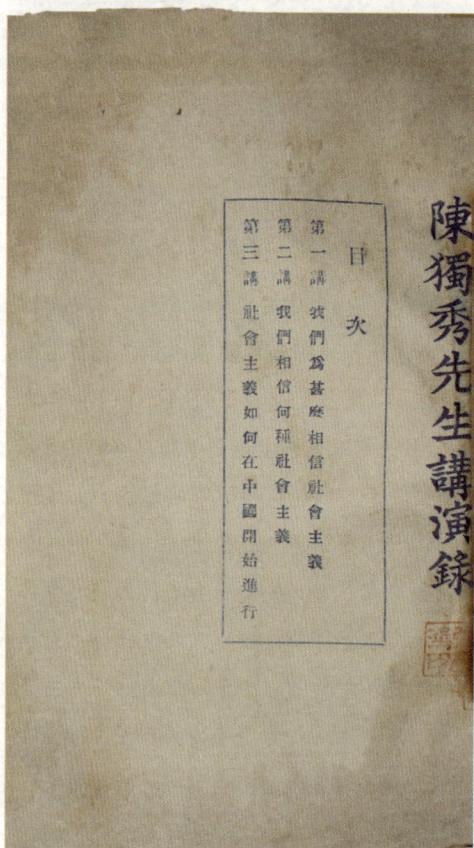

陳獨秀先生講演錄

目次

第一講　我們為甚麼相信社會主義
第二講　我們相信何種社會主義
第三講　社會主義如何在中國開始進行

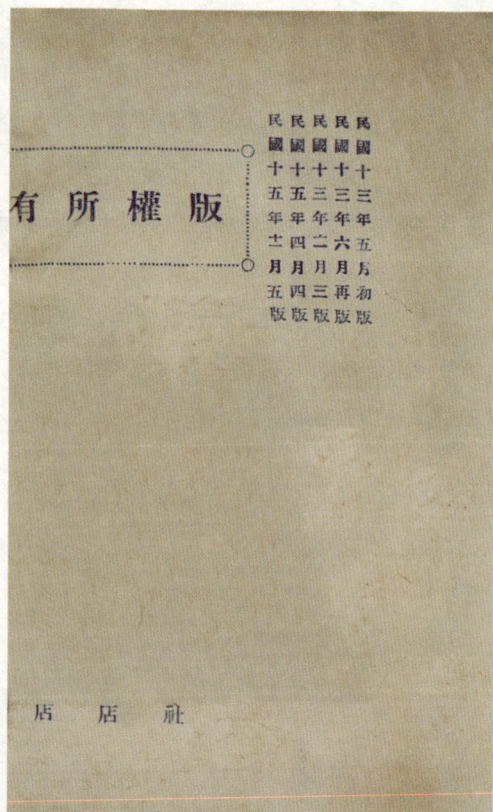

版權所有

民國十三年五月初版
民國十三年六月再版
民國十三年二月三版
民國十五年四月四版
民國十五年十二月五版

店店社

责 任 者　新青年社　编

出版机构　国光书店

出版时间　1926 年 11 月第 5 版

定　　价　1 元

陈独秀（1879—1942），原名陈庆同、陈乾生，字仲甫，号实庵，安徽怀宁人。他是新文化运动的倡导者之一，中国共产党早期的主要领导人。

20 世纪 20 年代初，陈独秀曾三次南下广州，大力宣传马克思主义，开展了一系列革命活动。1920 年底，广东军阀陈炯明热诚邀请时任北京大学文科学长的陈独秀南下广州主持教育工作，担任广东省政府教育委员会委员长。陈独秀与李大钊商量，李大钊认为可借此机会"将新文化运动和社会主义思潮广泛带到广州去"。于是，1920 年 12 月 17 日，陈独秀抱着"改造广州社会"的"无穷希望"，第一次南下广州。初次到粤，广东各界人士仰慕陈独秀的名声，纷纷请他讲演和撰稿。仅在 1921 年 1 月间，陈独秀在广州各类学校就发表了 7 次大型演说，影响了大量的广州学子。

1923 年陈独秀第三次到广州，在广东高等师范学校发表了三次演讲，题目分别是"我们为什么相信社会主义"、"我们相信何种社会主义"和"社会主义如何在中国开始进行"。他的这三篇演讲词由广东高等师范学校的学生赖特才、侯昌龄、郭瘦真、丁愿、李立成等人记录整理后，于 1924 年 5 月出版发行。此为第 5 版。本书深刻阐明了社会主义，对于研究陈独秀的早期革命思想具有重要参考价值。

（蒋洁）

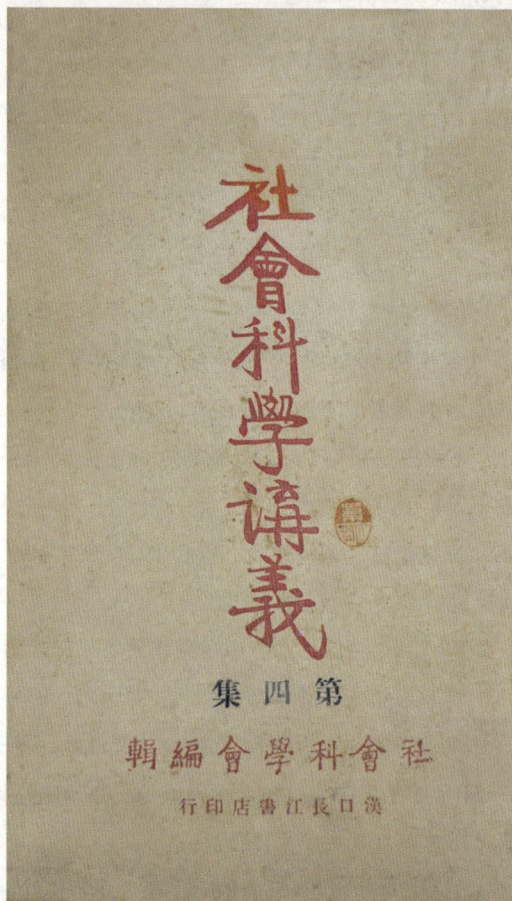

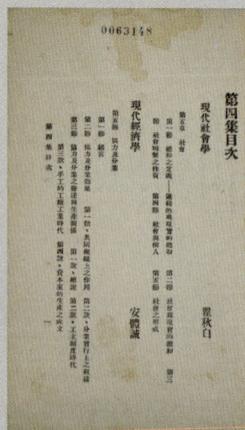

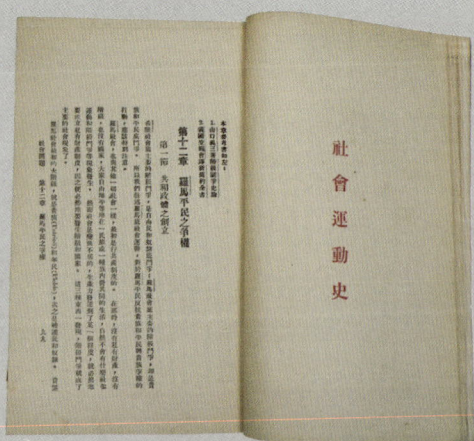

责 任 者　社会科学会　编辑

出版机构　汉口长江书店

出版时间　1924 年 4 月初版，1927 年 1 月再版

定　　价　大洋五角

　　瞿秋白（1899—1935），本名双，后改瞿爽、瞿霜，字秋白，江苏常州人。中国共
产党早期领导人之一，伟大的马克思主义者，卓越的无产阶级革命家、理论家和宣传家，
是中国革命文学事业重要奠基者之一。1923 年夏，瞿秋白在上海大学担任教务长兼社会
学系主任。同时，瞿秋白兼管中共宣传工作，担任《新青年》主编，还主编中共中央另
一机关刊物《前锋》，参加编辑中共中央机关刊物《向导》。施存统（1899—1970），
又名施复亮，浙江金华人。1922 年 5 月，施存统被推选为团中央首任书记，兼团中央机
关报《先驱》主编。1923 年，施存统到上海大学任教，并于 1924 年接替瞿秋白任社会学
系主任。安体诚（1896—1927），字存斋，河北丰润人。1923 年，安体诚在杭州法政专
门学校任政治经济系教员，后到上海大学任教。

　　1922 年至 1927 年，上海大学是第一次国共合作时期中国共产党开展思想宣传的重要
阵地。1923 年，瞿秋白来到上海大学后，以他同年 8 月发表在《觉悟》上的一篇《现代
中国所当有的"上海大学"》为蓝图为上海大学制订规划方案。其中，他提到："切实
社会科学的研究及形成新文艺的系统——这两件事便是当有的'上海大学'之职任，亦
就是'上海大学'所以当有的理由。"由此可见，在当时社会科学理论的研究备受关注。
也正因此，上海大学社会学系相继开设了阐述马克思主义基本原理的相关课程。很多中
国共产党早期的重要理论著作便是在教学中产生的。

　　《社会科学讲义》第四集内收《现代社会学》（瞿秋白著）、《现代经济学》（安体诚
著）、《社会运动史》（施存统编）、《社会思想史》（施存统编）、《社会问题》（施
存统编）、《社会哲学概论》（瞿秋白著）六篇。上海大学社会科学会将这些讲稿编辑
为一套教材，由瞿秋白主编，于 1924 年 1 月至 4 月由上海书店出版，每月一集，共有四集，
并于同年 3 月至 6 月再版。后来，为扩大革命出版物的发行，长江书店作为中国共产党
的出版发行机构于 1926 年 4 月在汉口建立，由瞿秋白领导。《社会科学讲义》这套教材
便又由长江书店于 1927 年重版。《社会科学讲义》连载宣传马克思主义思想，被视为中
国共产党早期阐述马克思主义学说的重要理论著作。

（朱莹）

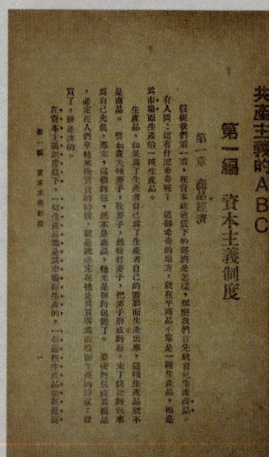

责 任 者　[苏]布哈林　著

出版机构　新青年社

出版时间　1927 年 2 月

定　　价　大洋二角

备　　注　新青年社丛书之一种

　　布哈林（1888—1938），苏联著名的经济学家、革命家、政治家和马克思主义理论家。《共产主义的ABC》共分为两个主要部分。第一部分为理论部分。作者根据马克思主义政治经济学原理，从商品经济入手，深入浅出地分析了资本主义制度下各种不可克服的矛盾，阐明了资本主义制度一定要灭亡、社会主义一定要胜利的客观历史规律。在这一部分里，作者还分析了第二国际破产的原因，论述了第三国际成立的意义。第二部分为无产阶级专政和共产主义建设部分。20 世纪 20 年代，随着我国革命的发展，《共产主义的ABC》一书也开始流传到我国。本书的第一部分作为新青年社丛书之一由新青年社出版，对于马列主义基本知识在我国的传播起了很好的作用。

　　《共产主义的ABC》中译本全书有 176 页，共有五编（第一编：资本主义制度；第二编：资本主义制度的发展；第三编：共产主义与无产阶级专政；第四编：资本主义发展怎样达到共产主义革命；第五编：第二国际与第三国际）。全书用浅显易懂的语言，采用讲故事的方式，结合举例子、提问题等来阐释列宁主义的基本思想。本书从商品经济入手，先解释资本主义的生产及运作方式，然后通过资本主义经济危机爆发证明了资本主义不可调和的阶级矛盾，由此导致资本主义的崩坏、无产阶级专政的产生，直到最终走上共产主义道路，这样一个剥葱式的叙事堪称当时通俗中译本的经典。本书指出马克思主义不是僵化的理论，而是随着时代、民族的发展，在实践中不断发展的科学真理。本书在我国马克思主义早期传播中起到了十分重要的启蒙作用，是我国早期共产党人的共产主义入门图书。时至今日，对我们研究马克思主义理论发展史来说，仍然是一本很有价值的参考书。

（成雯吉）

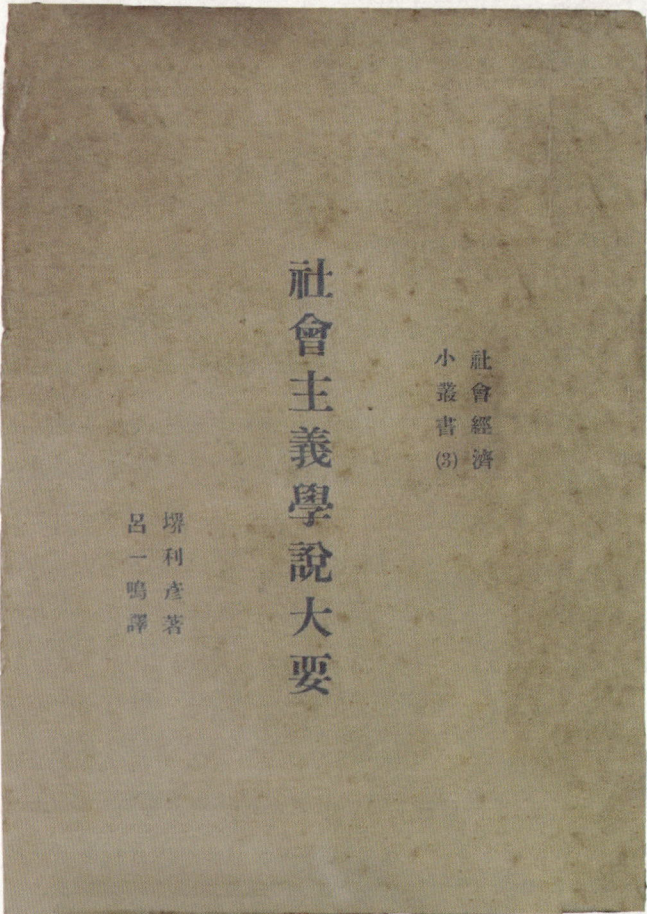

社會經濟
小叢書（3）

社會主義學說大要

堺利彥著

呂一鳴譯

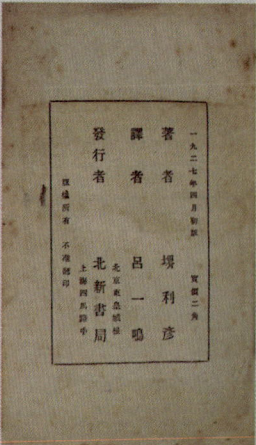

一九二七年四月初版

實價二角

著者　　堺利彥

譯者　　呂一鳴

發行者　北新書局
　　　　上海四馬路中

版權所有　不准翻印

社會經濟
小叢書之三

社會主義學說大要

日本堺利彥著選
呂一鳴譯

北新書局印行

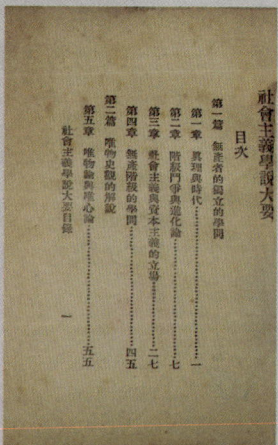

社會主義學說大要

目次

第一篇　無產者的獨立的學問

　第一章　馬克思的時代……一

　第二章　階級鬥爭與進化論……七

　第三章　與社會主義與資本主義的立場……一七

　第四章　無產階級的學問……四五

第二篇　唯物史觀的解說

　第五章　唯物論與進化論……五五

社會主義學說大要目錄……一

责任者 ［日］堺利彦 著，吕一鸣 译

出版机构 北新书局

出版时间 1927 年 4 月

定　　价 二角

备　　注 社会经济小丛书之三

堺利彦（1870—1933），日本早期马克思主义思想传播者，日文版《共产党宣言》初译者，被称为日本"社会主义运动之父"。1922 年参与创建日本共产党，被推选为第一任书记长。主要著作有《社会主义纲要》《唯物史观概要》《唯物史观的立场》等。

吕一鸣（1897—1947），原名闪大俭，河南怀庆人。1919 年参加五四运动，1920 年在北京加入马克思主义学会，在天津组织成立社会主义青年团。1921 年入党。曾受李大钊指导宣传共产主义思想，并跟随鲁迅学习日语。1927 年因从事地下工作隐蔽于京，翻译出版多部宣传革命思想的图书。

《社会主义学说大要》全书三篇十一章，共 146 页，从阶级斗争、唯物史观和历史进化的事实等诸方面解说社会主义学说的要旨。第一篇无产者的独立的学问，从阶级斗争角度阐述了社会主义与资本主义的立场；第二篇唯物史观的解说，介绍了唯物史观与唯心史观，并着重强调了唯物史观的要领；第三篇历史进化的事实的说明，阐述从动物与人类的区别到共产社会与私产社会再上升到阶级与国家进化历程，最后指出"资本制度的社会的内部，可以造成下一个新社会的物质的条件又逐渐完备了，一定会有旁的新阶级发生出来，那就是劳动阶级、无产阶级"，揭示了资本主义社会发展的必然性。建党初期，革命斗争亟须理论指导，除了苏联和德国的马克思主义著作外，日文著述也被早期马克思主义学者译介出版，该书是其中之一，对马克思主义在中国的传播产生了重要影响，促进了马克思主义在中国的发展。

北新书局，1924 年成立于北京，主要经售新潮社出版物。鲁迅对这个书店给予了极大支持和鼓励，曾出版其个人著作多种。1926 年因发行鲁迅编辑的《语丝》杂志，被进占北京的东北军阀张作霖封闭，后迁至上海。

（程佳）

24. 《社会改造之八大思想家》

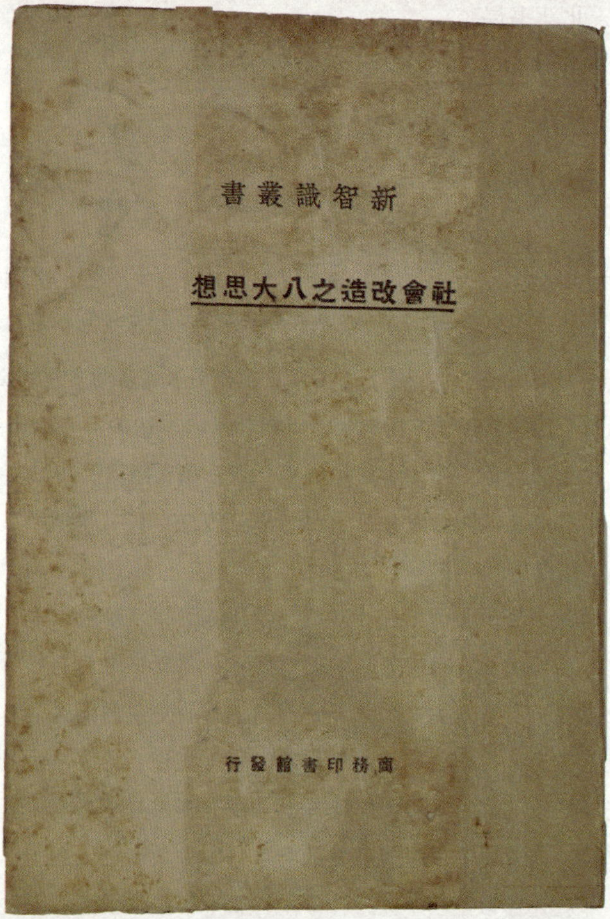

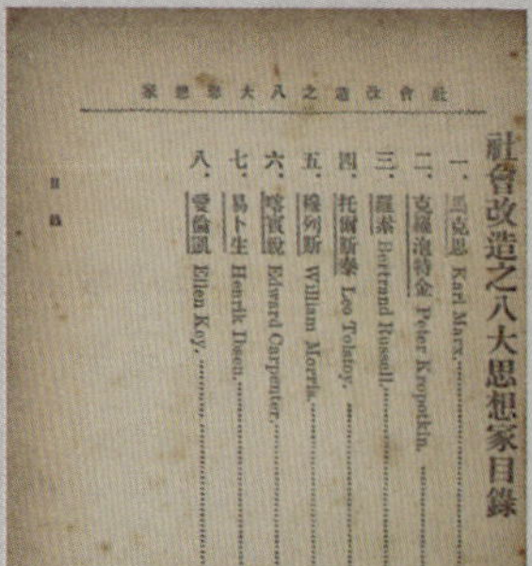

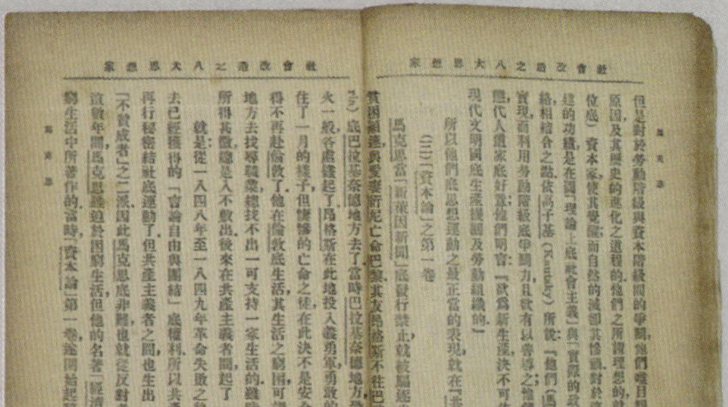

责 任 者 ［日］生田长江、本间久雄 著，林本等 译

出版机构 商务印书馆

出版时间 1927 年

定 价 0.8 元

备 注 新智识丛书

生田长江（1882—1936），日本文艺评论家、翻译家，曾翻译《尼采全集》《神曲》等。本间久雄（1886—1981），日本文学评论家，致力于日本明治文学史、英国文学、文艺理论的研究，著有《新文学概论》《文学论考》《明治文学史》等。

本书介绍马克思、克鲁泡特金、罗素、托尔斯泰、穆列斯、卡彭特、易卜生、爱伦凯等 8 人的生平与思想。关于马克思，主要从科学的社会主义鼻祖、《共产党宣言》、《资本论》第一卷、万国劳动者同盟、唯物史观和阶级争斗说、马克思学说之批评等方面展开介绍；关于克鲁泡特金，主要从戏曲和小说的生涯、军人生活的终局、社会运动者、无政府主义、部分经济学说、思想的根底等方面展开介绍；关于罗素，主要从才子、哲学、社会改造论、概观等方面展开介绍；关于托尔斯泰，主要从其影响、思想、人生、艺术、《复活》中所表现的社会批评、革命运动、社会改造思想等方面展开介绍；关于穆列斯，主要从其生活、人生的艺术化、社会主义者的功绩、代表作、中心思想等方面展开介绍；关于卡彭特，主要从其为人、近代科学观、艺术观、现代文明观、社会改造论等方面展开介绍；关于易卜生，主要从其生涯、特质、社会剧及问题剧、《勃兰特》梗概、第三帝国思想、妇人问题等方面展开介绍；关于爱伦凯，主要从小传、恋爱道德论、恋爱与结婚、自由离婚论、母性观、理想的妇人观等方面展开介绍。

（朱莹）

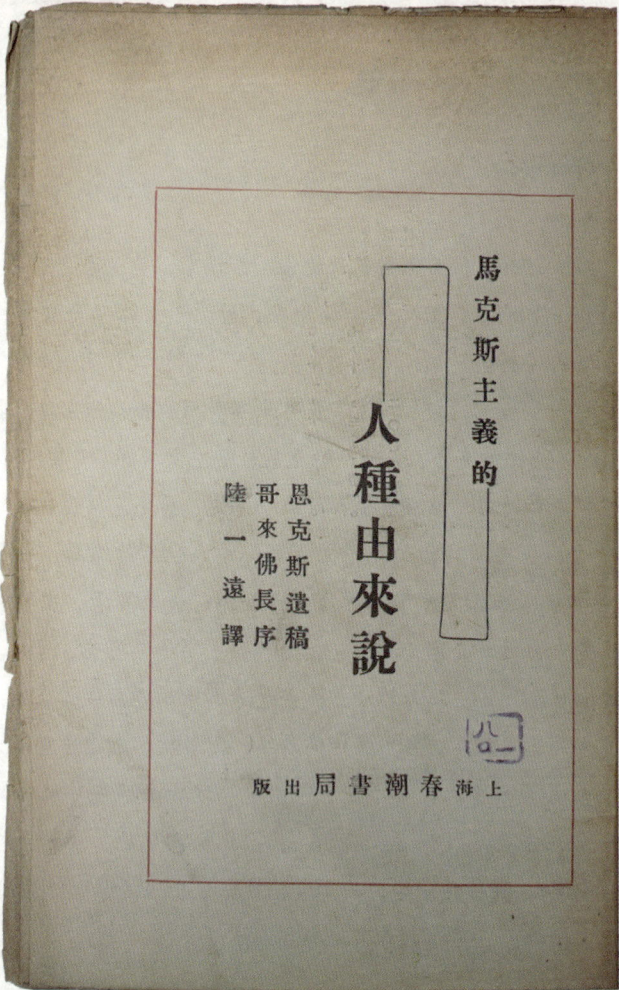

馬克斯主義的

人種由來說

恩克斯遺稿
哥來佛長序
陸一遠譯

上海春潮書局出版

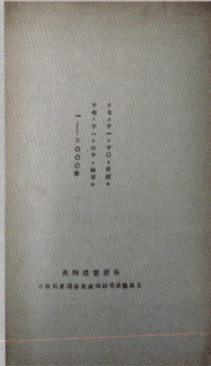

责 任 者　[德]恩克斯(恩格斯)遗稿，[苏]哥来佛　长序，陆一远　译

出版机构　上海春潮书局

出版时间　1928 年 11 月 30 日

定　　价　四角

陆一远，浙江余姚人，曾为莫斯科中山大学留学生，1928 年回国后从教，翻译了大量恩格斯等苏德学者著作，译作有《自然辩证法》《社会进化史大纲》《苏俄外交史》《法德农民问题》等。

本书分为两卷，第一卷序言由哥来佛作，篇幅较大，从各个方面探讨了马克思主义与达尔文主义的关系，并引用了大量恩格斯及马克思著作内容来证明"达尔文主义"即"生物学界的马克思主义"这一观点。第二卷为恩格斯遗稿《劳动在从猿到人转变过程中的作用》与《人类进化的过程》，两篇文章均是恩格斯《自然辩证法》手稿中可以单独成篇的部分，探讨了劳动与自然界中生产价值体系的关系，是马克思主义理论著作中有深远意义及时代影响的经典篇章。1950 年，毛泽东在中共七届三中全会上说，对知识分子"要让他们学社会发展史、历史唯物论等几门课程。就是那些唯心论者，我们也有办法使他们不反对我们。他们讲上帝造人，我们讲从猿到人"。马克思主义经典著作中，论述"从猿到人"最重要的作品是恩格斯的《劳动在从猿到人转变过程中的作用》。《马克斯主义的人种由来说》即是最早收录这篇文章的图书（当时译为《劳动是猿到人类的进化过程中的产物》）。

（张瑞力）

26. 《资本主义最后阶段帝国主义论》

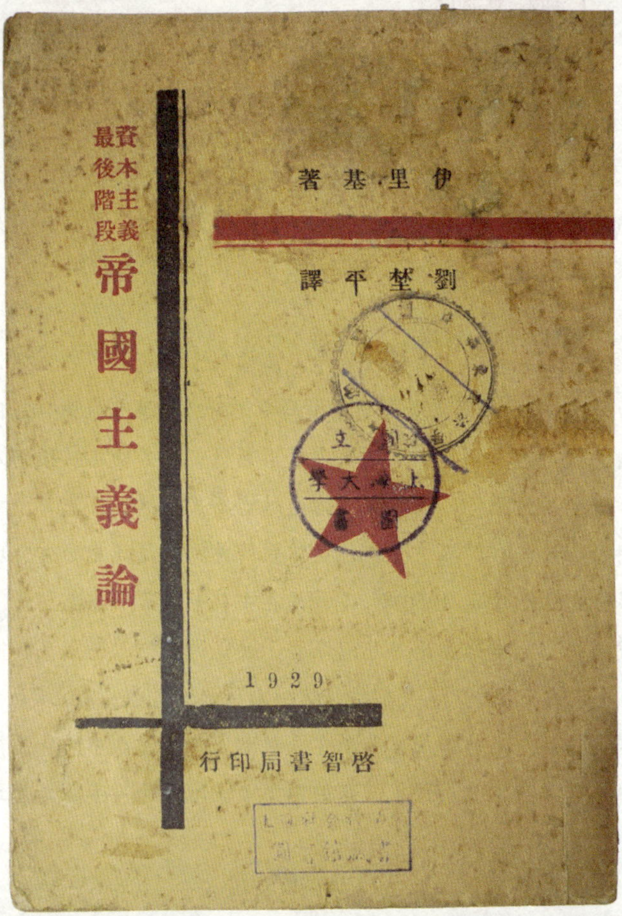

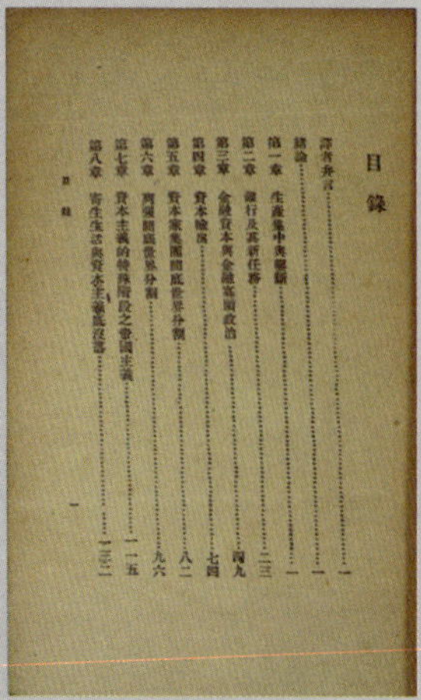

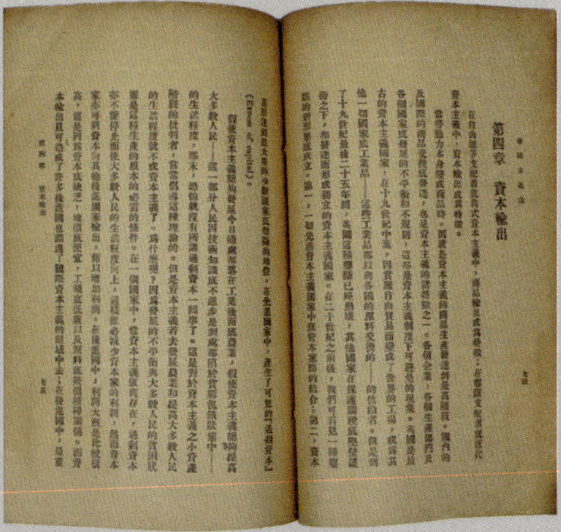

责 任 者 ［苏］伊里基 著，刘埜平 译

出版机构 启智书局

出版时间 1929 年 6 月

定 价 五角

备 注 32 开，176 页，封面印有红字及一颗红色的大五角星。

　　《帝国主义是资本主义的最高阶段》是列宁于 1916 年初开始写作，于 1917 年 4 月出版的。当时正是第一次世界大战时期，列宁以辩证法唯物论观点，详细分析帝国主义的主要经济现象及其特征，对于破除资产阶级学者和小资产阶级学者的荒诞想法有重要的理论意义。这本著作从思想上廓清了人们关于帝国主义的模糊认识，使人们对资本主义的认识达到了新的高度，是马克思主义关于帝国主义的理论发展到列宁阶段的标志，在马克思主义理论史上具有重要地位，是《资本论》在新时代的真正续篇，具有划时代意义，得到了广泛译介，受到了全世界无产阶级政党的热烈欢迎。

　　为满足全国上下宣传文化抗战、激发抗日积极性、反对日本帝国主义侵略的需要，英文功底深厚且熟悉日文的刘埜平以纽约出版的英文第二版《帝国主义是资本主义的最高阶段》为母本，同时参考了日本东京丛文阁出版的日文版，1929 年出版了此书的中文全译本，书名译作《资本主义最后阶段帝国主义论》。刘埜平在"译者序言"中表示："因初次试译，且匆促赶印，译语未免生涩，错误在所难免。"囿于时代和译者水平，刘译本的确存在译文不准确甚至错译之处，但瑕不掩瑜。

　　《资本主义最后阶段帝国主义论》作为《帝国主义是资本主义的最高阶段》这部经典著作最早的中文全译本，对于研究中国问题很有意义，对于中国共产党和中国人民完整理解列宁论述帝国主义问题思想理论和传播马克思主义具有重要意义。

（刘奕）

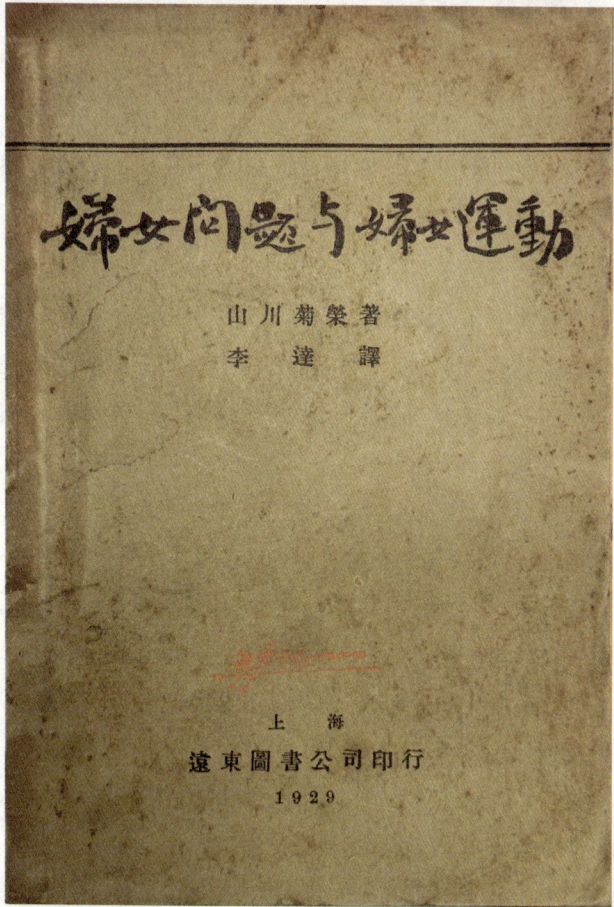

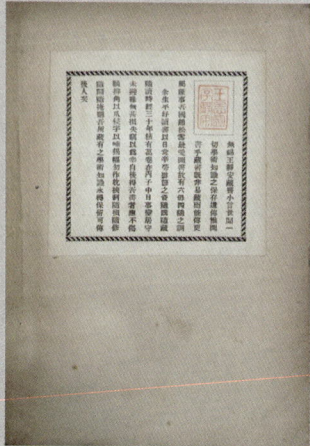

责 任 者　［日］山川菊荣　著，李达　译

出版机构　上海远东图书公司

出版时间　1929年1月6日

定　　价　大洋五角

备　　注　在书本的内页有一枚不起眼的藏书票，整张书票全部为文字，在右上角有印章一枚，内有"王志明字静安"刻字，即无锡南社社员王静安。藏书票内容如下：

无锡王静安藏书小言：世间一切学术知识之保存遗传，惟图书乎！藏书既非易，藏而能传更属难事。吾国赵松雪最爱图书，故有六毋四随之训。余生平好读书，以日常辛劳撙节之资随购随藏随读，时经三十年，积有万卷。在丙子中日事变居守未避难，无甚损失，窃以为幸。自后得吾书者应不伤脑抑角、以爪侵字、以唾揭幅，勿作枕挟刺，随损随修，随开随掩，则吾所藏有之学术知识永得保留可传后人矣。

山川菊荣毕业于女子英学塾（现津田塾大学），她以马克思主义为精神武器，构筑起以"无产妇女"为主轴的女性论，是日本无产妇女运动的理论指导者。她从马克思主义的立场出发，参与了废娼论争和母性保护论争，长期从事社会主义理论研究。她主张推翻私有制，使妇女真正获得独立自主，宣称"离开了全人类的解放不会有妇女解放，离开了全人类的文化不会有什么独立的妇女自己的文化"。而在这本书中，为了分析讨论妇女面临的问题，她从人类最早的原始社会到母系制度，再到文明社会下的妇女状况，再到妇女问题的兴起后各国的改变与现状，全面地分析"溯及原始人类的社会生活，以探寻妇女地位之历史的变迁"。

李达作为我国杰出的马克思主义理论家、宣传家和教育家，也是中国共产党的重要创始人之一、早期领导人之一，仅从1919年至1922年，李达发表的关于妇女运动与妇女解放的文章与译作有10余篇，其中还完整刊载了《妇女运动史》和《女权运动史》，是我国妇女解放运动思潮的"普罗米修斯式的播火者"。《妇女问题与妇女运动》是探讨当时妇女问题的马克思主义思想著作。

（宋京）

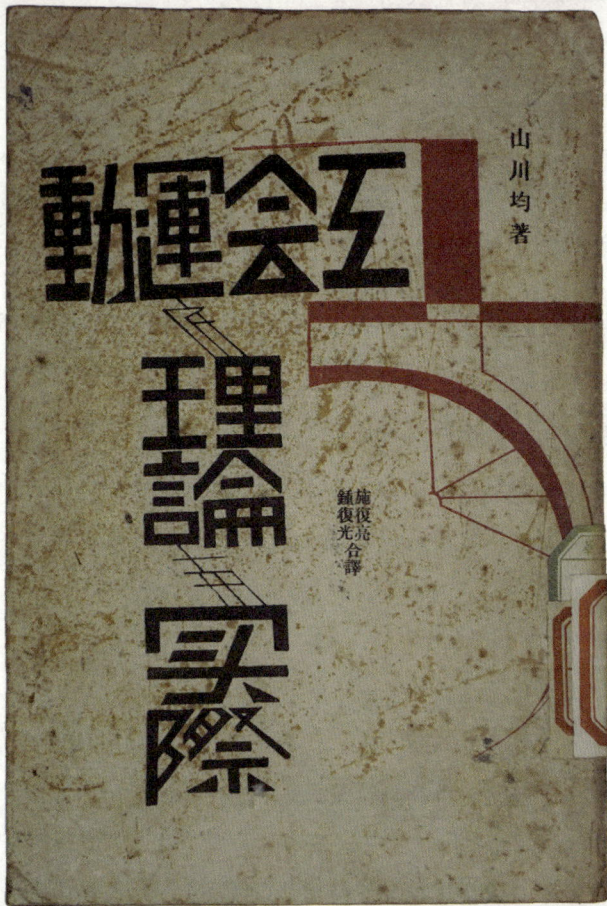

责 任 者 ［日］山川均　著，施复亮、钟复光　合译

出版机构　大江书铺

出版时间　1930 年 4 月 15 日

定　　价　大洋七角

　　山川均（1880—1958），社会活动家，日本劳农派创始人。1918 年与荒畑寒村（1887—1981）建立"工会研究会"，次年创办《社会主义研究》杂志，介绍马克思主义基本观点，认为唯物史观是马克思主义的核心。1922 年 7 月加入日本共产党，成为日本共产党主要领导人之一。其思想被称为"山川主义"，一度成为日本共产党的指导理论。1926 年日共重建后，主张"非共产党马克思主义者"的联合，形成"劳农派"。1928 年 12 月，他以劳农党为核心，联合其他七个政党成立了大众党。1929 年大众党分裂后，他致力于研究无产阶级政党联合问题。1931 年"九一八"事变以后继续写时事评论。1937 年因"人民战线事件"被拘留一年半，出狱后停止写作，直至日本投降。1954 年 1 月左派社会党举行大会表彰山川均为"社会主义运动最大功劳者"。著有《山川均全集》，共 20 卷。

　　本书为施复亮与钟复光夫妻合译。钟复光（1903—1992），重庆江津人。我国早期妇女运动领导人，1924 年 12 月被推选为上海女界国民会议促成会执行委员，1925 年 8 月任中共上海区委妇女委员会书记。新中国成立后，任全国妇联执委、全国政协委员等职。

　　《工会运动底理论与实际》主要论述了英、德、法三国的工会运动，工会的组织形态、管理和行动，以及资本主义社会内的工会等问题。书中认为，工会是"结合一切倾向的劳动者的无党派的团体"，认为工会要组织工人阶级进行阶级斗争。

　　　　　　　　　　　　　　　　　　　　　　　　　　　　　（王威）

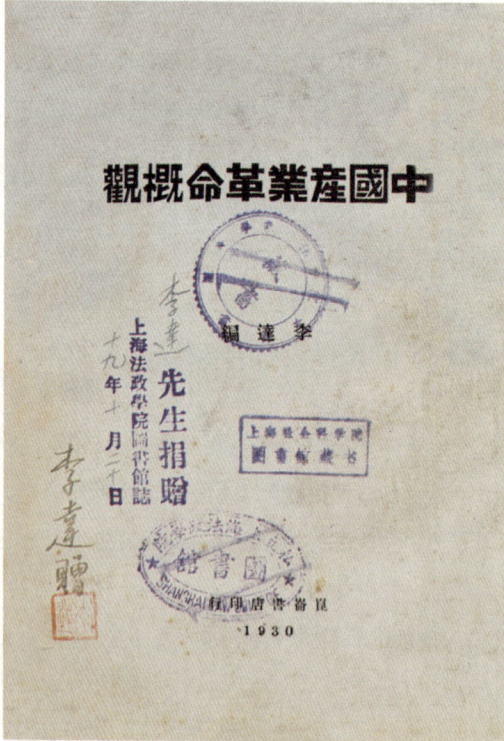

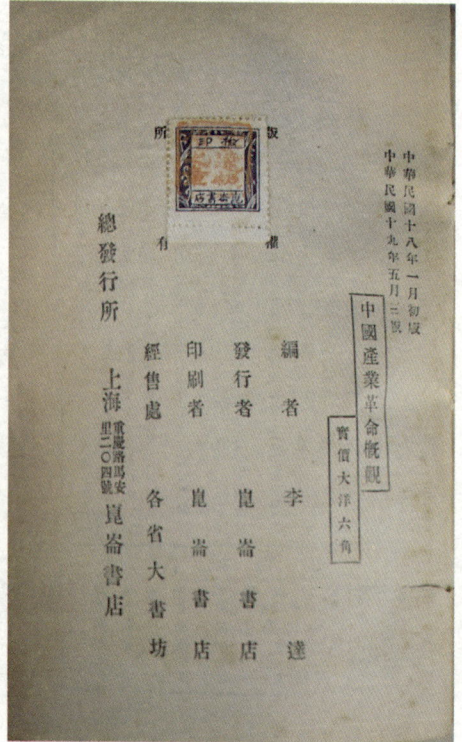

责　任　者　李达　编

出版机构　昆仑书店

出版时间　1930 年 5 月三版

定　　价　大洋六角

备　　注　该书为李达在上海法政学院任教时，亲笔题赠该院图书馆的新书。中华人民共和国成立后，上海法政学院辗转并入华东政法学院；1958 年，华东政法学院并入上海社会科学院。

　　《中国产业革命概观》是中国人用马克思主义观点系统阐述中国近代经济的第一本著作。作为马克思主义经济学中国化的开启之作，《中国产业革命概观》具有多方面的重要理论贡献。首先，按照马克思主义研究方法，以欧洲产业革命为借鉴，揭示了中国革命与中国产业革命的关系，澄清了大革命失败后弥漫在中国共产党人中的迷茫和困惑，明确了中国革命的对象、任务和前途。明确提出中国革命的对象是帝国主义和封建势力，任务是打倒帝国主义、廓清封建势力和封建制度，前途是树立民众政权、发展国家资本、解决土地问题。正确回答了"中国向何处去"的重大时代问题。其次，体现了科学的经济学实证研究方法。书中除第一章"绪论"外，其余六章通篇援引了大量国内外有关中国经济状况的丰富材料，作者的结论都是在实证基础上得出的，凭事实说话，使他与当时的众多马克思主义经济学研究者鲜明地区别开来。最后，开了马克思主义经济学中国化研究范式之先河。李达明确提出，"中国革命有它的世界性和特殊性"，用马克思主义改造中国必须"考虑中国社会问题的特殊性"。把马克思主义与中国具体实际"有机结合"，立志用马克思主义改造中国，回答"中国向何处去"这一时代之问。其路径是密切联系中国的经济状况来研究马克思主义经济学，其根本方法是唯物辩证法。这种研究范式，是在《中国产业革命概观》一书中开创的。

　　《中国产业革命概观》致力于把马克思主义经济学与中国的具体实际相结合，从经济里探求中国革命的出路，回答"中国向何处去"这一时代大问题，堪称运用马克思主义经济学中国化范式的典范。

（钱运春）

30.《革命与反革命》

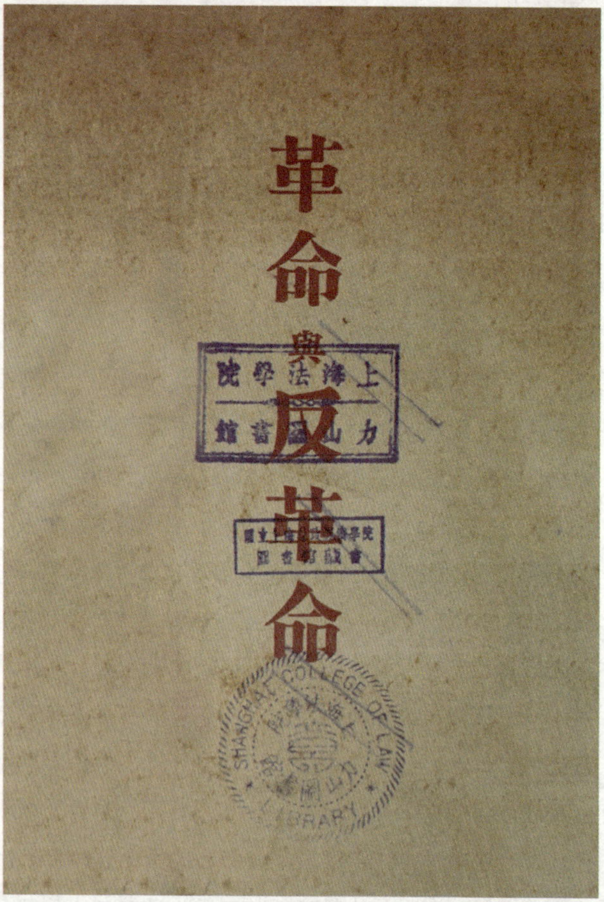
革命與反革命
上海法學院
力山圖書館
SHANGHAI COLLEGE OF LAW
LIBRARY

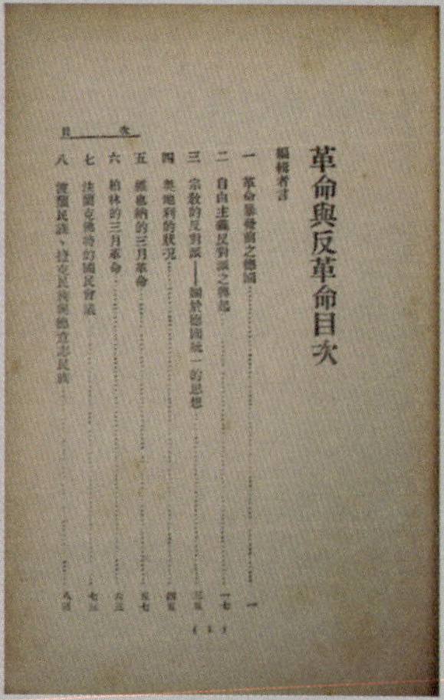
革命與反革命目次

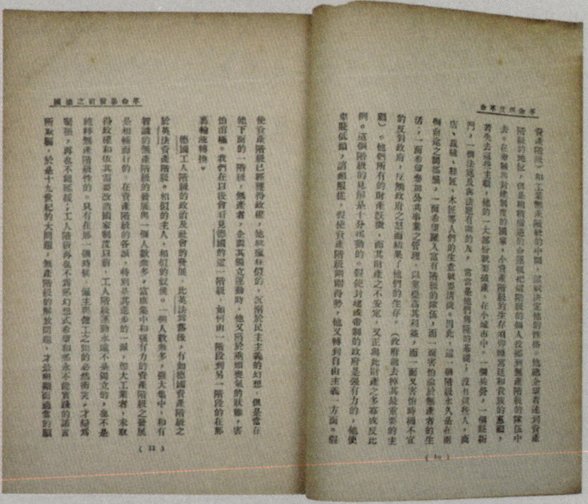

责 任 者 ［德］恩格斯　著，刘镜园　译

出版机构 新生命书局

出版时间 1930 年 5 月

定　　价 六角

备　　注 书名又作《一八四八年的德国》。

刘镜园（1902—1987，一作 1899—1987），原名刘仁静，字养初，又名刘亦宇、刘敬云，湖北应城人。毕业于北京大学，中国共产党早期领导人之一。曾参加五四运动，出席中共一大，去莫斯科参加共产国际第四次代表大会并代表中共发言。1926 年，前往列宁主义学院学习。1930 年，刘镜园根据卡·考茨基 1896 年翻译出版的德文本《德国的革命与反革命》和当时在苏联出版的俄文单行本，翻译出版了此书的中文全译本，书名译为《革命与反革命》。刘镜园在"译者序言"中评价这本著作"是一部用辩证的唯物论揭示历史的杰作"，并说明了他翻译此书的目的："我们读这本书不唯可了解一八四八年德国革命之本身，而且更重要的是我们由此可以获得许多方法，去研究别的革命。"

《德国的革命与反革命》是由恩格斯撰写、以马克思名义于 1851 年 10 月 25 日至 1852 年 10 月 23 日发表在《纽约每日论坛报》"德国"专栏上的一组评论文章，1896 年由马克思的女儿爱琳娜编辑出版。恩格斯阐述了 1848—1849 年德国革命的主要事件和主要转折，探讨了革命必然爆发和必然失败的原因，分析了各个社会阶级、政治集团的不同利益和相互关系，为德国人民指出了继续斗争的方向。《德国的革命与反革命》被誉为"运用马克思主义对一国民主革命进行全面、系统研究的典范之作"，丰富了唯物史观的基本原理和科学社会主义学说，对以列宁为代表的后世马克思主义者产生深远影响。

《革命与反革命》作为这部经典著作的第一个中文全译本，仅 20 世纪 30 年代就在新生命书局再版三次，共印 5000 册，有助于中国人民深入了解德国革命，吸取其十分宝贵的经验教训，提高运用马克思主义观察和解决当时中国革命实际问题的能力。迄今为止，这本著作在中国共出现了 5 个完整的中文全译本，是在中国传播范围最广、最有影响的马克思主义经典著作之一，对中国马克思主义及话语体系的形成、发展产生重要影响。

（刘奕）

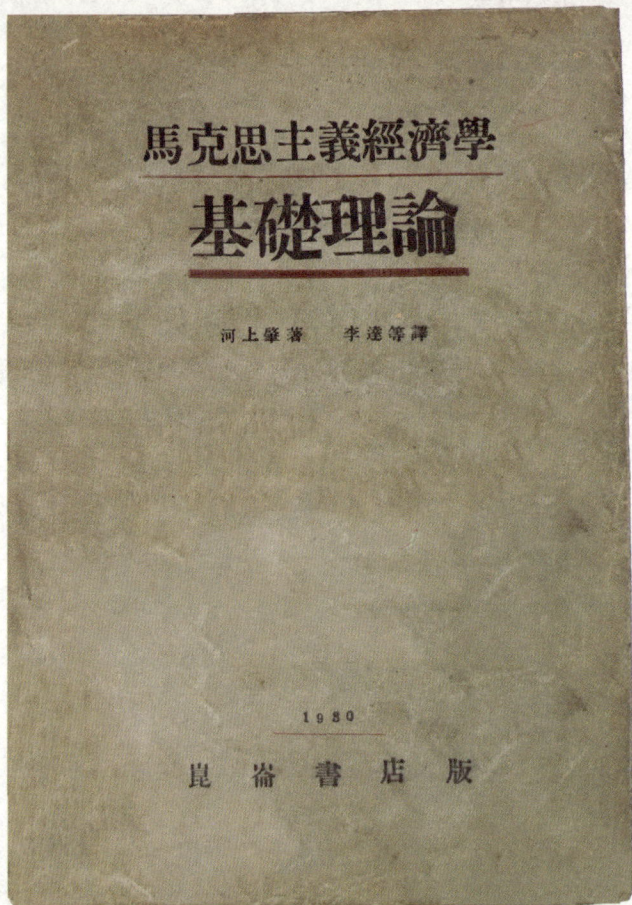

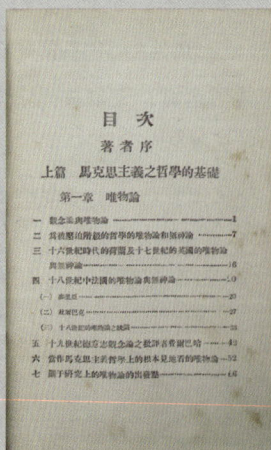

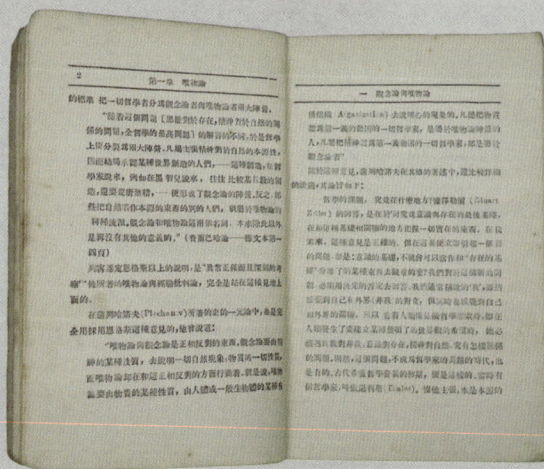

责 任 者 ［日］河上肇 著，李达等 译

出版机构 昆仑书店

出版时间 1930 年 6 月 1 日

定　　价 平装二元五角

河上肇（1879—1946），日本马克思主义研究的先驱，对马克思主义哲学的研究与传播具有重要的贡献。李达于 1913 年留学日本，在东京第一高等师范学校学习理科。1918 年，由自己带领的回国请愿活动失败后，李达意识到学习马克思列宁主义理论的重要性。故他放弃理科学习，转身投入马克思列宁主义的研究和宣传。1920 年回国后，他与陈独秀、李汉俊等共同发起成立上海的中国共产党早期组织，是中国共产党的创始人之一。

河上肇在该书著者序中提到"马克思主义经济学，如果离开了那哲学的基础，要正当地理解他，是不可能的"。可见，河上肇强调马克思主义哲学基本原理的重要性。这一点在全书布局中也得以体现。该书分为两篇。上篇为"马克思主义之哲学的基础"，分章节论述了"唯物论""辩证法""史的唯物论（唯物史观）"。下篇为"马克思主义经济学的出发点"，分章节讨论"商品"和"交换过程"，是对《资本论》中商品理论的解说。河上肇是日本近代马克思主义经济学家，但如他在《经济学大纲》序言中所说，"我最初是从有产者经济学出发去研究的"。他早期受新历史学派的影响，主张人道主义、唯心史观的哲学思想，这一点在其 1916 年发表的《贫乏物语》中有所体现。后随着俄国十月革命胜利，河上肇开始转向马克思主义，并研究马克思主义经济学。1918 年曾出版《社会问题管见》论文集，1919 年创办个人杂志《社会问题研究》。1928 年出版的《经济学大纲》以马克思主义批判了自己早期的唯心史观。该书下篇的内容则与其《资本论入门》大致相同。

该书于 1929 年出版，1930 年李达等将其译成中文并于同年 6 月出版，11 月再版。毛泽东对该书的中文再版版本做过批注，其批读的原件被收入《毛泽东哲学批注集》。

（朱莹）

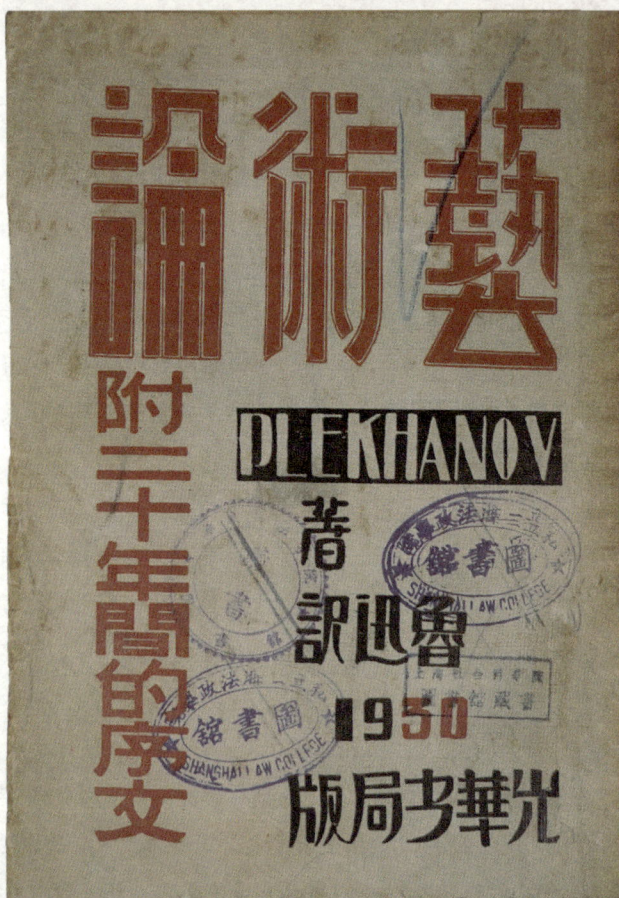

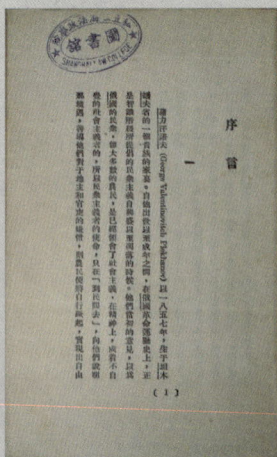

G. V. Plekhanov 像

责 任 者 ［俄］蒲力汗诺夫 著，鲁迅 译

出版机构 光华书局

出版时间 1930 年 7 月

定 价 七角五分

鲁迅（1881—1936），原名周树人，浙江绍兴人，是中国文化革命的主将。他不但是伟大的文学家，而且是伟大的思想家、革命家、教育家。鲁迅从 1920 年 6 月开始学习马克思主义，读过《共产党宣言》等马列著作，他用马克思主义来观察社会、指导斗争，无情地"解剖自己"。

蒲力汗诺夫是俄国早期的马克思主义理论家，《艺术论》是蒲力汗诺夫重要的文艺理论著作，鲁迅翻译《艺术论》所依据的译本是日本外村史郎的译本。1930 年 7 月，鲁迅翻译本在上海光华书局作为"科学的艺术论丛书"之一种出版。蒲力汗诺夫的《艺术论》更为密切地呼应了鲁迅的思路，无论是生物进化论还是艺术源于生命力的思想。鲁迅通过翻译《艺术论》接受了蒲力汗诺夫的观点。鲁迅翻译本第一篇是《论艺术》，第二篇是《原始民族的艺术》，第三篇是《再论原始民族的艺术》，第四篇是《论文集（二十年间）第三版序》。

《论艺术》篇幅最大，蒲力汗诺夫主要运用唯物史观阐述了艺术的本质，阐明了生产力和生产关系的矛盾以及阶级间的矛盾以怎样的形式作用于艺术上。《原始民族的艺术》主要以不同原始民族的经济生活情况为例，说明原始民族的生活不是个人主义的，而是具有很强的社会性，甚至近于共产主义的形态。《再论原始民族的艺术》则批判主张游戏本能先于劳动的人们之误，且用丰富的实证和严正的论理，以究明有用对象的生产（劳动）先于艺术生产这一个唯物史观的根本命题。《论文集（二十年间）第三版序》是译自藏原惟人所译的《阶级社会的艺术》，曾在《春潮月刊》上登载。其中有蒲力汗诺夫自叙对于文艺的见解，可作为本书第一篇的互证，便也附在卷尾了。

（成雯吉）

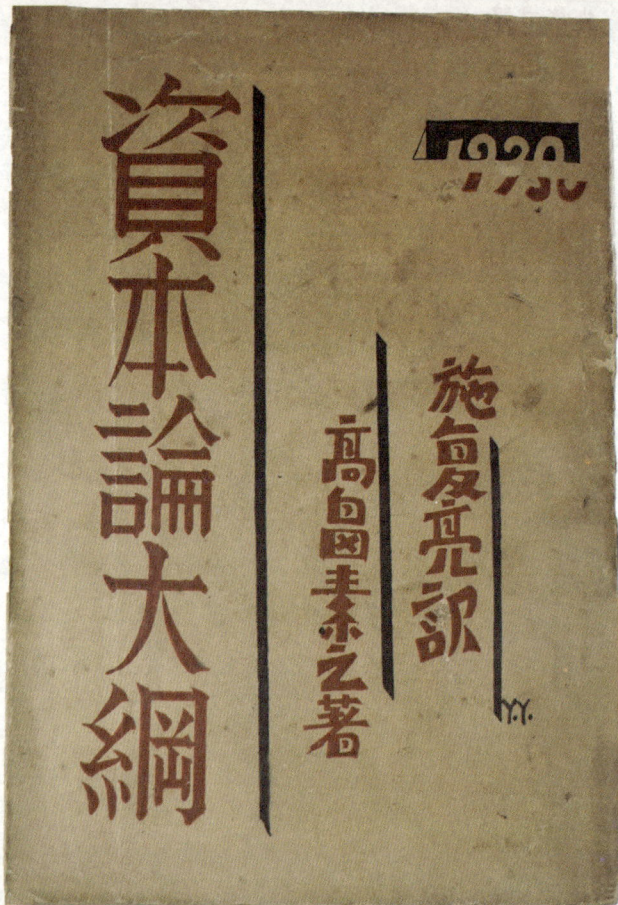

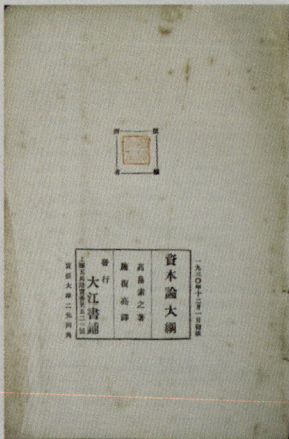

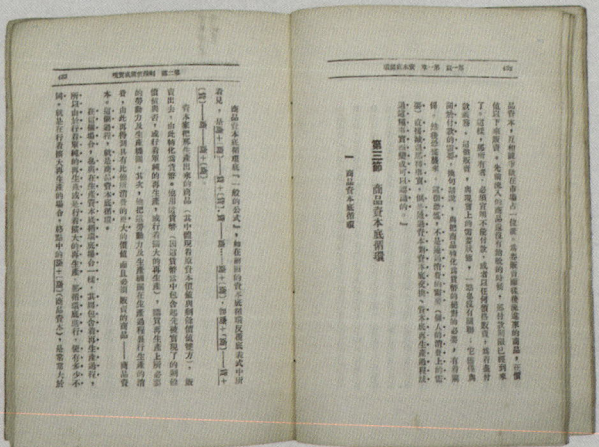

责 任 者 高畠素之 著，施复亮 译

出版机构 大江书铺

出版时间 1930 年 12 月 1 日

定 价 大洋二元四角

　　高畠素之（1886—1928）出生于日本群马县旧前桥藩士族家庭，是日本大正时期著名的社会主义理论家，国家社会主义的倡导者。20 世纪 20 年代起，高畠素之的主要工作之一就是翻译《资本论》，1924 年他所译的 10 卷本《资本论》日文全译本正式出版，该译本是当时日本唯一的完译本。

　　此本馆藏《资本论大纲》是由上海大江书铺于 1930 年 12 月 1 日出版的平装本初版。大江书铺由陈望道、汪馥泉和冯三昧等人创办，于 1928 年 9 月在景云里（现虹口区横浜路 35 弄）附近正式开业。大江书铺以出版相关的进步书刊，宣传革命文学著作，介绍先进的、科学的文艺理论为特点。1934 年，国民党反动派对进步文学及革命作家们的压迫愈演愈烈，许多社会科学艺术类的出版物被查禁，再加上经营不善，上海大江书铺最终倒闭。大江书铺选址在上海文化产业集聚地，吸引了大批思想进步的知识分子，同时利用周围的文化氛围为其建立了沟通的桥梁，促进了先进思想文化的传播。

　　1938 年中文全译本的《资本论》得以问世，直至今日仍被誉为“工人阶级的圣经”。《资本论大纲》作为通俗版解说，为当时研究《资本论》的人给予了一定的帮助。施复亮在序言中也写道：“在《资本论》底全译一时不曾出现于中国的目前，本书固有其存在的意义，到了将来《资本论》底全译本出现于中国以后，本书将更能尽其作用。”

（杨士奇）

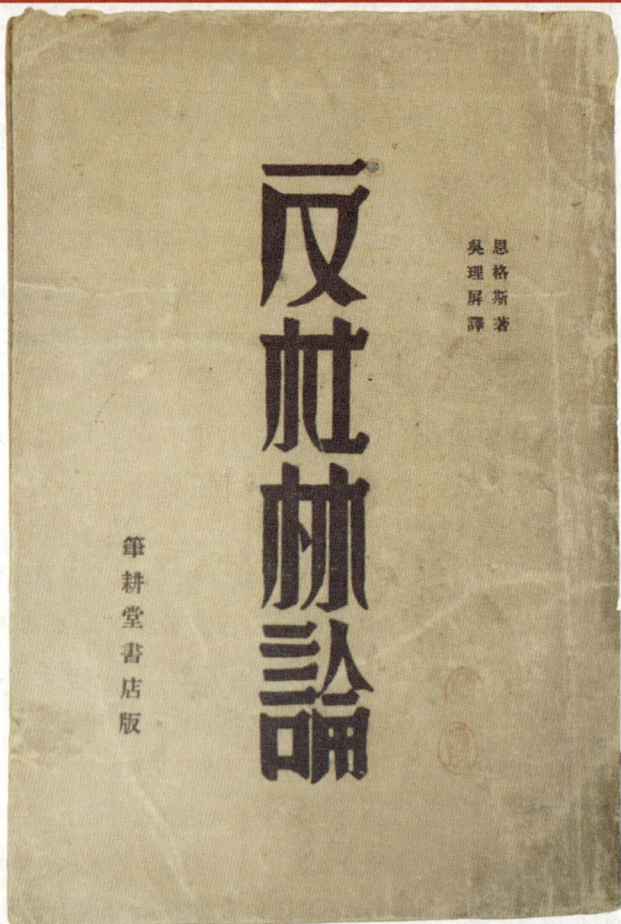

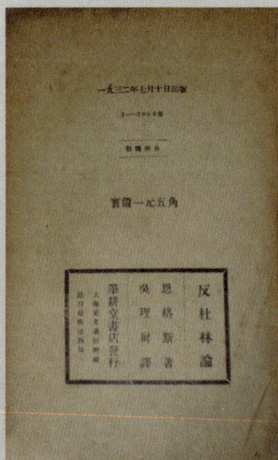

责任者　［德］恩格斯　著，吴理屏　译

出版机构　笔耕堂书店

出版时间　1932 年 7 月 10 日

定　　价　一元五角

　　吴理屏（1908—1986），又名亮平、黎平等，浙江奉化人。中国著名无产阶级政治活动家、马克思主义理论家和翻译家。大夏大学肄业。1925 年赴苏联莫斯科中山大学学习，后留校任教。1927 年加入中国共产党。1929 年回国任教。1932 年赴中共苏区任红军学校宣传部部长、政治总教员。1934 年参加长征。1936 年任中央宣传部副部长，担任毛泽东同斯诺谈话的翻译。先后任教于抗日军政大学、中央党校、马列学院、陕北公学。与艾思奇合著《唯物史观》，著有《社会主义小史》《辩证唯物论与唯物史观》等。

　　《反杜林论》全书除引论外，共有哲学、政治经济学、社会主义三编，原文为反对机械论者、形而上学者及俗流经济学者杜林而作。杜林（1833—1921），小资产阶级社会主义的代表，1867 年在报刊上撰文对《资本论》进行抨击。他的折中主义哲学、庸俗经济学和反动的社会主义理论体系，曾在德国发生了某种影响，甚至影响了某一部分的社会民主党人。为此，1877—1878 年间，恩格斯陆续发表了反对杜林的文章，登载于《前进》报，并印成了单行本《反杜林论》，系统批判了杜林的错误观点。他指出，杜林的学说不过是"假科学的最典型的代表之一"。书中涵盖了恩格斯关于马克思主义哲学、马克思主义政治经济学和科学社会主义的基本观念，以论战的方式清晰地指出杜林对这三个学科的错误论述，在马克思主义传播史上具有重要地位。其中引论的第一章和第三编社会主义的第一章、第二章，恩格斯将其改编为《社会主义从空想到科学的发展》，该书成为科学社会主义的三大基本文献之一。

　　1930 年，吴亮平根据德文原本参照俄、日两种译本首次将《反杜林论》全书译成中文，由江南书店出版，署名吴黎平，32 开横排本，分平装和精装两种。此后"在三年中间，曾经销行了四五版"。我馆藏本为 1932 年 7 月上海笔耕堂重印本，改竖排平装本，译者署名吴理屏。笔耕堂书店乃中共一大代表、共产党早期创始人李达妻子王会悟匿名创办，出版了大量马克思主义著作和其他红色文献。

　　《反杜林论》以大众化的笔触清楚明白地表达了马克思主义基本原理，帮助当时很多不了解马克思主义的人尽快提高认识，在马克思主义传播进程中有重要意义。列宁称《反杜林论》是恩格斯在 1870 年以后写成的最重要的著作，认为它"分析了哲学、自然

科学和社会科学中最重大的问题"。他还称赞《反杜林论》是彻底的唯物主义的典范之作，认为它对于有觉悟的革命工人来说是必不可少的读物。

（程佳）

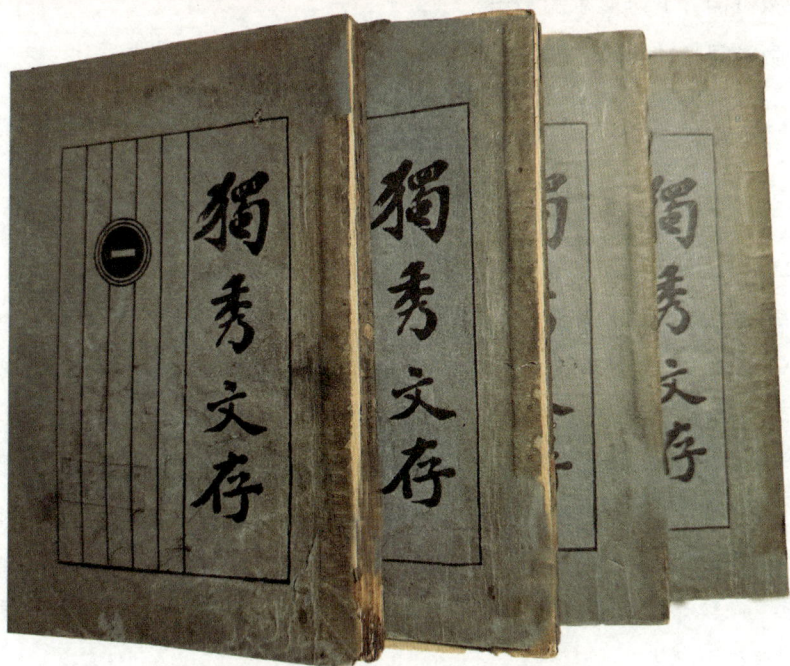

就到前門外某旅館訪他，他皆應相助。陳君任此大文件學長後，與沈尹默、錢玄同、劉半農、周啓民諸君甚相得。後來大聘到已在新青年裏袁逸文學革命通讯的胡適之君，益復興高彩烈，漸，兒引起新文化的運動來。

後來陳君離了北京，我們兩人見面的機會就很少。我記得的此有十五年六季在亞東圖書館與今年在看守所的兩次。他所作的文，我此很難得讀到了。

這部文存，現在的都是陳君在新青年工歷袁遇

责 任 者　陈独秀　著
出版机构　上海亚东图书馆
出版时间　1934 年 3 月第 10 版
定　　价　两元一角
备　　注　平装四册

1922 年 11 月发行的第 1 版《独秀文存》中，关于发行此文存的缘由，陈独秀写道："只要于读者有点益处，有印行的价值便印行，不一定要是传世的作品；著书人的意思，只要有点心得或有点意见贡献于现社会，便可以印行。"文存中收录了陈独秀的文章，均是先生的直抒胸臆："这几十篇文章，不但不是文学的作品，而且没有什么有系统的论证，不过直述我的种种直觉罢了；但都是我的直觉，把我自己心里要说的话痛痛快快的说将出来，不曾剿袭人家的说话，也没有无病而呻的说话。"在《独秀文存》（依据第 10 版统计）中实际收录了共计 283 篇文章，共三卷四册。卷一为"论文"卷，收录了 61 篇文章；卷二为"随感录"卷，共收录随笔 160 篇；卷三为"通信"篇，收录了陈独秀与友人及学者的通信共 62 篇。

1932 年 10 月，陈独秀在上海被捕。1933 年 4 月，陈独秀被南京江宁地方法院判处 13 年徒刑。此时蔡元培专程前往南京探望陈独秀，并为发行的《独秀文存》第 9 版写了序。蔡元培在序文中讲述了与陈独秀的相识与旧交，称赞了陈独秀先生坚韧的品行："我所最不能忘的是陈君在芜湖，与同志数人合办一种白话报，他人逐渐的因不耐苦而脱离了，陈君独力支持了几个月；我很佩服他的毅力与责任心"，从道义上支持着陈独秀。在序文中蔡元培先生还称赞了陈独秀的文章，"大抵取推翻旧习惯创造新生命的态度，而文笔廉悍，足药拖沓含糊等病，即到今日，仍没有失掉青年模范文的资格"。蔡元培先生所用"廉悍"二字，出自《柳子厚墓志铭》："俊杰廉悍，议论证据今古，出入经史百子，踔厉风发，率常屈其座人。"蔡元培是将陈独秀的文章比之于柳宗元。

一年后的 1934 年，在民主人士的奔走呼吁下，陈独秀被改判为 8 年徒刑。也是在这一年，上海亚东图书馆发行了第 10 版的《独秀文存》。在此四册末卷的版权页上，清晰注明了第 10 版，这也是上海亚东图书馆发行的《独秀文存》的终结版。

（宋京）

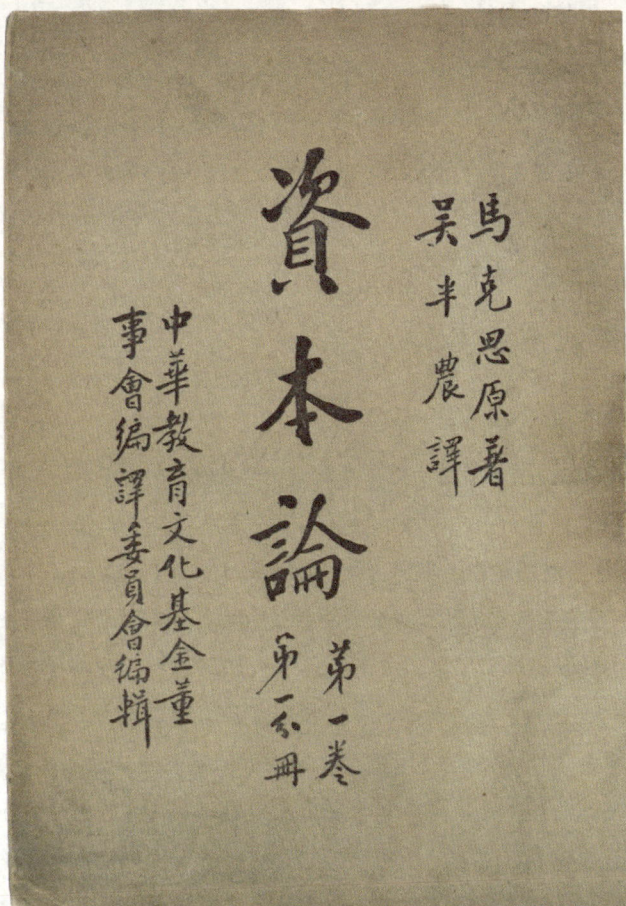

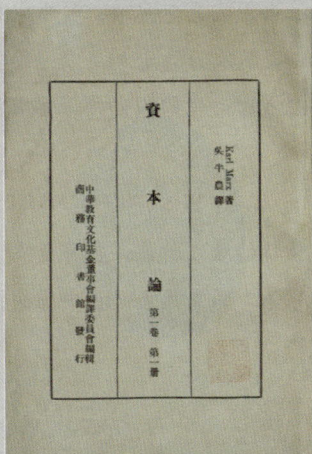

责 任 者 ［德］马克思 著，吴半农 译

出版机构 商务印书馆

出版时间 1934 年 5 月

定 价 大洋 1 元

备 注 题名页盖有"岫庐藏书"印

吴半农（1905—1978），原名吴祖光，号曲林，安徽泾县人。清华大学经济系毕业，后赴美留学，获哥伦比亚大学经济系硕士学位。曾任北平社会调查所（后与中央研究院社会科学研究所合并）研究员。

《资本论》第一卷于 1867 年以德文出版，此后出了法文版、俄文版、英文版等，1915 年日文版《资本论》传入我国。由吴半农译、千家驹校的《资本论》第一卷第一分册，内容包括《资本论》德文第一、二版的序言和第一卷的第一、二篇。该译本是吴半农根据 1928 年伊登·保罗和塞达尔·保罗夫妇（Eden & Cedar Paul）的英译本翻译的，由千家驹对照 1928 年考茨基德文普及版第 8 版进行了校对，中华教育文化基金董事会（以下简称"中基会"）编译委员会编辑。中基会成立于 1924 年，下设编译委员会和北平社会调查所等机构。胡适曾任中基会董事，并主持中基会编译委员会工作。北平社会调查所是在中基会资助下成立的一个调查研究机构，是中国社会科学院经济研究所的前身。

《资本论》的这个译本是民国时期唯一由机构组织翻译的，也是商务印书馆出版的第一本中文版《资本论》，具有特殊意义。它首次向中国读者完整展示了《资本论》第一卷的总目录。吴半农译本虽然只包括《资本论》第一卷的第一、二篇，但它把第一卷的总目录（共七篇二十五章）全都翻译刊印出来。书前有马克思像，吴半农撰写的"译者底话"，书中附注释，书末附"正误表"。版权页载有译述者吴半农，编辑者中华教育文化基金董事会编译委员会，发行人王云五，商务印书馆印刷发行。该书保存完好，无缺页，印刷精良，用纸考究。题名页盖有"岫庐藏书"印。

《资本论》吴半农译本是在特殊历史条件下产生的一个译本，由于各种原因没有出全，而且发行量不大，存世量极少，十分罕见，具有独特的版本价值，在《资本论》中文翻译史上占有一席之地，反映了当时中国先进知识分子为马克思主义在中国的传播所做的不懈努力，值得我们进一步加强研究。

（蒋晨）

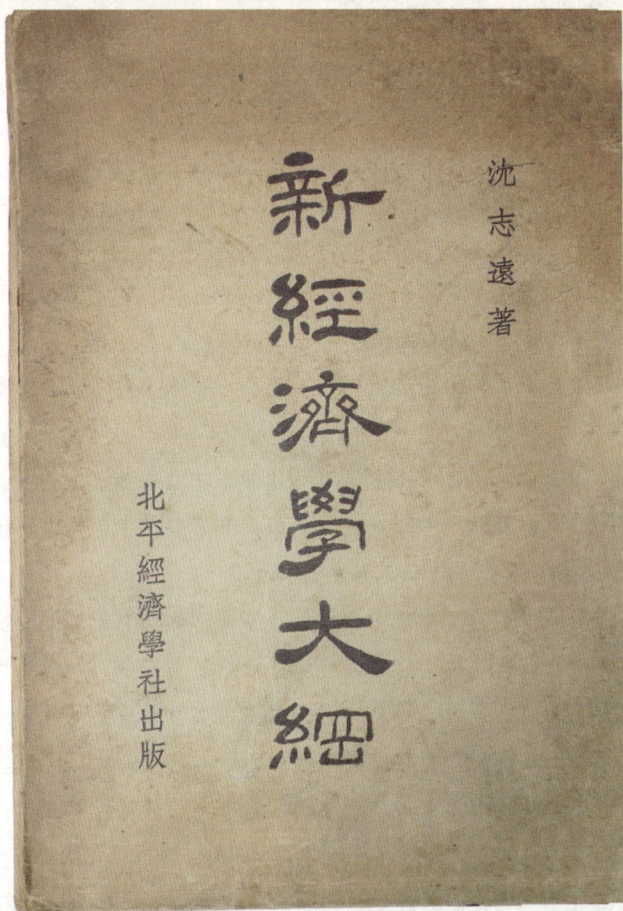

沈志遠著

新經濟學大綱

北平經濟學社出版

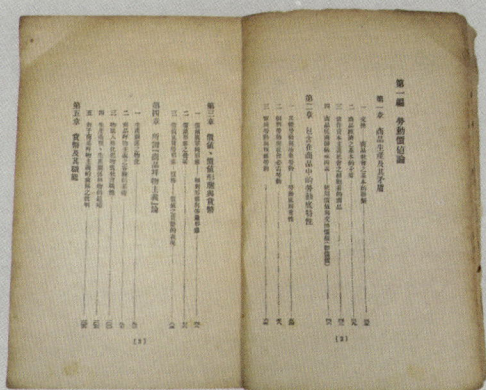

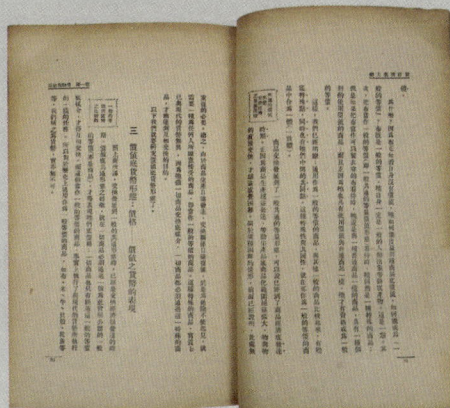

责 任 者 沈志远 著

出版机构 北平经济学社

出版时间 1934 年 5 月

定　　价 一元八角

备　　注 16 开，618 页，副标题为"商品资本主义经济与社会主义计划经济底理论大纲"。

　　沈志远（1902—1965），著名经济学家、哲学家，原名会春，曾用名沈观澜、沈任重、王剑秋等，浙江萧山人。1926 年赴苏联莫斯科中山大学学习，毕业后到莫斯科中国问题研究所当研究生。1930 年在共产国际东方部参与《共产国际》杂志中文版的编译和《列宁选集》的汉译工作，1931 年底回国。先后担任中共江苏省文委委员、中央文委委员、社会科学家联盟常委等职，中华人民共和国成立后曾任中国科学院上海经济研究所（上海社会科学院经济研究所前身）筹备主任。

　　由于过去已经翻译出版的马克思主义经济学著作"都没有能够把经济学底原理达到大众化，现实化的地步"，沈志远在《新经济学大纲》一书中，以马克思主义政治经济学原理作为主线贯穿全书的同时，结合当时国内外的实际经济状况展开分析阐述，为读者提供"尽量完备的、正确的、扼要的经济学知识"和"研究现实问题的有系统的方法论的指示"。《新经济学大纲》一书分为上下两篇：上篇叙述资本主义经济原理，主要讨论商品资本主义经济和帝国主义经济，包含了马克思《资本论》和列宁《帝国主义论》的主要内容；下篇叙述社会主义计划经济原理，主要研究过渡时期和社会主义经济的诸法则，同时还介绍了当时世界上实行计划经济的唯一国家——苏联的经济实况，这在当时其他政治经济学教科书中是罕见的。限于篇幅、编写时间和环境等，书中未将经济危机论特辟一篇讨论，不过作者另写了一本现代经济危机论专书，以补救这一不足。

　　《新经济学大纲》是第一本中国人自己写的系统完整地介绍马克思主义政治经济学的专著，其理论体系完整，观点方法新颖，内容丰富，语言通俗易懂，成为普及马克思主义政治经济学的大众化读物，被誉为"荒野里的一株冷艳的山花"。这本著作从 1934 年出版到 1954 年的 20 年间，再版了 18 次，内容益臻完善，是我国许多大学和革命根据地党校的教科书。在其影响下，许多中国青年接受了马克思主义，走上了革命道路。直到中华人民共和国成立后，此书仍被列入三联书店出版的"新中国大学丛书"，继续被更多的大学用作教科书。

（刘奕）

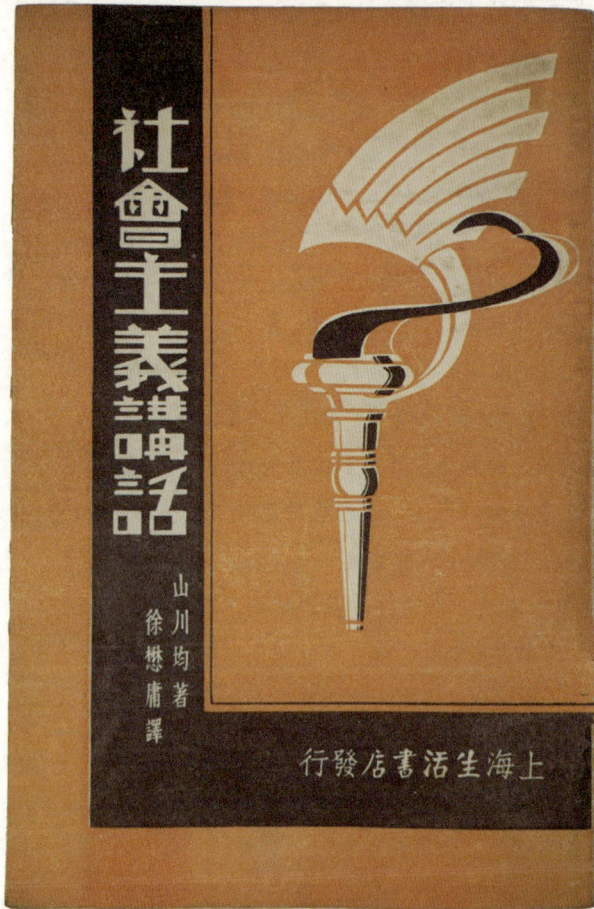

责 任 者 ［日］山川均 著，徐懋庸 译

出版机构 上海生活书店

出版时间 1934 年 6 月再版

定　　价 八角五分

　　徐懋庸（1911—1977），原名徐茂荣，浙江上虞人。早年参加大革命运动。1933 年参加中国左翼作家联盟。1938 年赴延安，加入中国共产党，任抗日军政大学教员、政治教育科科长。后任冀察热辽联合大学副校长、校长。中华人民共和国成立后，任武汉大学党委书记、副校长，中南文化部副部长、教育部副部长等职。

　　《社会主义讲话》分十五讲介绍了社会主义的概念、社会主义史、人类社会进化史、资本主义的诞生与发展、阶级斗争等内容。篇幅虽然短小，却将科学的社会主义学说的各方面包罗无遗，并将唯物辩证法的原理也贯穿其中，揭示了社会进化的规律，解剖了资本制度的结构，预言了人类生活的前途。

　　该书于 1933 年 9 月首次出版，九个月内销完了两千册，于 1934 年 6 月再版。当时社会主义这个名词已为国人所熟知，这方面的译著也已不少，但适合大众阅读的却不多。这本小册子虽然简单，却提供了完备的关于社会主义的知识，十分适合工农阶级和青年学生，"读了这本书，足够明白社会主义为何物了"。正如译者徐懋庸在再版前记中所说"社会主义对于旧制度是一种'毒药'，但在不满于旧制度的大众，也不是砂糖，而是苦口的良药。若实际地去吃这药，一定是很苦的。然而到了今日，已是不得不吃这药的时候了"，进一步说明在当时只有社会主义理论学说才能救中国。

（程佳）

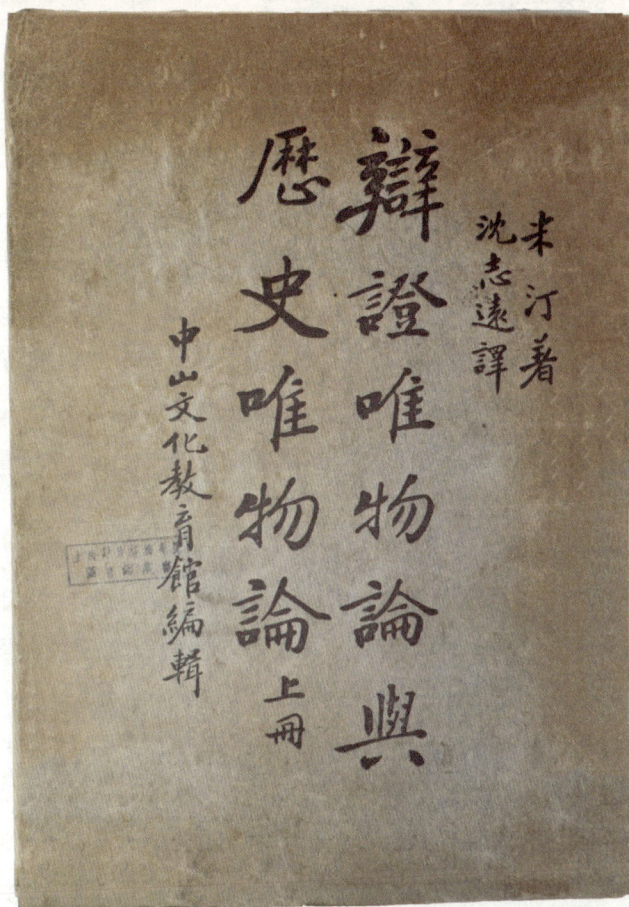

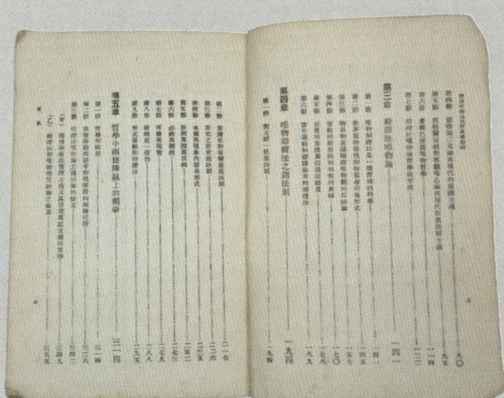

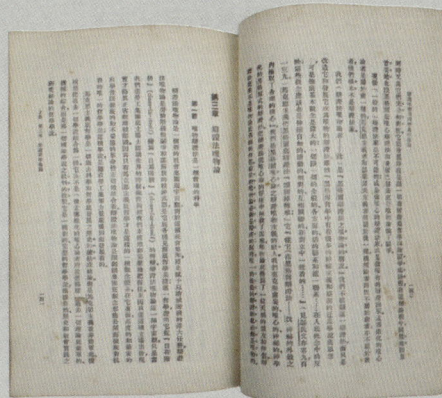

责 任 者　[苏]米汀　著，沈志远　译

出版机构　商务印书馆

出版时间　1936 年

定　　价　国币二元四角

　　《辩证唯物论与历史唯物论》是苏联马克思主义哲学家马尔克·鲍里索维奇·米汀主编的著作。米汀曾任联共（布）中央马列研究院院长、苏联哲学学会副会长等职。他在书中较为系统地阐释了马克思主义哲学的基本原理，从辩证唯物论"实践第一"的观点出发，重视社会实践的意义，强调实践是认识的真理性标准，详细说明了唯物辩证法的三原则及其不同作用，对近代资产阶级唯心主义进行分析批判，并介绍了十月革命前后新哲学思潮的发展情况，肯定了列宁对马克思主义学说的贡献，指出列宁主义是马克思主义"新的更高阶段"，对于介绍和宣传马克思主义哲学做出重要贡献。

　　沈志远所译的《辩证唯物论与历史唯物论》是 20 世纪 30 年代中国哲学界所译的苏联哲学著作中最有影响的三本著作之一，到 1950 年至少印行了 18 版。此书也是延安时期马克思主义哲学普及读本，对马克思主义哲学在中国的传播起到重要的推动作用，曾受到《读书月报》的好评："由于研究范围的广博，系统的严整，解释的详尽，这本书实在是一本最好的辩证唯物论教科书。"沈译本受到毛泽东、罗瑞卿等中共领导人的重视和肯定。1939 年罗瑞卿在《关于军队中在职干部的教育问题》一文中写道："读几本哲学书，根据我个人的经验，首先推沈志远所译之《辩证唯物论与历史唯物论》比较通俗易读容易懂。"毛泽东曾仔细研读此书并写了 2600 多字的批注，批注主要集中在矛盾论和认识论两方面，为其写作《实践论》和《矛盾论》做直接准备。由于沈志远在马克思主义哲学宣传方面所做的积极贡献，中华人民共和国成立初期毛泽东曾当面称赞沈志远为"人民的哲学家"。

（刘奕）

集文論東澤毛

行印社版出泉大海上

1937

目錄

1

责 任 者　毛泽东　著

出版机构　上海大众出版社

出版时间　1937 年 12 月

定　　价　国币三角五分

　　《毛泽东论文集》是抗战时期在国统区出版的第一部毛泽东专题著作集，也是国内最早出版的毛泽东专题著作集。这本专题集是中共江苏省委文化运动委员会所编，不仅公开发表了毛泽东和共产党赢得全国民心的抗日救国主张，还颇有特色地以《毛泽东小传》为开篇，有两页约 600 字，简要介绍了毛泽东的生平事迹。随后不久，此书就被国民党列为了禁书。此书收录了毛泽东 1936 年至 1937 年发表的言论和著作，共 12 篇约 15 万字，篇目如下：《国共两党统一战线成立后中国革命的迫切任务》《中国抗日民族统一战线在目前阶段的任务》《为争取千百万群众进入抗日民族统一战线而斗争》《论反对日本帝国主义进攻的方针办法与前途》《抗日战争中的我们的主张（与英国记者贝特兰之谈话）》《论中国抗日战争（与美国记者斯诺的谈话）》《论关于联合战线（1936 年 9 月与美国记者斯诺的谈话）》《论抗战必胜（1937 年 3 月 1 日与美国作家史沫特莱的谈话）》《论抗日民主与北方青年（1937 年 3 月 1 日与美国作家史沫特莱的谈话）》《致西班牙人民书（1937 年 5 月 15 日于陕西延安）》《致美国共产党总书记白劳德的信（1937 年 6 月 24 日）》等。论文集从不同侧面反映了毛泽东及其代表的中国共产党关于抗日救国的主张、立场、观点和方法等，内容上有内在联系，形式上有不同文体，其性质已经是一种"选集"，并且比晋察冀日报社出版的《毛泽东选集》要早近 7 年。《毛泽东论文集》这本抗日救国 "毛选" 中的文章，绝大多数被选编进以后的毛泽东选集、文集、言论集、文稿和文选中。

　　1937 年，日本帝国主义加紧对我国的侵略，民族危机严重，在中国共产党的积极倡导和推动下，国共两党实现了第二次合作，迫切需要动员全国军民奋起抗击日本侵略者。为适应形势发展的需要，《毛泽东抗战言论集》《毛泽东言论集》《毛泽东救国言论集》《毛泽东论中日战争》等随《毛泽东论文集》相继出版。这些著作对维护和发展抗日民族统一战线，动员全民抗战起了积极作用。

（钱运春）

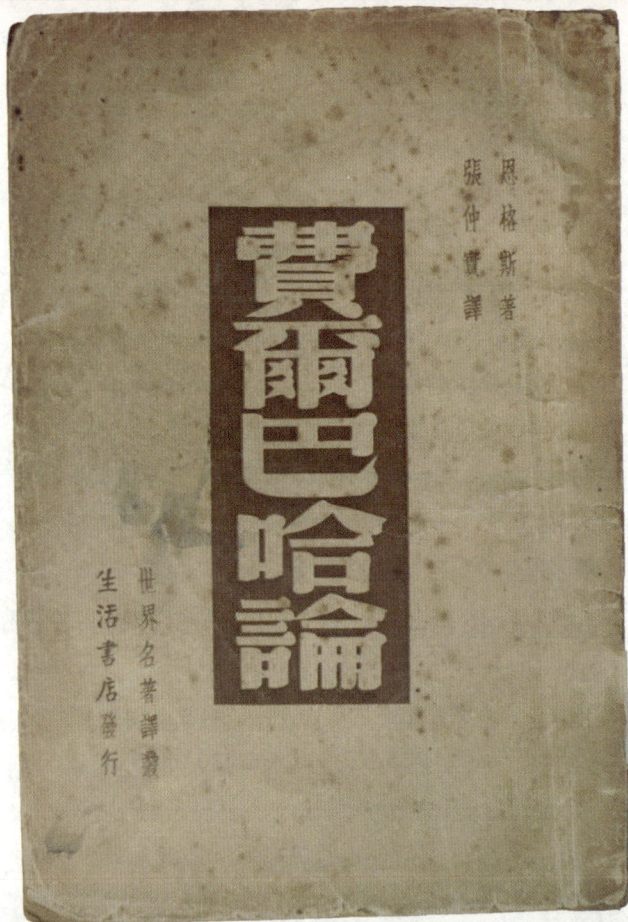

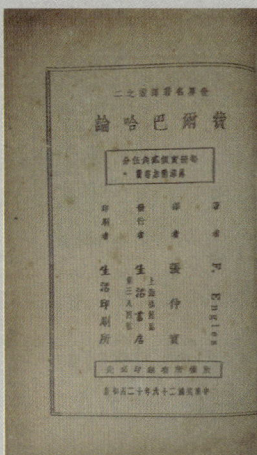

责 任 者 〔德〕恩格斯 著，张仲实 译

出版机构 生活书店

出版时间 1937年

定　　价 二角五分

备　　注 世界名著译丛之二

　　张仲实（1903—1987），原名张安人，笔名任远、实甫，陕西陇县人。著名马列主义著作翻译家、编辑出版家。1925年加入中国共产党。1926年考入上海大学社会科学系，同年10月，受中共中央派遣去苏联东方劳动者共产主义大学学习。1930年回国。1935年任生活书店总编辑。1940年去延安后历任中共中央马列学院编译主任、中共中央宣传部出版处处长等职，主管马恩列斯著作的翻译和出版工作。主要译著有《论民族问题》《家族、私有制和国家的起源》《马克思主义的基本问题》等。

　　《费尔巴哈论》原名为《费尔巴哈与德国古典哲学的终结》，是恩格斯在1886年初写的，最初发表在德国社会民主党的机关刊物《新时代》杂志第4、5期上。费尔巴哈（1804—1872），德国古典哲学形而上学唯物主义代表，曾师从黑格尔，后来宣扬无神论，因批判了黑格尔的唯心论受到哲学界的围攻。1885年，丹麦哲学家施达克写了《路德维希·费尔巴哈》一书，为费氏辩护，错误地将他归为唯心主义。为此，恩格斯应《新时代》杂志编辑部的请求，撰文评述施达克一书，同时对费尔巴哈作了全面正确的评价。1888年恩格斯又写了序言，并把马克思在1845年写的《关于费尔巴哈的提纲》作为附录，以单行本的形式出版。

　　单行本除序言、附录外有正文四章，系统阐述了马克思主义哲学与德国古典哲学代表黑格尔和费尔巴哈哲学的关系，并对马克思主义哲学产生的自然科学前提、社会历史条件，以及辩证唯物主义尤其是历史唯物主义作了科学论述。书中涵盖了马恩二人一生哲学思想的伟大成果，虽然他们都先后受到黑格尔和费尔巴哈哲学思想的影响，但最终没有陷入旧哲学的窠臼，也没有全盘否定。他们批判地继承了黑格尔辩证法的"合理内核"和费尔巴哈唯物主义的"基本内核"，从而创立了将二者有机结合起来的科学哲学。马克思主义哲学的产生是哲学发展的真正革命，从黑格尔出发，经费尔巴哈到马克思，意味着德国古典哲学的真正终结，列宁曾说"它是每个觉悟工人必读的书"。

　　上海社会科学院图书馆藏本乃生活书店1937年初版，在单行本体例前，另有译者序言，并附《真理报》刊登的费尔巴哈逝世六十五周年特刊论文《伟大的哲学家》和《费尔巴

哈与新兴哲学》译文两篇,襄助读者了解费氏生平和思想。生活书店于1932年在上海成立,创办人为邹韬奋。1937年,译者张仲实乃书店总编辑。为传播革命思想,他主持出版了许多丛书,本书是世界名著译丛之二。这部译著曾多次再版,对马克思主义哲学思想在中国的传播起到了十分重要的作用。

（程佳）

42. 《解放文选》

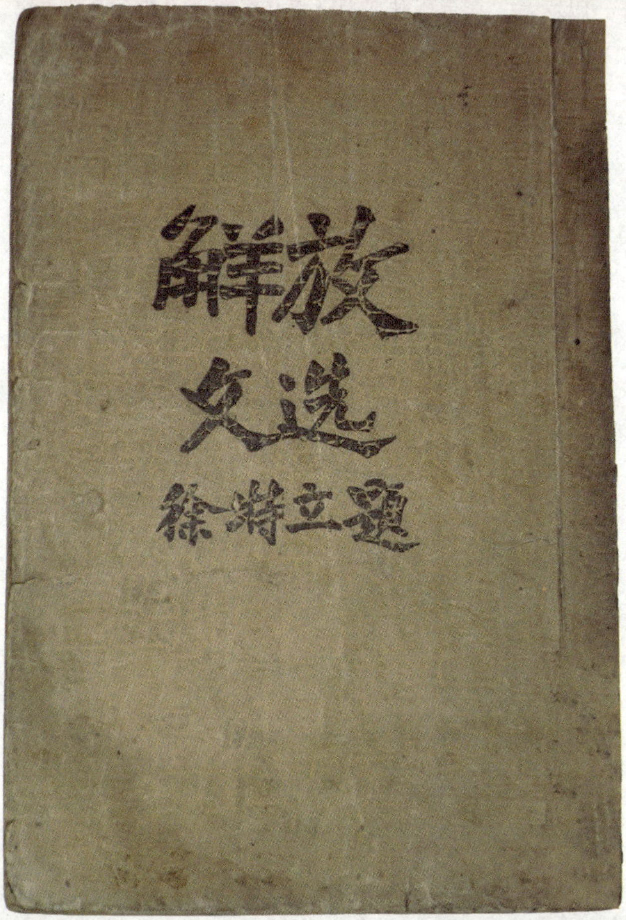

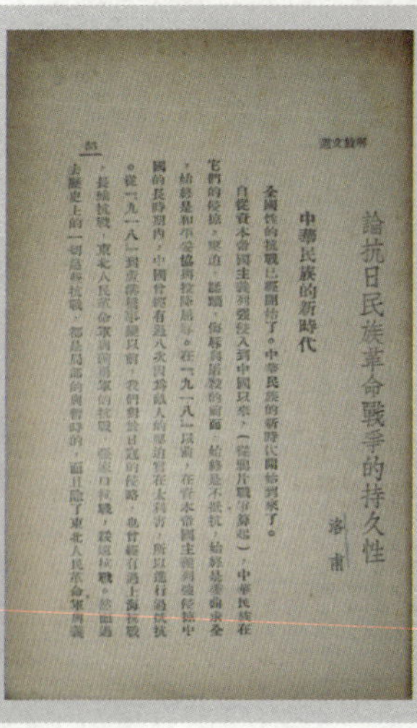

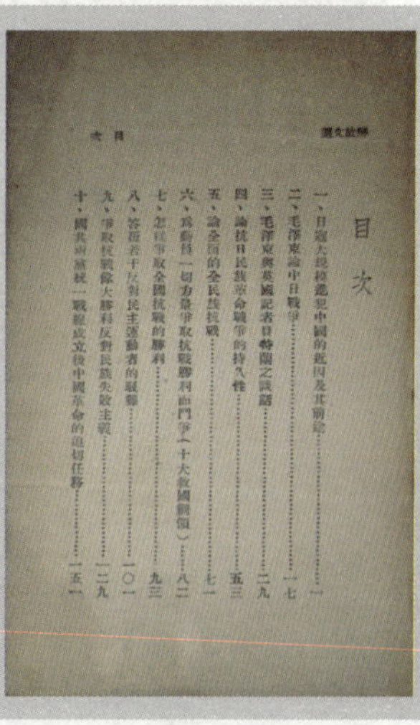

责 任 者 解放社 编

出版机构 解放社

出版时间 1938 年 1 月

定 价 国币七角

解放社原名解放周刊社，是抗日战争时期中共中央主管出版机关在延安出版重要著作所署的出版单位名称。1937 年 4 月 24 日，《解放》周刊创刊，解放周刊社同时成立，主要出版期刊《解放》周刊。1938 年 1 月起，《解放》周刊无法保证每周按期出版，不再称"周刊"，解放周刊社亦改为解放社。解放社出版了"马克思恩格斯丛书"、"抗日战争参考丛书"、《列宁选集》、《斯大林选集》以及毛泽东的著作等，是延安时期全国革命读物出版中心。《解放》周刊是中国共产党在延安时期创办最早的政治理论刊物，也是第一份获得国民党允许在全国公开发行的中共中央党报。由于其代表着中国共产党的根本政治立场，并得到当时中共中央主要领导人张闻天、毛泽东等的直接指导，在1937—1941 年出版的中共中央党报中，《解放》周刊最为权威。《解放文选》是《解放》周刊 1937 年所刊文章的选编。

全书共选编 19 篇文章，依次为《日寇大规模进犯中国的近因及其前途》（黎百强）、《毛泽东论中日战争》（毛泽东）、《毛泽东与英国记者贝特兰之谈话》（毛泽东）、《论抗日民族革命战争的持久性》（洛甫）、《论全面的全民族抗战》（凯丰）、《为动员一切力量争取抗战胜利而斗争（十大救国纲领）》（毛泽东）、《怎样争取全国抗战的胜利》（李富春）、《答复若干反对民主运动者的驳难》（黎平）、《争取抗战伟大胜利反对民族失败主义》（黎平）、《国共两党统一战线成立后中国革命的迫切任务》（毛泽东）、《论目前救亡运动中的几个迫切问题》（凯丰）、《抗日民族统一战线阶段上的农村革命政纲》（凯丰）、《战时财政经济问题》（黎百强）、《日本的进攻与中国所应取的外交政策》（黎平）、《抗日军队与人民》（际春）、《对抗战军队政治工作的商榷》（李富春）、《战时政治工作概要》（莫文骅）、《把抗战事业教育千千万万民众》（黎平）、《抗战中的青年学生》（徐冰）。

《解放》周刊创刊之初，其宣传中心是动员广大民众参与到抗战中来，巩固抗日民族统一战线，这也是《解放文选》选编的主题，对于促进根据地军民的思想统一和增强抗战必胜的信念起到了巨大的推动作用。正如书前编者所言："解放周刊，在伟大的抗日民族革命战争的洪流中，可以算得是一个舆论界的指针，她是最前进的民族革命斗士的喉舌，用最彻底的科学的理论和最实践的工作方式提供给抗日救国运动以最有力的支持和帮助，是值得每一个民族革命志士一读的，这本小册子的编辑，就是来答复爱读解放周刊的诸位志士这一迫切要求的。"

（刘海琴）

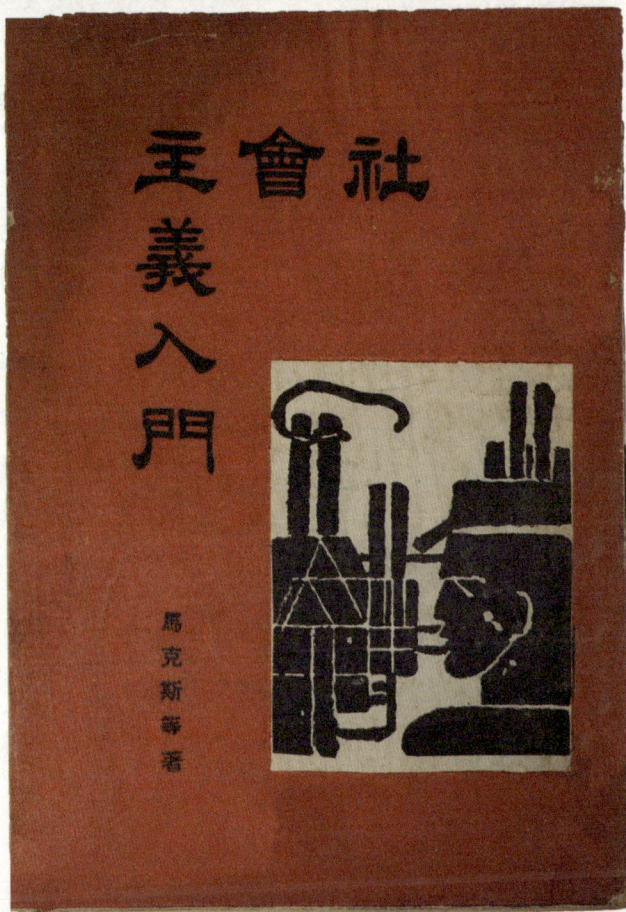

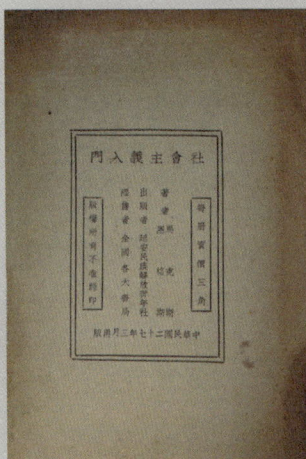

责 任 者 ［德］马克斯（马克思）、恩格斯　著

出版机构　延安民族解放青年社

出版时间　1938 年再版

定　　价　三角

　　《社会主义入门》是一部介绍马克思主义基本理论的书。开篇是恩格斯《从空想到科学的社会主义之发展》的论述；其后依次介绍了马克思的生平和他的学说，主要包括哲学的唯物主义、辩证法、唯物史观、阶级斗争以及马克思关于价值和剩余价值的经济学说和社会主义理论；最后总结了马克思主义理论的三个来源与三个组成部分，即马克思主义哲学、政治经济学和科学社会主义理论。这些内容大都援引自《资本论》和《列宁全集》，由延安民族解放青年社于 1938 年再版，署名马克斯、恩格斯著，是一本了解马克思理论的入门书。

　　抗日战争时期，在中共中央与陕甘宁边区政府的安排下，许多专营的图书出版机构在延安建立，成为党宣传思想、引导舆论的重要阵地。延安民族解放青年社即是其中一家，出版了许多革命书刊，有力地配合了革命的武装斗争，为夺取抗日战争的全国胜利打下了坚实的思想基础。

（程佳）

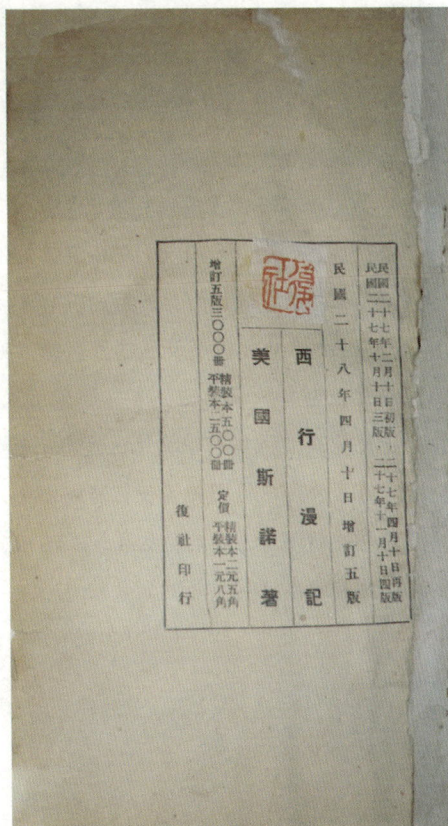

责 任 者 ［美］爱特伽·斯诺 著

出版机构 复社

出版时间 1938 年 4 月 10 日

定 价 一元八角

爱特伽·斯诺（Edgar Snow，1905—1972），即埃德加·斯诺，美国新闻记者。1928 年来到上海，担任《密勒氏评论报》的助理编辑。后曾到燕京大学任新闻系教授两年。1936 年 6 月，斯诺从北平出发，经西安，进入陕甘宁，并于西安事变前返回北京，用时百余日，完成了这次非同寻常的采访之旅。斯诺也成为第一个采访红色区域的西方记者。他将旅途见闻、采访记录等写成通讯报道，发表于英美报刊，引起巨大轰动。这些通讯报道于 1937 年 10 月结集出版，名为《红星照耀中国》。北平沦陷后，斯诺来到上海任英报特派记者。后经郑振铎介绍，认识胡愈之。斯诺将自己的新书送与胡愈之，后者爱不释手。郑振铎同样对该书非常感兴趣，两人商量之后，决定翻译出版中文版。为赶时间出版，中文版《西行漫记》采用集体翻译形式，第 5 版显示参与翻译的共有王厂青、吴景崧、邵宗汉、林淡秋、胡仲持、倪文宙、陈仲逸、许天虹、许达、梅益、章育武、傅东华、冯宾符等 13 人。由于当时沪上很多出版社不敢公开出版《西行漫记》，胡愈之、郑振铎等遂决定成立"复社"。同时，为避免《红星照耀中国》的"红色"引起当局注意，复社将中文版书名改为《西行漫记》。

中文版《西行漫记》于 1938 年 2 月 10 日首次出版，上海社会科学院图书馆所藏为 1939 年 4 月 10 日增订的第 5 版，共印刷 5000 册。短短一年两个月，已出到第 5 版，且印数颇多，其受欢迎程度及影响力由此可见一斑。上海社会科学院图书馆所藏《西行漫记》的版权页上贴有一枚朱印"复社"，用以彰显版权所有。第 5 版《西行漫记》共有十三章，正文前有斯诺作的中文序，还有一篇译者附记，主要介绍作者斯诺。书中还有 51 幅插图。封面内页的插图为《长征路线图》，在目录页该图的名称显示为《西征路线图》。封底内页的插图为《西北边区图》。其他插图多为中共领导人、普通红军将士、阅览室、剧场以及其他生活场景等的照片。

（崔新梅）

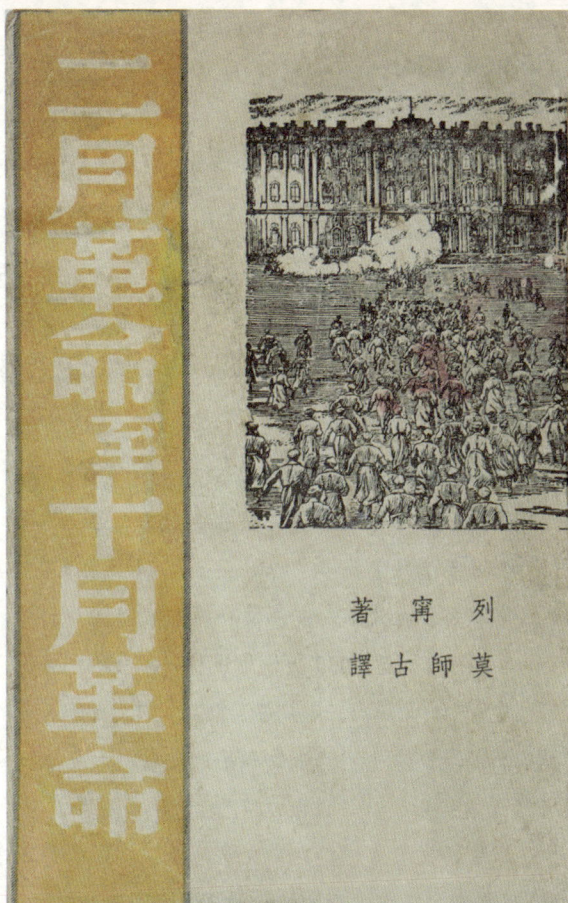

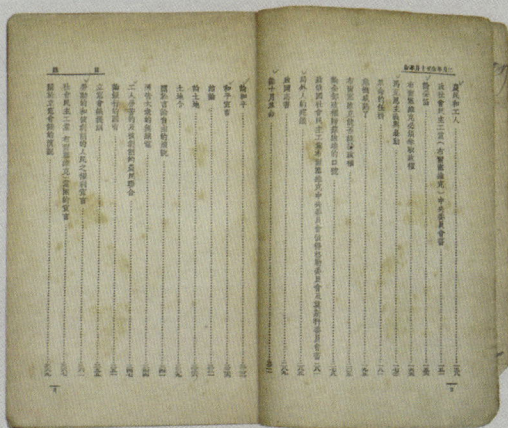

责任者　〔苏〕列宁　著，莫师古　译

出版机构　不详

出版时间　1938 年 6 月

定　　价　四角五分

备　　注　梅焕侯先生赠书

莫师古，莫斯科的谐音，有可能是一个在莫斯科外国工人出版社工作的翻译团队的公共笔名，由其署名的图书多翻印自苏联外国工人出版社出版的《列宁选集》中文版。1938 年署"莫师古"的除《二月革命至十月革命》外，还有《国家与革命》《左派幼稚病》《苏联青年的生活与斗争》等。

全书大体按照撰写或发表顺序编译了列宁在十月革命前后所撰写的文章 39 篇，起 1917 年 3 月 7 日作、3 月 21—22 日发表在《真理报》上的《第一次革命的第一阶段（远方来信，第一）》，终 1918 年 1 月 7 日作、1918 年 2 月 24 日发表在《真理报》上的《和平提纲》。每篇后署著作时间，且大都一并注明初次发表时间及刊物。《二月革命至十月革命》最早的中文译本——陈文达 1930 年译本误将《革命的任务》一文中"和资本家妥协是自趋灭亡""政权归苏维埃""土地归劳苦群众""对于饥荒及经济破坏的斗争""对于反革命地主和资本家的争斗""革命的和平的发展"六个小标题置为篇题，目录显示收录 45 篇，莫师古译本纠正了这一错误，实为 39 篇。

《二月革命至十月革命》收录的这些列宁文章论述了俄国二月革命至十月革命的历史经验和教训，对马克思列宁主义在中国的传播和指导中国革命起了重要作用。

（刘海琴）

論持久戰

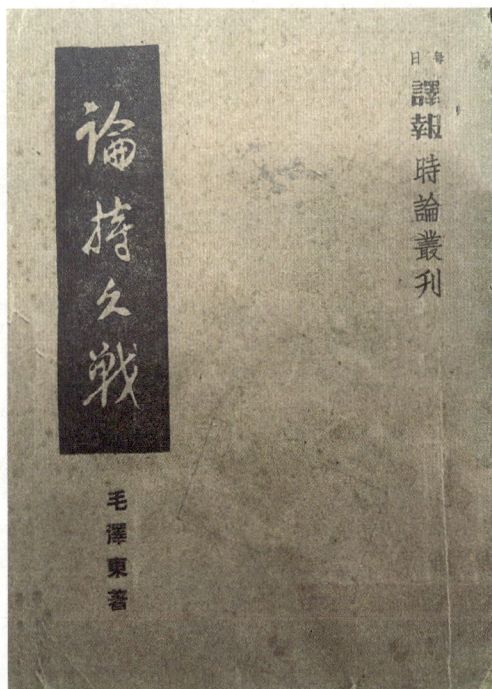

责 任 者 毛泽东 著

出版机构 《每日译报》社图书部

出版时间 1938 年 9 月 4 日

定　　价 一角二分

备　　注 《每日译报》时论丛刊

1937 年抗战全面爆发后，随着战局起伏，两种论调甚嚣尘上：既有鼓吹"战必败，再战必亡"的"亡国论"者，亦有宣扬"只要打三个月，战争就可解决"的"速胜论"者。

1938 年 5 月 26 日至 6 月 3 日，毛泽东在延安抗日战争研究会上连续作了几次讲演。在讲演中，他深入分析战争态势和中日双方的具体国情，从全国的战略全局出发，深刻地论述了抗日战争是持久战，必须经过战略防御、战略相持、战略反攻三个阶段，深刻地阐述了人民战争的思想，指出全国人民参加抗战、坚持抗战，是取得抗战胜利的根本条件和基本保证，批判了脱离群众的片面抗战路线。提出了实行持久战的具体战略方针，提出抗日战争三个阶段在全体上的主要作战形式是运动战，其次是游击战；八路军的战略方针是"基本的是游击战，但不放松有利条件下的运动战"和其他一系列作战原则。批评了单纯防御的错误方针和轻视游击战争的错误观点。指出战争的伟力之最深厚的根源，存在于民众之中，要坚持抗日民族统一战线的总方针。这就是《论持久战》的第一次公开"发表"。

1938 年 7 月 1 日，中共中央机关刊物——《解放》周刊第 43 期、44 期合刊，正式刊出了这篇彪炳史册的名著，全文 5 万多字。这是《论持久战》最早公开发表的版本，文章的原题是《论持久战——论抗日战争为什么是持久战与最后胜利为什么是中国的及怎样进行持久战与怎样争取最后胜利》。当月，延安解放社出版了最早的《论持久战》单行本，封面是毛泽东亲笔题写的书名，扉页是他的亲笔题词："坚持抗战，坚持统一战线，坚持持久战，最后胜利必然是中国的。"《论持久战》成为全国各界人士争相传阅的"宝典"，并被译为英语向海外发行。各根据地乃至汉口、重庆、桂林、西安等国统区都相继出版了单行本。抗战时期的《论持久战》英译稿有四种，除了爱泼斯坦等的翻译外，还有许孟雄、杨刚分别翻译的译稿，以及刊登在 1938 年 10 月《译丛周刊》上的《论持久战》英译稿。

《论持久战》从思想上武装了全党全军和人民群众，坚定了中国人民争取抗战胜利的信心，是指导全国抗战的理论纲领，是对马克思主义的丰富与发展，其理论具有科学性、前瞻性、指导性。这与党"一切为了人民、一切依靠人民"的理念一脉相承。抗日战争的实践，雄辩地印证了《论持久战》的科学性。

（高明）

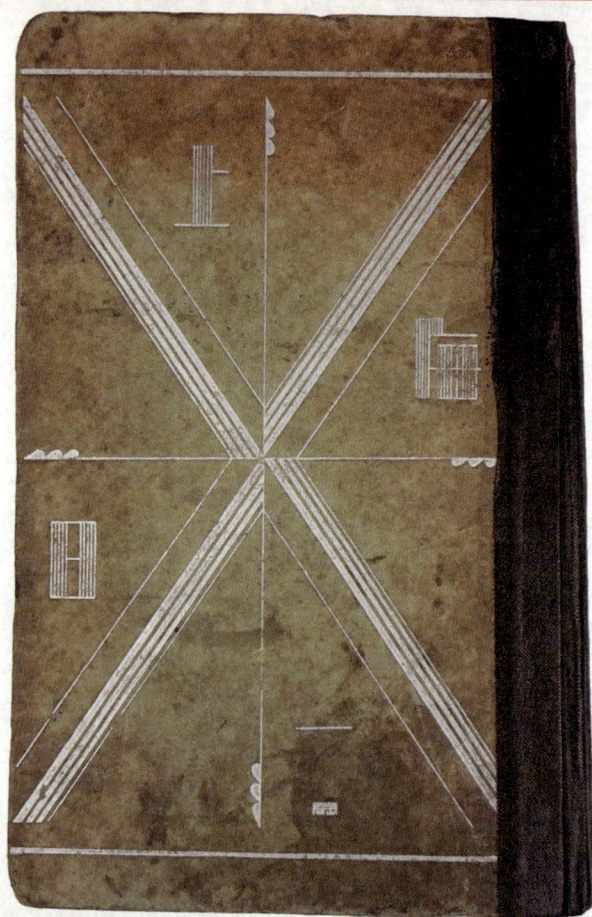

责 任 者 朱作同、梅益 主编

出版机构 上海美商华美出版公司

出版时间 1939 年

定　　价 国币三元五角

　　1938 年春,上海"孤岛"的进步文艺工作者成立由梅益(主编)、戴平万、林淡秋、殷扬、白曦组成的编委会,仿效茅盾主编的《中国的一日》,征文编辑《上海一日》,这是中共江苏省委文委"交下的任务"。《华美周刊》第 1 卷第 14 期公布征稿启事,征文内容为"八一三"淞沪抗战后一年间上海某一天的生活经历或社会见闻。到 8 月中旬截稿,共收征文约 2000 篇,共 400 万字,最终摒弃四分之三的来稿。全书共分四部分:第一部分"火线下"(8 辑 98 篇),第二部分"苦难"(5 辑 71 篇),第三部分"风火山上"(9 辑 177 篇),"漩涡里"(10 辑 130 篇),计 32 辑百余万字。书前有朱作同所写的序、蔡若虹所画的 4 幅扉画。本书撰稿人既有林淡秋、艾青、周钢鸣、陈伯吹、钟望阳、骆宾基等知名作家和人士,也有不知名的学生、教员、小职员、兵士、工人、演员、家庭妇女、女招待以至妓女。这些征文"即使粗糙和幼稚,也是他们的特点"。"隐藏在这些不高明的文章的背后的,是活生生的实际经验,是火焰一般的爱国热情。写作技巧的幼稚固然减损了他们作品的感染力,但比起技巧高明而内容空虚的作品,也许较胜一筹。"主要内容"有在前线血斗的英姿,有后方民众沸腾的热情,有难胞的凄惨挣扎,有无耻汉奸的百般丑态,有来来往往的孤岛景,有走上征途的觉醒大众。几乎从每一个角落里,(都)保留了一幅生动的图画"。本书带有鲜明的左翼色彩,是战时上海左翼文化运作的一部分,报告文学这一体裁赋予了其群众性、动员性的特征,推动救亡宣传运动。

　　朱作同,1936 年 8 月 18 日与旅沪美商密尔士(H.P.Mills)创办《华美晚报》,任总经理。其创办的《华美周刊》是中国共产党直接领导的一份时事政治类综合性刊物,被誉为当时上海杂志界"最精彩、最富战斗力的一个周刊"。1941 年 4 月 28 日,朱作同被汪伪特务刺杀身亡。梅益(1914—2003),原名陈少卿,广东潮安人。1935 年参加中国左翼作家联盟,1937 年 8 月加入中国共产党。上海沦陷后从事党的地下工作。其间参与翻译《西行漫记》,翻译了《钢铁是怎样炼成的》。1942 年,梅益调中共华东局宣传部工作。1945 年,奉中央指示返回上海负责筹办《新华日报》。1946 年初,担任中共驻南京代表团新闻处处长、新华社南京分社社长。1947 年 3 月,他随代表团撤回延安,担任新华通讯社总社编委、副总编辑。中华人民共和国成立后,梅益先后担任广播事业局副局长、局长、党组书记。1986 年初,任中国大百科全书出版社总编辑。

(高明)

資本論通信集

馬克斯·恩格斯著　郭大力譯

上海　讀書生活出版社印行

责 任 者 ［德］马克斯（马克思）、恩格斯 著，郭大力 译

出版机构 上海读书生活出版社

出版时间 1939 年 4 月

定 价 国币四角

郭大力（1905—1976），江西南康人。大学期间，郭大力开始接触马克思主义。1927 年大学毕业时，第一次国内革命战争失败。郭大力深知马克思主义理论的重要性，加之那时红色政权已在井冈山建立，使其备受鼓舞。于是，他决心翻译《资本论》为革命贡献一份力量。一次偶然的机会，郭大力在书店买到英文版的《资本论》。自此，翻译《资本论》的伟大事业开始了。前期为了做好翻译工作，郭大力先后独自翻译或与王亚南合作翻译数十部欧洲古典政治经济学著作。从 1934 年起，他们又继续《资本论》的翻译工作。在恶劣的环境下，郭大力和王亚南克服重重困难，《资本论》一至三卷中文译本于 1938 年 8—9 月在上海出版。1940 年，郭大力又着手翻译《剩余价值学说史》。从开始翻译《资本论》到重译《剩余价值学说史》，郭大力将其毕生精力奉献于马克思主义经济思想研究和宣传事业中。

《资本论通信集》是郭大力在江西省立赣县中学高中部做英语教师时翻译的。郭大力早前翻译《资本论》时，是以苏联最新出版的《资本论》德文版为根据的，而这 25 封通信和 3 篇论文原文本来是附在该德文版《资本论》后的。由于当时担心耽误《资本论》中文译本的出版时间，故这些通信和论文未同时出版。后来于 1939 年由上海读书生活出版社出版了《资本论通信集》单行本。《资本论通信集》内收马克思与恩格斯相互间的书信，马克思给库格曼和丹尼尔孙的书信，恩格斯给丹尼尔孙和阿德勒的书信，共计 25 封。其中，为了便于读者了解《资本论》中的几种主要思想是如何发展的，这些通信在编排上并未按照时间顺序。（第 1—10 信附在《资本论》第一卷末，第 11—15 信附在《资本论》第二卷末，第 16—25 信附在《资本论》第三卷末。）另有附录：附录 1.《资本论》述评（恩格斯著，曾载《民主周刊》）；附录 2.评瓦格纳《经济学教程》（马克思遗稿）；附录 3.《资本论》第三卷补（恩格斯遗稿）。（附录 1 和 2 附在《资本论》第一卷末，附录 3 附在《资本论》第三卷编者序后，正文前。）

（朱莹）

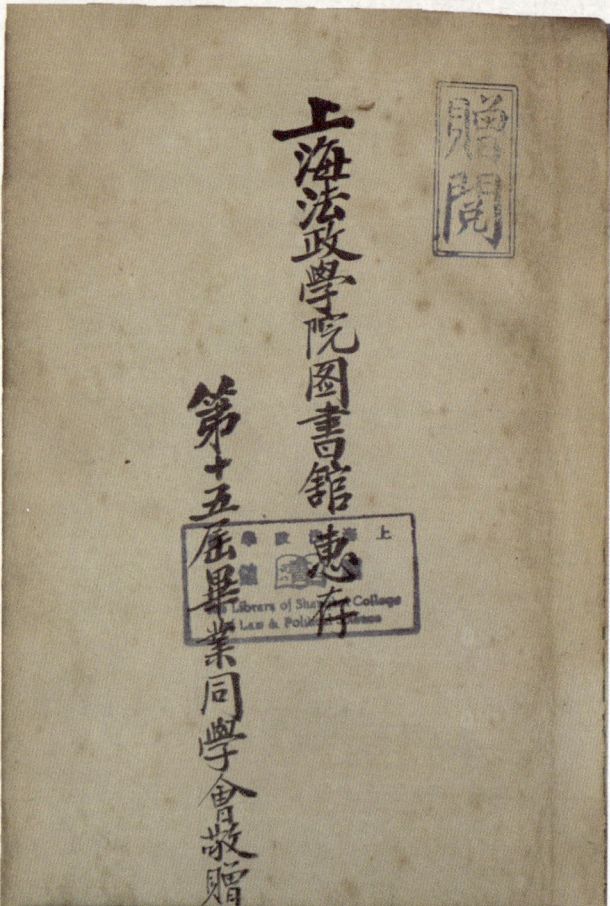

责 任 者　[德]马克斯（马克思）　著，郭沫若　译

出版机构　言行出版社

出版时间　1939 年 5 月

定　　价　八角

备　　注　题名页上写有"上海法政学院图书馆惠存，第十五届毕业同学敬赠"字样

郭沫若（1892—1978），本名郭开贞，字鼎堂，号尚武，四川乐山人，我国著名的文学家、马克思主义史学家、古文字学家、社会活动家和翻译家。他将马克思主义理论，尤其是把辩证唯物主义和历史唯物主义运用到对古代社会和文字学研究中，进而开创了中国史学研究的新角度——马克思主义的史学观。马克思主义经典著作的翻译增进了郭沫若的马克思主义理论素养，对于他的中国古代社会研究以及古文字研究都发挥了重要的作用，同时对于马克思主义中国化也同样具有极其重要的意义。

《政治经济学批判》是马克思公开发表的第一部政治经济学著作，写成于 1857—1858 年，1859 年 6 月由柏林敦克尔出版社出版。郭沫若翻译的译本由四部分组成，即"序言""商品""货币或简单流通""政治经济学批判导论"，内容包括资本一般、商品、商品分析之史的考释、货币或单纯流通、货币尺度说之种种、流通工具、世界货币、关于流通工具与货币之学说史等章节，共计 270 页。他将马克思主义关于社会生产力与生产关系，经济基础与上层建筑，社会的运动和发展原因，社会经济形态理论和资本主义社会的最后命运都非常清楚准确地表述出来。

郭沫若翻译的《政治经济学批判》，1946 年由上海群益出版社再版，到 1951 年 4 月第 6 版，印数达 13500 册，对于马克思主义理论在中国的传播发挥了重要的作用。

（蒋晨）

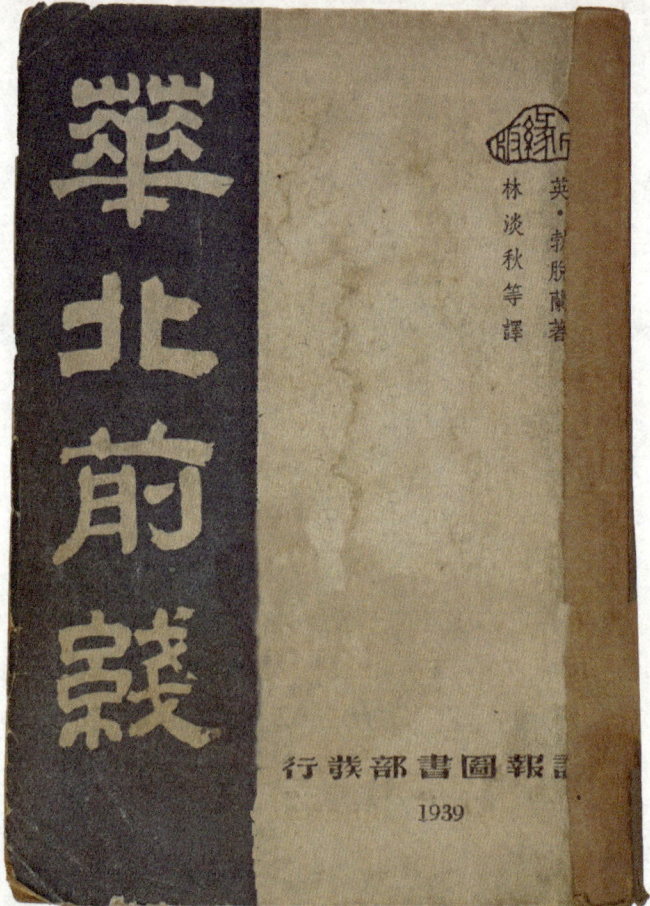

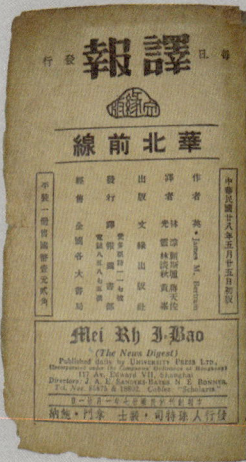

责 任 者　　［英］勃脱兰　著，林淡秋等　译

出版机构　　文缘出版社

出版时间　　1939 年 5 月 25 日

定　　价　　国币一元二角

　　勃脱兰，即贝特兰（1910—1993），出生于新西兰，杰出的记者和作家，是第一位踏上解放区土地的英联邦国家记者。1937 年 10 月，毛泽东接受了他的采访，向他发表了关于中国抗日战争的看法。二人的谈话记录，就是著名的收入《毛泽东选集》第二卷的《和英国记者贝特兰的谈话》。贝氏也因此为中国人民所熟悉，与白求恩、斯诺、斯特朗、史沫特莱等一起，成为支持中国革命的著名国际友人。他于 1938—1939 年担任英国《每日先驱报》和《曼彻斯特卫报》驻华特派记者，1941 年在重庆担任英驻华大使馆代理新闻参赞。太平洋战争爆发后，在香港被日军俘虏长达 4 年。著有《中国的危机：西安兵变真相》《华北前线》《战争阴影》《在中国的岁月》等。

　　1937 年 10 月，贝特兰应邀到延安，开始了他将近 5 个月的华北前线之行。经过这次深入的考察，贝特兰了解了许多有关华北前线的详细情况，加深了对中国革命的了解。1939 年，他以《华北前线》（*North China Front*）为书名，首先在英国出版，报道了这次考察的经过。同年又在美国出版，书名改为《没有被征服的人：在华北战斗农民中间一年的历险记》（*Unconquered:Journal of a Year's Adventures among the Fighting Peasants of North China*）。当年，其中译本就在上海和香港分别出版。

　　该书是贝特兰根据实地采访而写成，记录了其从延安到山西再到绥远一路上的所见所闻，客观公正地介绍了华北前线的真实情况，有助于当时和后来的人民了解抗日战争时期中国共产党领导下的八路军和游击队的卓越战略和英勇战绩，正确评价中国共产党在这场全民族反侵略战争中的历史作用。因此，1939 年该书中译本出版时，就被认为是"公正地描写这一战争的真实的全貌"的一本少见的好书。此外，贝特兰还在书中大量记录了与毛泽东、周恩来、朱德、彭德怀、贺龙等中国共产党和军队主要领导人的谈话内容，除了一般的战争内容之外，主要是关于中国共产党的抗战主张以及抗日民族统一战线的论述，对于争取更大的国际援助以改变八路军孤立作战的局面起到了积极作用。

　　作为 20 世纪 30 年代中期外国新闻记者采访红区报道的著作之一，《华北前线》对中国革命的报道在国际上产生了广泛的影响，至今仍在被广泛征引。

（程佳）

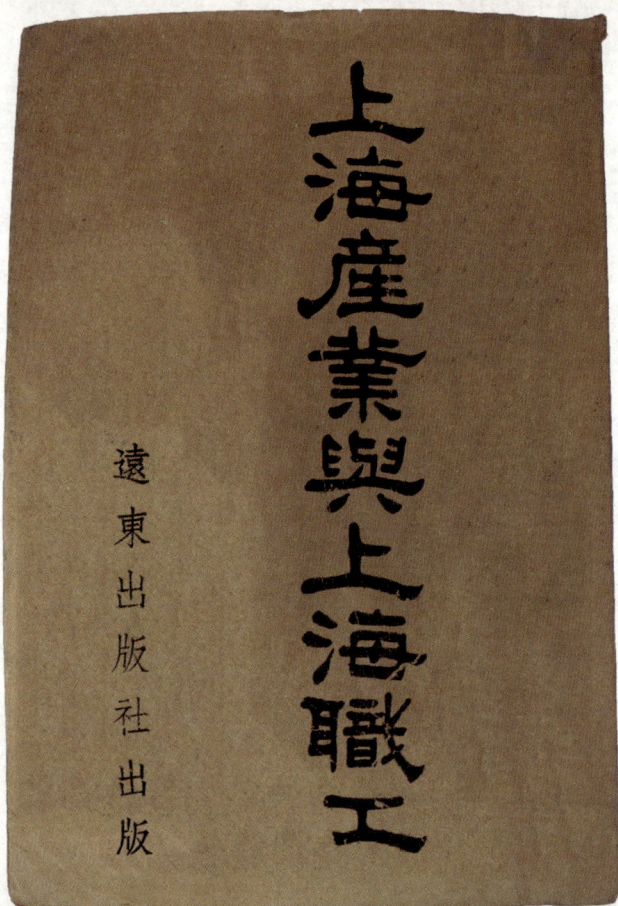

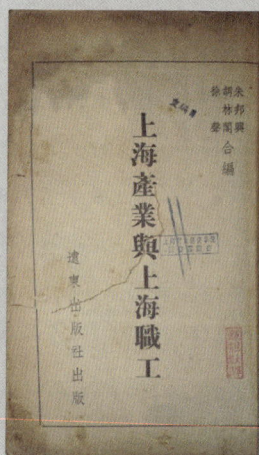

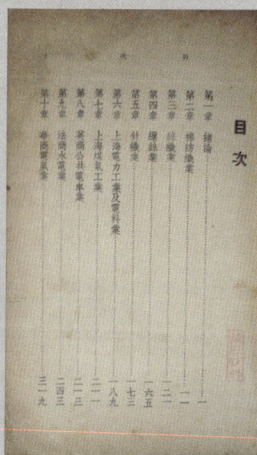

责 任 者 朱邦兴、胡林阁、徐声 合编

出版机构 远东出版社

出版时间 1939 年 7 月 15 日

定　　价 精装国币二元五角；平装国币二元

本书所署朱邦兴、胡林阁、徐声三位著者名为假名，实际作者有 30 余位。此书是在时任中共江苏省委副书记刘长胜主持下，由刘宁一、马纯古、张祺等组织 30 余人收集编写，最后由顾准汇集整理而成。从 1938 年 10 月刘长胜传达中央的指示，到 1939 年 3 月完成初稿，至 7 月出版，前后不到一年的时间。目前知道的分卷完成情况有：棉纺织业由马纯古和何振声编写，法商水电业由张祺和徐阿梅编写，英商公共电车业和华商电气业由张祺编写，卷烟业由李淑英编写，丝织业由张祺和何振声编写，邮政事业由刘宁一、周雄、张允彬和韩昌明编写，黄包车业由郭剑平编写，上海各业职员由职委的顾准编写。全书的序言则由马纯古撰写。

全书凡二十四章。第一章绪论，概述上海城市情况、上海产业工人生活状况和工人运动历史，最后一章总述上海各业职员的情况。其余二十二章则逐章介绍棉纺织业、丝织业、缫丝业、针织业、电力工业及电料业、煤气工业、英商公共电车业、法商水电业、华商电气业、英商公共汽车业、出差汽车业、上海邮政事业、上海电话公司、印刷业、机器及铁工业、锯木业、卷烟业、面粉业、榨油业、码头业、黄包车业、上海两租界工部局工人共二十二种产业及其六十万左右职工的情形，包括各业发展历史与经营现状、管理系统、职工人数及其构成、工作时间、劳动强度、工资待遇、生活负担及家庭状况、文化概况与信仰以及工人的活动史、奋斗史等十个左右的类目。篇幅长短不一，短者数页，如煤气工业与锯木业；长者数十上百页，如棉纺织业、法商水电业、邮政业等。其中对工人活动史、奋斗史尤有详细叙述。囿于当时的客观形势，"抗日""日帝""日寇"等词以及"杜月笙"等人名大都印成了"×"，上海人民出版社 1984 年 6 月将该书收入《上海史资料丛刊》重新排印出版时，做了部分的还原。

本书是对上海主要产业及其职工的政治、经济历史与现状的一次比较系统的总结和介绍，成书于第二次国共合作一致抗日时期。贯彻抗日民族统一战线，团结一切可以团结的力量共同对敌，是本书编写的宗旨。各位编写者基本上都是该产业的党员干部，保证了该书的及时完成与资料翔实。

（刘海琴）

52.《甲申三百年祭》

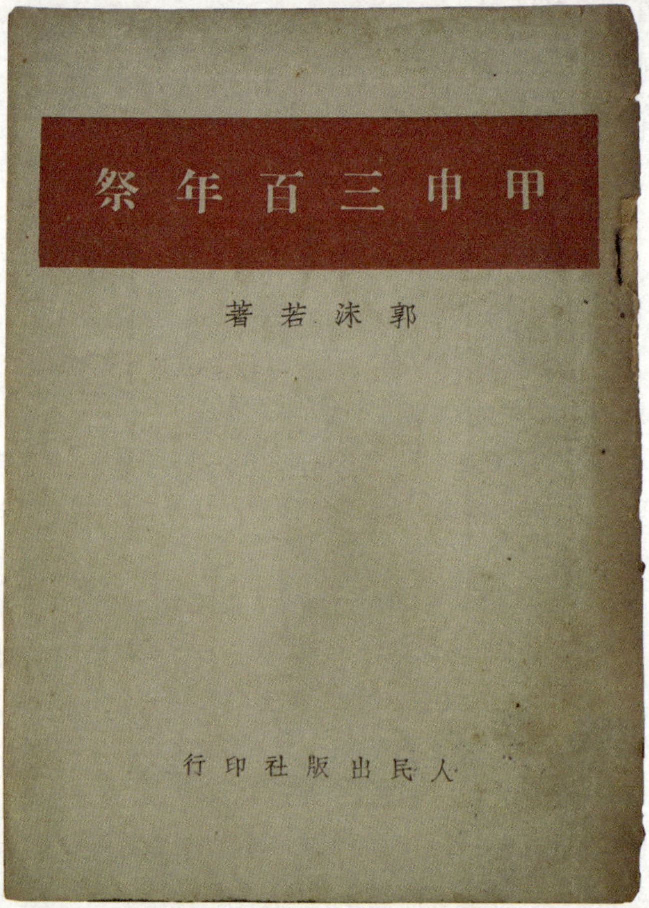

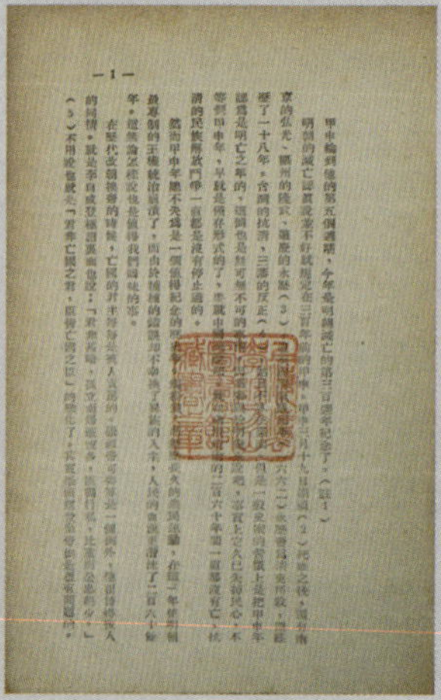

责 任 者 郭沫若 著

出版机构 人民出版社

出版时间 1949 年 3 月

定 价 不详

《甲申三百年祭》是郭沫若史学方面的代表作之一，1944 年 3 月 19 日在重庆发表于《新华日报》，连载四天。

1944 年，抗日战争已由战略相持转入战略反攻，全国人民正在全力以赴争取最后的胜利。取得胜利后，将面对"中国将走向何处去"的重大问题。各方有识之士纷纷就此展开思考与讨论。而三百年前的 1644 年，对于中国而言，亦是一个重大的历史关头——明朝灭亡。于是，明朝灭亡的原因、李自成领导的农民起义究竟在其中充当了何种角色等问题，就渐渐成为一个关注的焦点。

郭沫若在《甲申三百年祭》中首先针对后人对崇祯的"同情"提出了自己的观点：崇祯的所行与所想背离、要誉等导致了他的悲剧。当然，运气不佳——遇到连年灾荒，也是原因之一。但同样也是因为灾荒和崇祯的处置不力，导致"流寇"出现。这些"流寇"都是铤而走险的饥民。文章就此展开为李自成及其起义队伍的正名，明末的腐败和民不聊生让他们不得不走向反抗之路，他们不是民族的罪人，而是历史前进的动力。剖析农民起义失败的原因是《甲申三百年祭》的重中之重，郭沫若在文中深刻总结道：过短的时间之内获得了过大的成功，李自成以下的如牛金星、刘宗敏之流，过分陶醉于胜利之中，纵情声色、专制腐败、抢掠财物、杀害功臣……在战略、组织、作风等很多方面都犯下了严重错误，最终导致巨大的历史悲剧。

文章发表之后，引起极大反响，很快远离学术论证，并最终演变成一场思想政治斗争。毛泽东从《新华日报》上读到此文时，立即认识到它关于李自成功败垂成教训的叙述与总结，在历史转折关头对于全党的教育意义。并在之后的多次会议和演讲中，号召党员干部学习该文，让大家引以为戒，不要重犯胜利时骄傲的错误。1944 年 11 月，在给郭沫若的信中，毛泽东也表示："你的《甲申三百年祭》，我们把它当作整风文件看待。"

人民出版社是中国共产党创办的第一家出版机构，1921 年 9 月 1 日成立于上海。1923 年，人民出版社并入广东新青年社。但 1923 年到 1949 年间，仍有多家出版社采用"人民出版社"的名义从事出版发行活动。上海社会科学院图书馆馆藏该版《甲申三百年祭》应为最早以"人民出版社"名义出版的单行本。

（崔新梅）

毛澤東選集 第一卷目錄

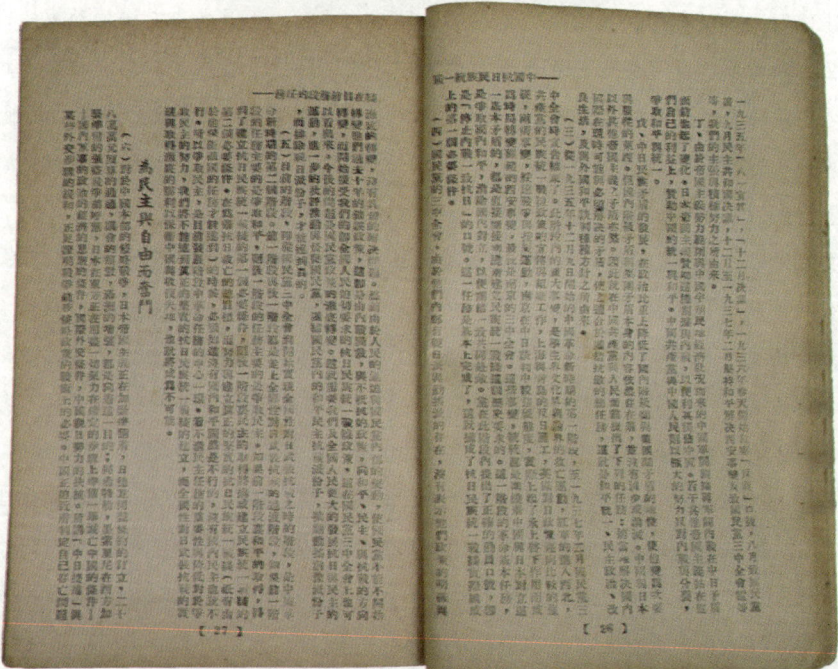

為民主與自由而鬥爭

责 任 者 毛泽东 著

出版机构 苏中出版社

出版时间 1945 年 7 月

定 价 抗币六元

　　《毛泽东选集》（第 1 卷）是为中共七大后深入学习毛泽东思想，由当时苏中区党委宣传部部长俞铭璜主持并组织刚成立不久的苏中出版社人员编辑的，其排版、印刷等工作是在隐藏于芦苇荡中的苏中报印刷厂进行的。该选集卷首形式新颖、独具特色，辑录了朱德、周恩来、李富春、刘少奇、彭德怀等 18 人有关毛泽东思想的论述，内容涉及毛泽东思想的定义、基本理论、现实意义及对毛泽东本人的评介，用以代序，题为《论毛泽东思想》，旨在指导苏中解放区军民学习、了解毛泽东和毛泽东思想。

　　苏中版《毛泽东选集》共收录毛泽东在 1937 年至 1939 年间的 11 篇著作，大多是毛泽东的谈话和讲演，内容也大多涉及抗日民族统一战线问题，其中 6 篇在晋察冀版《毛泽东选集》中收录过，还有 5 篇是新增的。其中《关于"一党专政"问题》一文系王明在武汉起草，以毛泽东同延安《新中华报》记者其光谈话的名义，未送毛泽东过目就发表的，苏中出版社不知此情而收录。苏中版《毛泽东选集》出版后，由于抗战胜利到来，苏中出版社的机构人员调整，加之原先准备编入《毛泽东选集》的材料未收齐全，原准备出 4 卷的《毛泽东选集》未能继续出齐，所以仅见第 1 卷且存世量极少。

　　苏中版《毛泽东选集》是抗日战争时期第二个系统的《毛泽东选集》版本，也是最早使用"毛泽东思想"的版本，反映了中共七大会议精神，具有鲜明的时代特色。由于历史条件的限制，它未经毛泽东本人审阅，有些重要著作未能收编进去，所用纸张质量也不甚好，但编辑质量较高，错讹之处较少。它的出版发行，以其独有的风格特点在毛泽东著作出版史上写下了重要的一页，极大地推动了新四军和华中敌后根据地学习和研究毛泽东思想热潮的形成，为夺取苏中抗战的最后胜利及随之到来的解放战争的胜利提供了强大的精神动力。

（刘奕）

54.《延安归来》

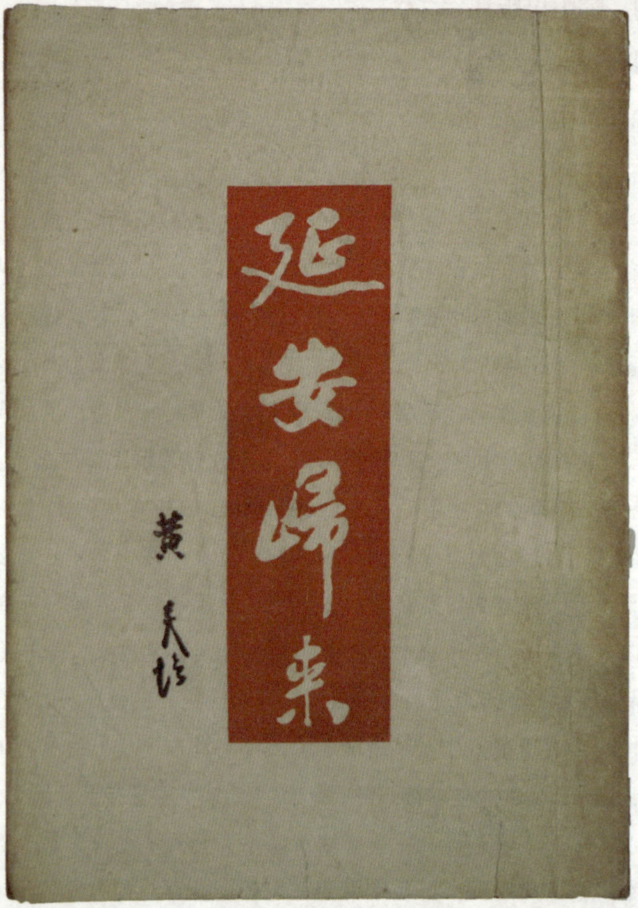

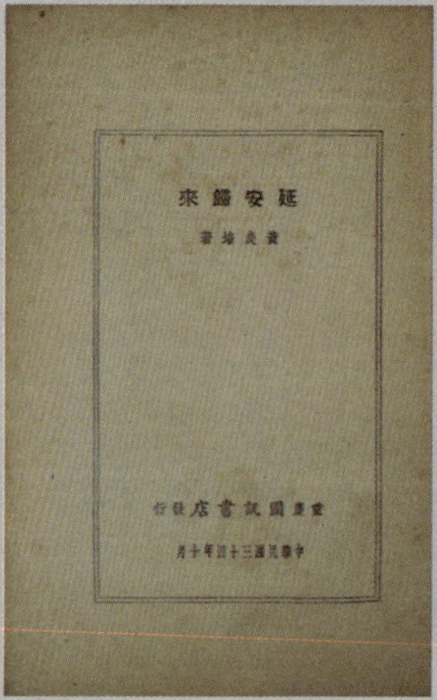

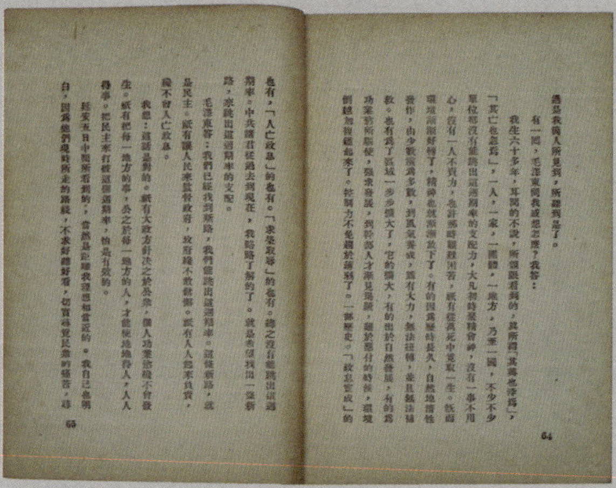

责 任 者 黄炎培 著

出版机构 重庆国讯书店

出版时间 1945 年 10 月

定 价 六十元

1945 年 7 月 1—5 日，抗日战争胜利前夕，一支六人组成的访问团从重庆来到延安。六人访问团成员分别为黄炎培（1878—1965）、褚辅成（1873—1948）、冷遹（1882—1959）、左舜生（1893—1969）、傅斯年（1896—1950）、章伯钧（1895—1969）。六人分属于不同的派别，但正如黄炎培在《延安归来》中所言，六个人"立场小异，主张大同"。该访问团本计划成员为七人，但王云五因发高烧，临上飞机前取消了行程。五天时间里他们与中共领导层多次座谈，并走访参观街市、农牧养殖场、学校等，用自己的眼睛观察延安这个与当时重庆迥异的地方，用心感受当地的民情社意和中国共产党的领导作风。

《延安归来》就是黄炎培记录自己这五天的所见所感、所思所想的小书。访问团 7 月初完成访问，《延安归来》首版即于同月由国讯书店在重庆出版发行。可见黄炎培想要与大家分享延安之行的心情之急切，亦可见他对当时国家未来、时局走向的殷殷心意。1945 年 10 月《延安归来》在上海完成再版。

全书共分为三个部分：第一部分《延安归来答客问》，回答了 10 个重要问题，包括延安之行的动机、去延安的名义、对大局的看法、对延安的观感、延安的政治作风、与中共领导人的谈话经过、国共合作的前途等；第二部分《延安五日记》，以日记形式记录了在延安的见闻、谈话和思考；第三部分《诗》，有两首诗歌，分别是《自重庆之飞延安》和《延安去》，为作者访问延安有感而发之作。

在二十大报告中，习近平总书记指出："经过不懈努力，党找到了自我革命这一跳出治乱兴衰历史周期率的第二个答案。""跳出历史周期率"的思考最早出处就是《延安归来》。黄炎培在《延安五日记》最后详细记录了与毛泽东的一次谈话，表达了希望能找出一条新路，跳出"其兴也勃焉，其亡也忽焉"的历史周期率。毛主席的回答是："我们已经找到新路，我们能跳出这周期率。这条新路，就是民主，只有让人民来监督政府，政府才不敢懈息。只有人人起来负责，才不会人亡政息。"这一对话和思考后来被称为"窑洞对"，对中国共产党的发展影响深远。

（崔新梅）

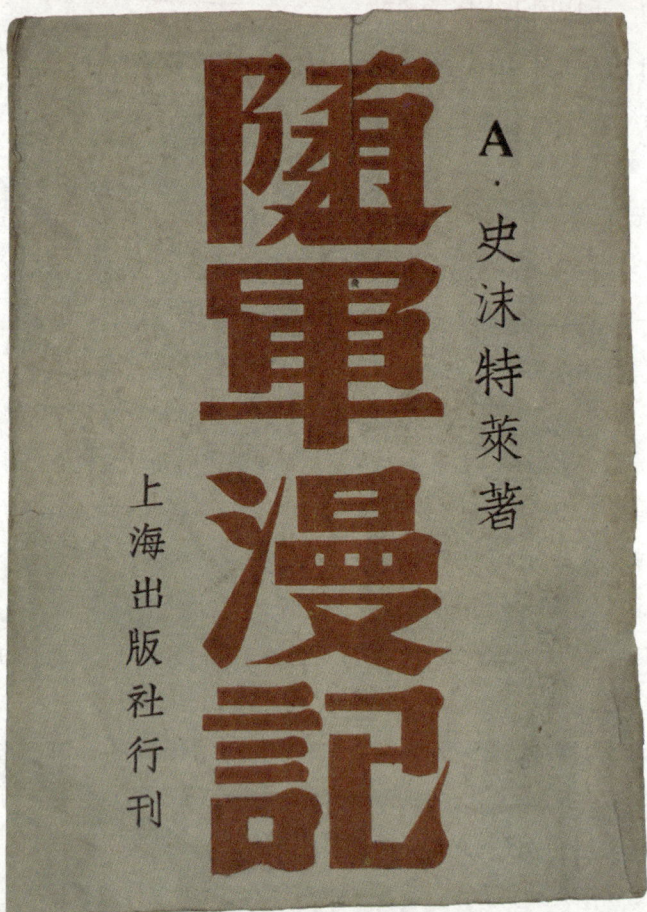

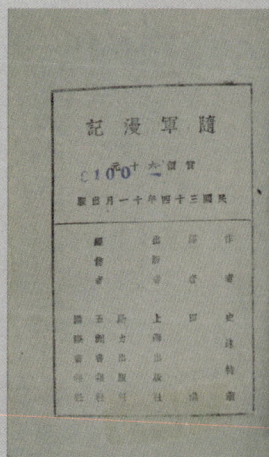

责 任 者　〔美〕A. 史沫特莱　著，田璞　译

出版机构　上海出版社

出版时间　1945 年 11 月

定　　价　六十元

　　艾格尼斯·史沫特莱（1892—1950），美国女作家、新闻记者、革命者、妇女运动家、国际主义志士。她传奇的一生，与中国革命紧密相连。1937 年 1 月，在经过整整三周跋涉后，史沫特莱到达向往已久的延安，并随朱德亲赴抗日前线成为第一位八路军随军外国记者。1941 年 5 月，返回美国。1950 年 5 月 6 日，因病在英国伦敦去世。按其遗愿，骨灰送到中国埋葬。史沫特莱曾和毛泽东联名向美国总统罗斯福写信，和朱德联名给印度国民大会党主席尼赫鲁写信，呼吁派遣援华医务人员，促成了白求恩、柯棣华等知名医生的中国之行。史沫特莱说过："我不伟大，是中国共产党伟大，是中国人民伟大，我不过是作为记者，把伟大的中国共产党领导的中国人民进行的正义战争真实地而不是夸大或贬低传给世界人民而已。"

　　书中除收有史沫特莱写的《在华北前线》（出自《中国在反击》）等外，还收录了时任新华日报特派员石西民的《庐山孤军峰歼敌记》（载于 1938 年 10 月 14 日《新华日报》）和企程的《从江南到江北》等文章。书中把前线艰苦的作战形势写得很有立体感，由于是亲历，内容十分生动具体。全书分四部分，分别是《在华北前线》（包括"在五台山中""在某地""山西省东部西归途中""某处"）、《在北平游击队中》、《庐山孤军峰歼敌记》（包括"大战金轮峰""火烧山上""庐山脚上游击战"）和《从江南到江北》。书中还穿插有 4 幅木刻画，分别是《保卫大西北》（马达作）、《游击队的英姿》（铁耕作）、《誓死捍卫我们的国土》（建庵作）和《夜行军》（陆地作）。

（蒋洁）

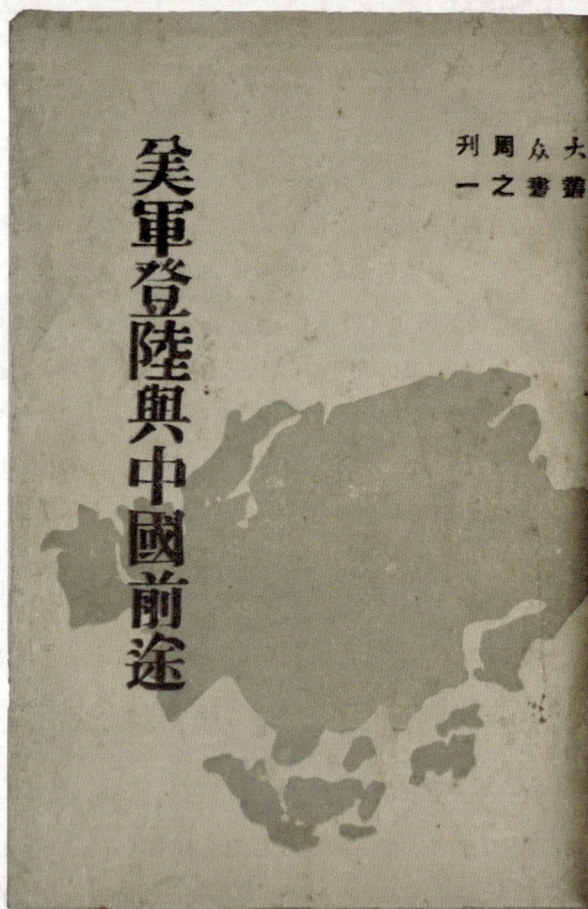

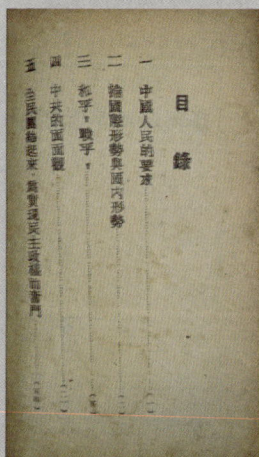

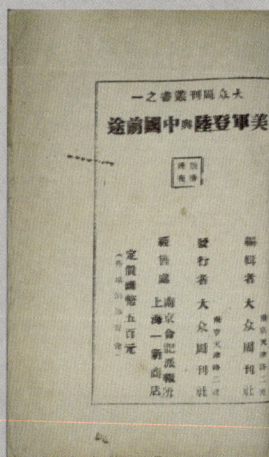

责 任 者 毛泽东 著

出版机构 大众周刊社

出版时间 1945 年

定 价 国币五百元

备 注 大众周刊丛书之一

《论联合政府》是毛泽东 1945 年在中共七大上的政治报告。当时正值中国抗战及世界反法西斯战争已经取得决定性胜利，急需将全中国抗战力量动员和统一起来，彻底打败日本帝国主义侵略者，并在接下来"两个中国之命运"的较量中获胜，最终建成"一个独立、自由、民主、统一和富强的新国家"。

《论联合政府》发表后，当年 5 月份就先后由太岳新华书店、涉县新华书店、救国报社、渤海新华书店、联政和解放社等出版了 9 种单行本，在解放区广泛传播，不仅凝聚了人心，促进了对解放区干部群众的动员与整合，为巩固和扩大根据地创造了前提条件，而且使民主联合政府的主张深入人心，为争夺意识形态话语权奠定了重要基础。在国统区，1945 年 7 月 6 日《新华日报》将《论联合政府》全文发表后，引起极大反响，重庆等国统区市民闻讯争相购买。国民党当局为压制消息，没收市面发售的报纸，扣留发往外埠的《新华日报》邮件。为进行反制，国统区的党组织，除了赶印《论联合政府》小册子，还制作了 7 种伪装书，《美军登陆与中国前途》便是其中之一。

这本书的伪装为什么要与"美军登陆"联系起来呢？因为中共七大闭幕两个月后，日本宣告无条件投降。为了实现和平与民主，毛主席毅然赴重庆与国民党谈判，最终国共双方签订"双十协议"。但蒋介石并非真心想要和平，谈判只是其缓兵之计，借助美国力量为其运送军队和武器，蓄意发动内战才是真正目的。美军欲在烟台港登陆，却遭到八路军的拒绝，这就有了"美军登陆与中国前途"一说，单从题目上看颇能反映当时汹涌的政治态势。

据了解，当时并没有"大众周刊"这份杂志，是为了对付国民党查禁革命、进步书刊，印行者有意编造出了"大众周刊出版社"名称。类似的伪装书还有不少，除了书名、出版地伪装外，还有作者也不真实，比如 1921 年出版的《工钱劳动与资本》。

"伪装本"是中国共产党思想传播史、中国出版发行史上一个非常独特的现象，是在白色恐怖下我们党在敌人统治区域进行宣传的一种迫不得已的方式，特别是在抗日战争时期，更是中国共产党领导的新闻出版大军与敌斗争的一种巧妙方式。其中毛泽东著作被伪装得最多。这类"伪装本",是中国共产党宣传自己的主张、开展对敌斗争的重要手段,也是毛泽东思想、党的方针政策在国统区、沦陷区得以传播的历史见证。这些"伪装本"在传播马列主义、宣传中国共产党的方针政策,特别是扩大毛泽东思想的影响力等方面,发挥过不可估量的作用。

（钱运春）

57. 《外国记者眼中的延安及解放区》

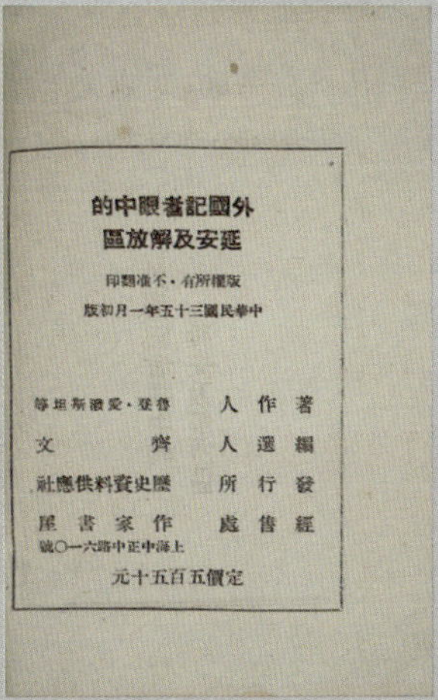

外國記者眼中的
延安及解放區

版權所有・不准翻印
中華民國三十五年一月初版

著作人	魯登・愛潑斯坦等
編選人	齊　文
發行所	歷史資料供應社
經售處	作家書屋 上海中正中路六一〇號

定價五百五十元

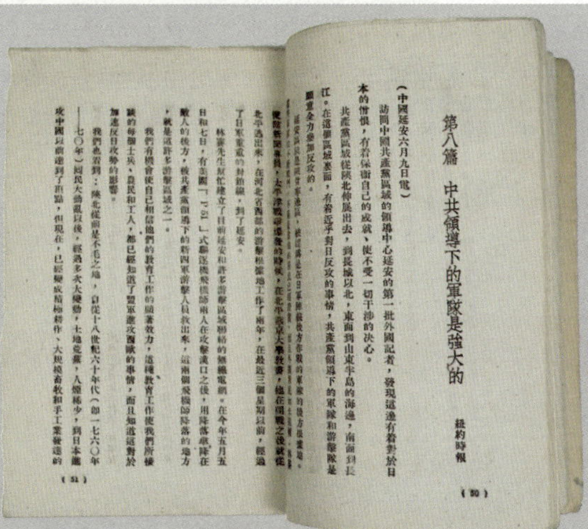

责 任 者　［美］鲁登·爱波斯坦等　著，齐文　编

出版机构　历史资料供应社

出版时间　1946 年

定　　价　五百五十元

1944 年 6 月 9 日，由福尔曼、爱波斯坦、斯坦因、武道、夏南汉、普罗岑科等 6 名外国记者和国统区记者 9 人等组成的"中外记者西北参观团"冲破阻力来到延安。6 月 12 日，毛泽东主席接见了记者团成员。记者团对延安及其晋绥解放区进行了 3 个多月的采访，拍发了大量电讯，及时报道了其在陕甘宁边区的所见所闻，对中共武装力量在抗战中的地位和作用予以肯定。一些记者后来还撰写了系统介绍边区的著作，如福尔曼的《北行漫记》（被誉为斯诺《西行漫记》的姊妹篇）、斯坦因的《红色中国的挑战》等，在国内外广泛传播。这次采访成为抗战时期外国记者对延安最集中、最有影响力的一次采访活动。

本书收录了 1944 年"中外记者西北参观团"中部分外国记者的报道，除此之外，其中也"有些是学者和专家的印象，也有些是被解放区营救的盟国航空员的感想"，有爱波斯坦、白修德、武道、斯坦因、派西福拉斯、民族杂志、纽约时报、泰晤士报、林迈可、班维廉、罗生特、威斯曼、福尔曼、缪勒等的文章，共计 22 篇，附录史沫特莱《福尔曼的边区报告》、抗战日报《盟邦记者来晋绥边区参观》、郁文《盟邦友人在汾阳前线》、抗战日报《欢迎盟邦空军战友》等 5 篇。

《外国记者眼中的延安及解放区》收录的这些报道，以记者们的亲身经历，从多个视角实事求是地介绍了中国共产党及其所领导的抗日根据地军民抗战的情况，从一个侧面为我们探察中国共产党的成功之道提供了珍贵的历史资料。从此，世界开始了解一个真实的、全新的中国。

（高明）

58. 《延安一月》

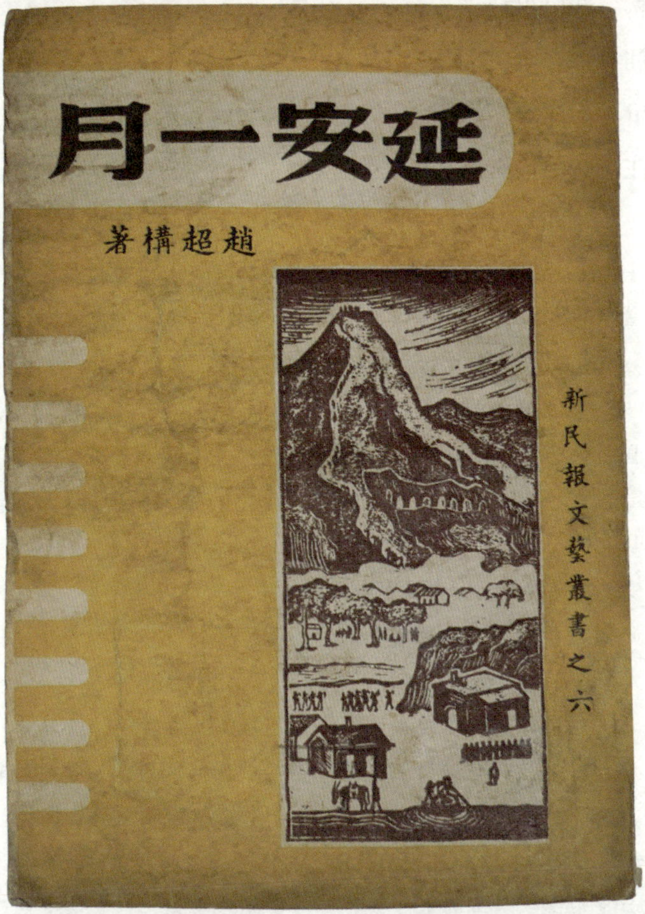

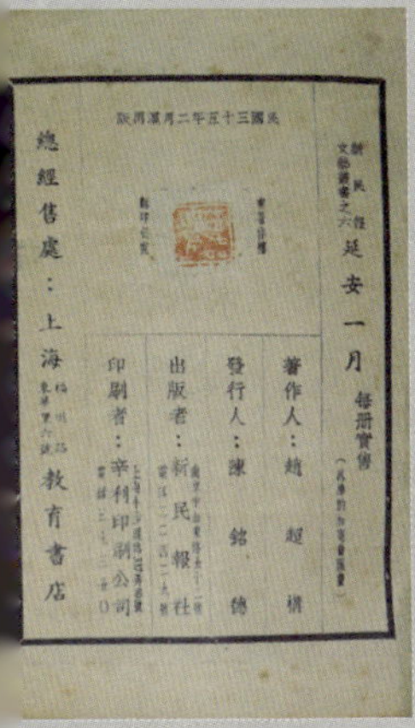

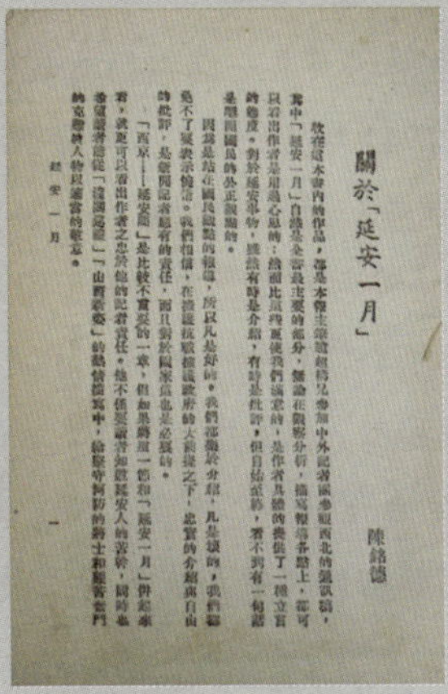

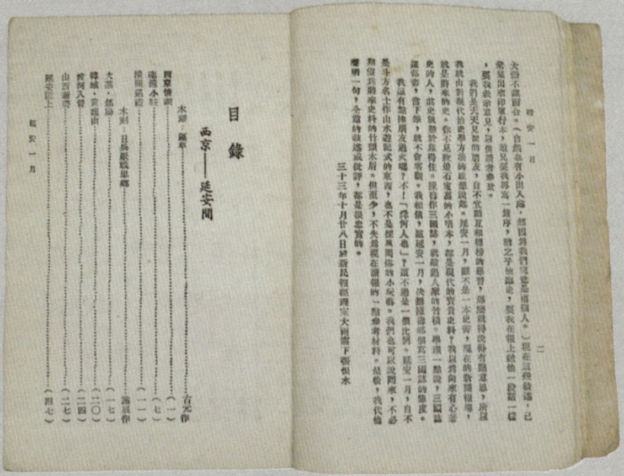

责 任 者 赵超构 著

出版机构 新民报社

出版时间 1946年2月

定　　价 不详

备　　注 新民报文艺丛书之六

赵超构（1910—1992），浙江文成人。著名新闻记者、专栏作家，笔名林放。毕业于上海中国公学大学部经济系。1938年至重庆，任《新民报》主笔。1946年到上海，参与《新民晚报》创刊工作，历任《新民晚报》主编、社长，全国新闻工作者协会副会长等职。

1939年以来，国民党加强了对西北边区的新闻封锁。直到1944年初，在中外记者的共同努力下，国民党当局才同意组成一个21人的"中外记者西北参观团"到敌后抗日根据地考察、采访。该团有外国记者6人，中国记者9人。赵超构作为《新民报》的特派员参与其中。1944年5月17日，"中外记者西北参观团"从重庆出发，几经辗转，于6月9日抵达延安。在延安期间，中外记者受到了中共领导人的接见，参观了边区的机关、学校、各种生产部门，参加了各种集会，访问了边区的很多英雄人物、作家、艺术家、各阶层的知名人士。此次参观采访后，记者们写出了不少报道和著作，产生了重大影响。

《延安一月》就是赵超构参观采访结束后所写的长篇通讯，最早连载于重庆、成都出版的《新民报》，并于1945年1月结集出版。我馆所藏版本系抗战胜利后新民报社由重庆迁回南京后所出，是"新民报文艺丛书之六"。赵超构秉持"国民的立场"，记述延安的政治、经济、社会、文化等方面的情况，客观公正地反映了延安的真实情况。《延安一月》被认为是中国记者写的第一本关于延安风貌的著作。周恩来总理也称此书可与斯诺的《西行漫记》媲美。

此书正文前有序文两篇，分别为《新民报》创刊人之一陈铭德所写《关于〈延安一月〉》和作家张恨水以朋友身份所作的序，均写于1944年10月。正文分两个部分，一是《西京—延安间》，二是《延安一月》，前者是铺垫，后者才是重点，篇幅上前者也只占五分之一。本书最具特色的还属采用的木刻插图。黄色封面上有肤施（即延安）县城木刻图，正文中还有12幅木刻插图，出自当时在延安的画家古元、施展、彦涵、秦兆丰等之手。画题为"运草""日兵厌战思乡""秋收""扭秧歌""小先生""婚姻登记""婚事""村干会""逃亡地主又归来""移民图""卫生合作社""村选"等。这些木刻以另一种形式展现了边区的人、社会生活及风貌，与赵超构的文字形成良好互动。

（崔新梅）

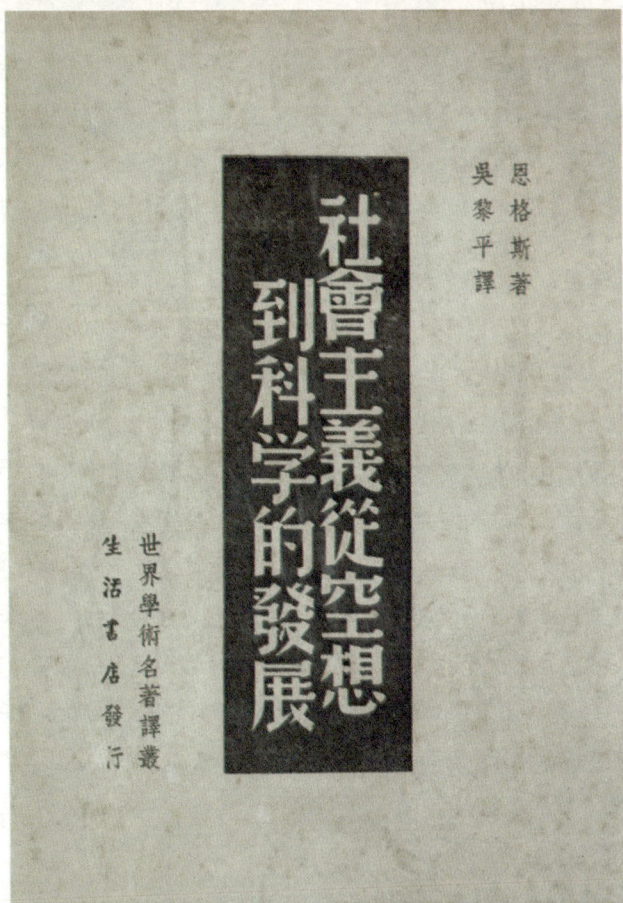

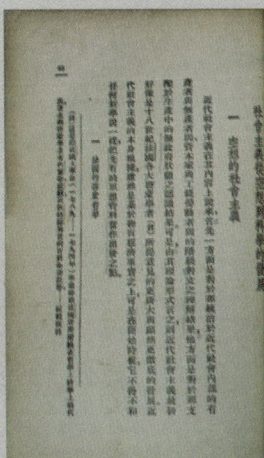

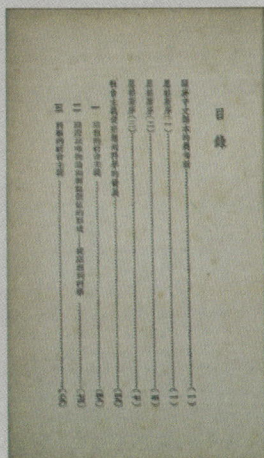

责 任 者 ［德］恩格斯 著，吴黎平 译

出版机构 生活书店

出版时间 1946 年 5 月

定 价 不详

备 注 世界学术名著译丛

吴黎平即吴理屏，本名亮平，黎平为其笔名。

吴黎平的《社会主义从空想到科学的发展》是他在莫斯科中山大学学习期间翻译的，最早出版于 1938 年 6 月，由解放社作为"马恩丛书第三种"出版；生活书店首次出版于 1939 年 4 月，作为"世界名著译丛之六"，至 1946 年 5 月第二次出版，为抗日战争胜利后的第一版，作为"世界学术名著译丛"之一。书前有《关于中文译本的几句话》，正文分"空想的社会主义""辩证法唯物论和剩余价值的形成——从空想到科学""科学的社会主义"三章，德文本 1882 年第 1 版序、德文本第 4 版序、英文本序置前。

这一译本是根据苏联《马克思恩格斯选集》的俄文版翻译的，并参考了这一选集的英文本，其最大特点是反映了德文本第 4 版恩格斯对原文所作的增改，这是此前的各种中译本所没有的，更加全面真实地反映了恩格斯的思想，很受欢迎。解放社、中国出版社、生活书店、新中国书局、冀东新华书店等都出过多个印本，流传范围非常广。

（刘海琴）

經濟問題與
財政問題

毛澤東著

九 關於發展機關學校的生產事業

责 任 者 毛泽东 著

出版机构 合众出版社

出版时间 1946 年 6 月

定　　价 不详

《经济问题与财政问题》是 1942 年 12 月毛泽东在陕甘宁边区高级干部会议上以报告的形式提出的，也是毛泽东为解决抗日根据地的经济困难问题而广泛调查研究、总结实践经验所取得的理论成果。报告共分十章，涉及农业、畜牧业、手工业、合作事业、盐业、自给工业、军队生产事业、机关学校生产事业和粮食工作等方面的内容，所论问题面广、类多，不仅提出并制定发展经济、保障供给的工作方针以及重要原则，还对陕甘宁边区经济、财政工作中存在的不良作风给予纠正。合众出版社印行的这本单行本，删去了报告中第三章《关于发展畜牧业》和第四章《关于发展手工业》的正文，只保留了这两章的标题，其他除第一章外，第二、第五至第十各章，均有省略和删减，数字、有关报表也基本删去，对摘引的报纸上已经公开发表过的部分内容，也只保留了理论和叙述部分，所以篇幅减少甚多，相对比较精练，此外还将《论合作社》《组织起来》《论合作社的方针》《二三年内完全学会经济工作》等 4 篇文章作为附录。

《经济问题与财政问题》是毛泽东在新民主主义革命时期特别是抗日战争时期的经济理论代表作，标志着毛泽东经济思想基本形成并走向成熟。贺龙评价此书"真正实际解决了边区当前最重大的问题"，"是马列主义经济学在边区的具体运用，是活的马列主义经济学"。这本著作不仅明确地指出了解决陕甘宁边区经济与财政问题的正确道路，使边区军民克服困难、渡过难关，去争取抗战胜利，还给各个抗日根据地乃至全国都提供了解决经济问题与财政问题的"辉煌模范的例子"。

（刘奕）

61. 《德国农民战争》

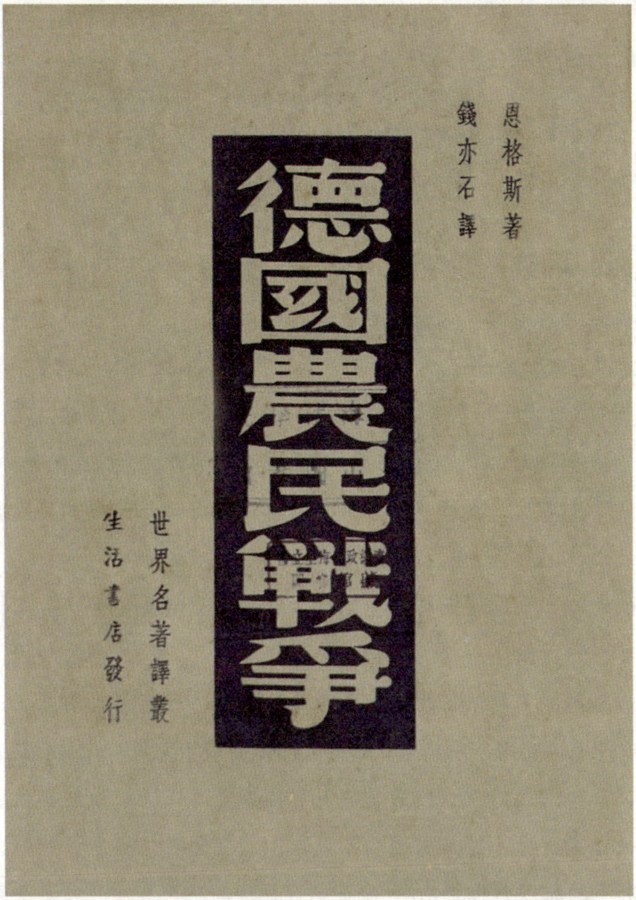

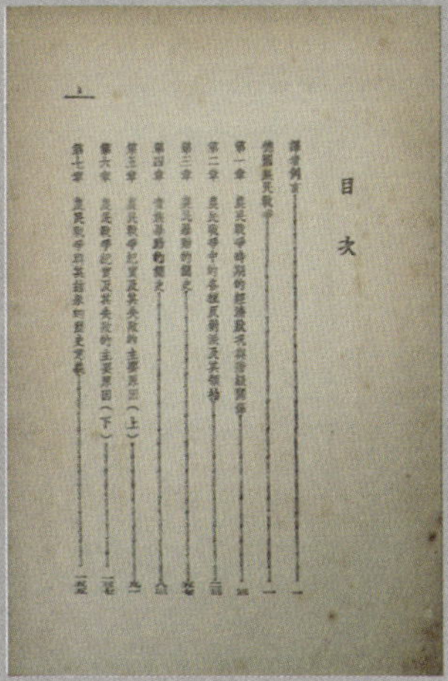

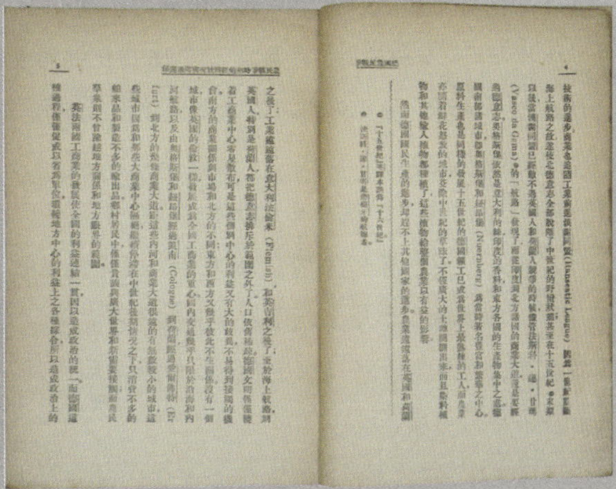

责 任 者	［德］恩格斯 著，钱亦石 译
出版机构	生活书店
出版时间	1947 年 1 月
定 价	不详
备 注	世界名著译丛

钱亦石（1889—1938），原名城，字介磐，湖北咸宁人。1924 年由董必武、陈潭秋介绍加入中国共产党。1928 年 8 月，钱亦石和董必武从日本转往莫斯科，被分配到中国劳动者共产主义中山大学特别班学习。在学习过程中，他接触和研读了《德国农民战争》一书。他认为"这本书对于中国，'到现在还未失掉时效'（像著者在第二版序中所说一样）"。因此，他决定翻译这本书，帮助读者了解现代问题，为中国的革命实践提供指导。后来，钱亦石回到上海后，出版多本译著、专著以及讲义等，被董必武誉为"最优秀的教育家"。

《德国农民战争》是恩格斯总结德国革命经验的重要历史著作。恩格斯在其第二版序中说："本书一方面撮述斗争的历史过程，同时说明农民战争的起因，说明在战争中出现的各党派的态度和各党派借政治和宗教的理论尽力宣布自己的立场；最后说明由历史社会的生活条件所决定的斗争结果，指示当时德国政治制度以及反抗这种制度的暴动；而且证明这些政治和宗教的理论，只是当时德国农业、工业、海陆交通、商业和财政发展到那个阶段的结果，而不是其原因。"可见，《德国农民战争》最突出的特点是，恩格斯运用唯物史观的原理分析了 16 世纪德国农民战争的发生、性质和失败原因。故钱亦石在译者例言中提到"这本书确是唯物史观的开山祖，用其自己新创的方法，解释历史的具体模范"。与此同时，恩格斯还将 16 世纪德国农民战争与 1848 年德国革命进行比较，总结经验与教训，旨在为当时的革命运动指明方向。

《德国农民战争》正文共 7 章，另有两篇附录：《1525 年德国农民的十二个条件》和注释（共 17 条）。该书原文为德文，恩格斯写于 1850 年夏，并发表在《新莱茵报·政治经济评论》杂志第 5—6 期。1870 年，莱比锡出版《德国农民战争》单行本，为德文本第二版。恩格斯写了序言，即为本书后"著者第二版序"内容。1875 年，莱比锡又出版了第三版，恩格斯为第二版序言作了补充，写于 1874 年 7 月 1 日，即为本书后"著者第二版序书后"内容。

（朱莹）

62.《毛泽东选集》（精装五卷）

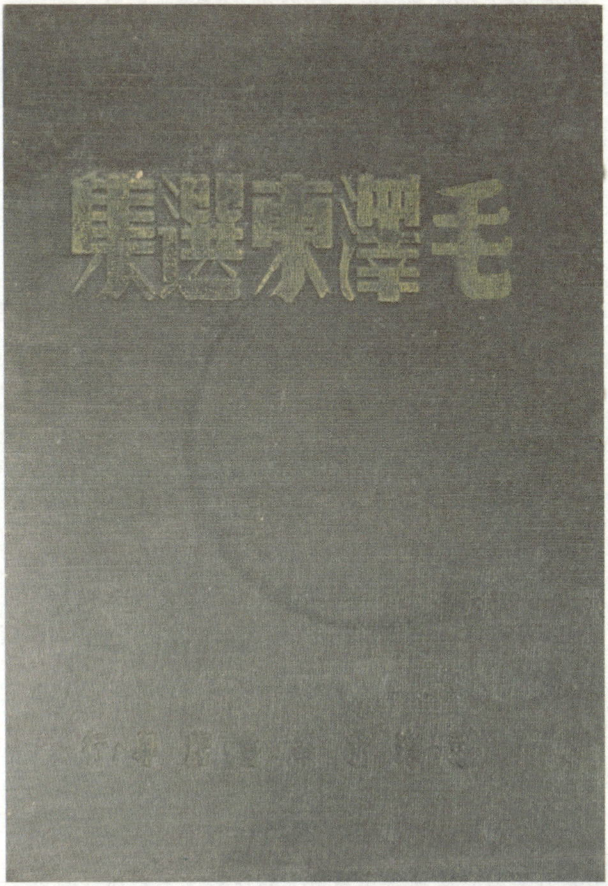

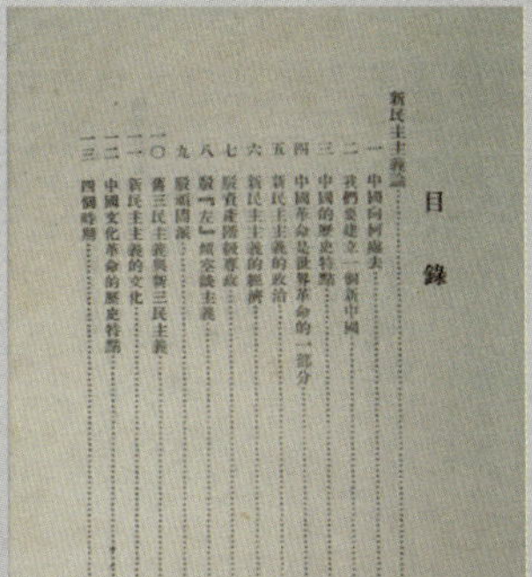

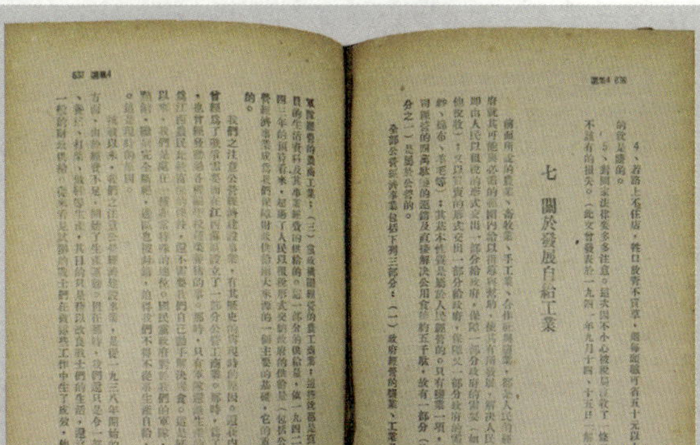

责 任 者 毛泽东　著

出版机构 渤海新华书店

出版时间 1947 年 3 月

定　　价 不详

　　抗战时期，将马克思列宁主义与中国革命相结合的毛泽东思想已发展到了成熟阶段。1944 年在中共中央晋察冀分局领导下，由时任晋察冀日报社社长兼总编辑邓拓主持选编、晋察冀日报社出版的《毛泽东选集》5 卷本，主要收录毛泽东从抗战开始到 1944 年 6 月间的著作 29 篇，约 46 万字，抗战前的两篇著作《湖南农民运动考察报告》（因当时未找到全文，只收录一、二两章）和《中国共产党红军第四军第九次代表大会决议案》作为附录编入。初版有平装和精装两种装帧，平装分装 5 册，精装 5 卷合订。晋察冀版《毛泽东选集》5 卷本是我国第一部系统编选的毛泽东著作集，也是 1949 年前在国内流传最早、最广泛的《毛泽东选集》版本，不仅推动了当时的整风运动，也为广泛传播毛泽东思想、统一全党思想做出了贡献。1946 年 4 月，由时任大连大众书店党支部书记兼总编辑柳青主持编辑、大连大众书店出版的《毛泽东选集》（1～5 卷），共收录毛泽东著作 31 篇，近 50 万字。该版本是在 1944 年晋察冀版平装 5 卷本的基础上稍加增删而成的，其中《编者的话》略有删减，卷 1 增加了《论联合政府》，卷 2 增加了《答路透社记者十二项问题》，卷 5 增加了《〈共产党人〉发刊词》，卷 4 减少了《两三年内完全学会经济工作》一文。大连大众书店版《毛泽东选集》（1～5 卷）出版后，多次重印，影响很大。大连大众书店还曾敬送毛泽东主席一套精装版，毛主席收到后便回信表示谢意。1947 年 3 月，在渤海根据地，由渤海新华书店翻印了大连大众书店版《毛泽东选集》。

　　《毛泽东选集》是在毛泽东的领导地位及毛泽东思想最终确立并为全党所公认的历史条件下应运而生的。渤海新华书店版《毛泽东选集》方便了广大党员干部和群众的阅读学习，对宣传毛泽东理论思想发挥了重要作用。

（刘奕）

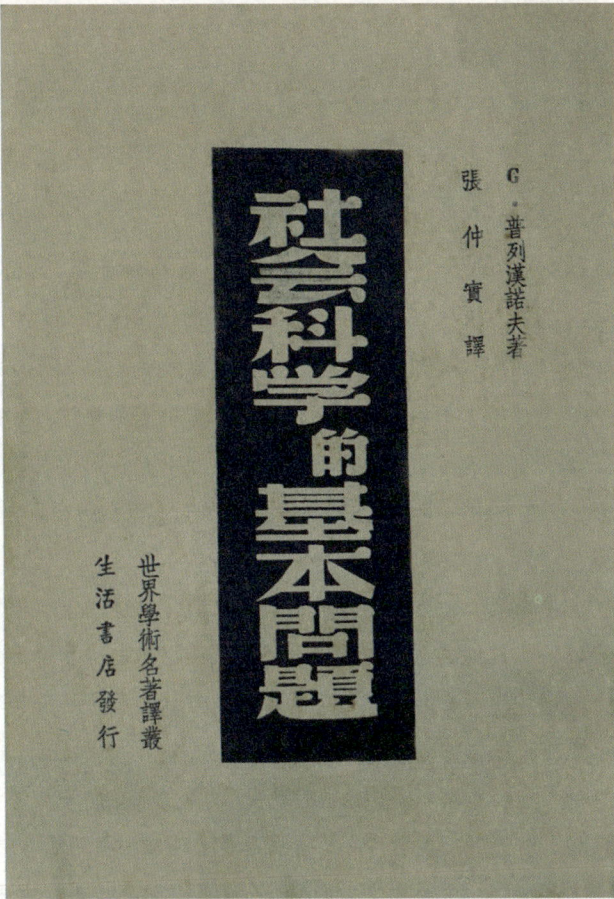

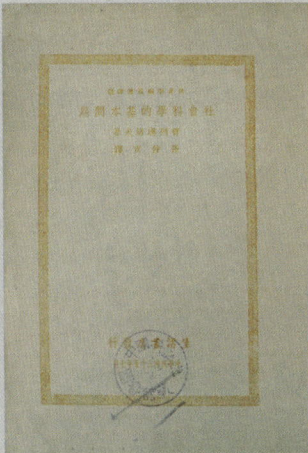

责 任 者　［俄］普列汉诺夫　著，张仲实　译

出版机构　生活书店

出版时间　1947 年第 2 版

定　　价　七元五角

备　　注　世界学术名著译丛

普列汉诺夫（1856—1918），又译作蒲力汗诺夫、普列哈罗夫，俄国新文化运动奠基人，马克思主义传播先驱。1875 年起参加民粹派革命活动，1883 年在日内瓦创立了劳动解放社，把马克思恩格斯的许多著作译成俄文出版，为俄国建立无产阶级政党奠定了基础。1900 年翻译了《共产党宣言》的第三个俄译本，和列宁一起创办《火星报》。1903 年被选为俄国社会民主工党主席。后期革命思想和立场发生动摇，对十月革命持否定态度。主要著作有《社会主义和政治斗争》《我们的意见分歧》《论个人在历史上的作用》《唯物主义史论丛》等。

《社会科学的基本问题》主要介绍了马克思主义哲学的各种基本问题，包括马恩哲学的研究资料、存在与思维的关系、主体与客体的统一、历史唯物论的方法论的意义、辩证法与进化论、地理环境与社会的发展、社会心理与社会阶层斗争和现代科学界的新趋势等十七节，后有辩证法与逻辑附录、注解。

原文出版于 1908 年，十月革命后被列在苏联马恩学院所编的"马克思主义者丛书"内，并于书末增加名词和人名索引，屡屡再版。本书即是张仲实根据马恩学院 1932 年增订第 4 版所译，于书前附译者序言，并对原文内的错误如关于费尔巴哈哲学的评价等做了注释，作为"世界学术名著译丛"之一种由生活书店于 1937 年首次出版，1947 年再版。

《社会科学的基本问题》以通俗的方式对新哲学的各种基本问题进行了简要而系统的阐释。虽然普列汉诺夫反对十月革命，但列宁始终认为他是杰出的马克思主义哲学家，对他的著作评价很高，曾说"不研究普列汉诺夫关于哲学的一切著述，那就不能成为一个自觉的真正的共产主义者"。

（程佳）

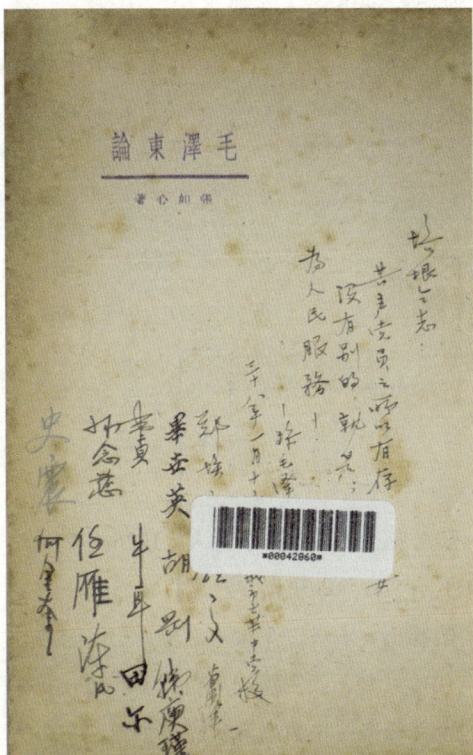

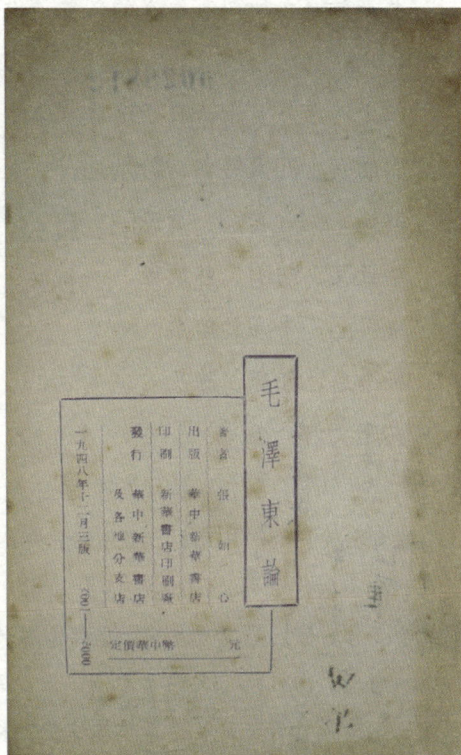

责 任 者 张如心 著

出版机构 华中新华书店

出版时间 1948 年

定 价 华中币 1000 元

备 注 扉页上面有一段文字：

培根同志：

共产党员之所以有存在的必要，没有别的，就是为人民服务。

——录《毛泽东论》

三十八年一月十六日于淮城市华中党校

后面有十四人签名，分别是：

郑焕章、钟夏□、萧速□

毕世英、胡刚、韩庚瑾

韦贞□、牛耳、田尔

孙念慈、任雁、陈凡

史震、何全奎

张如心（1908—1976），曾用名张恕心、张恕安。广东省兴宁县人。1926 年 2 月赴莫斯科中山大学学习，1929 年 11 月回国，1931 年 5 月加入中国共产党，主持社会科学研究会工作，宣传马克思主义，同年编著《哲学概论》一书，介绍马克思列宁主义哲学的基本原理。1931 年 8 月参加中国工农红军，任《红星》报主编，后到延安。历任抗日军政大学政治教育科科长、军政学院教育长、中央研究院中国政治研究室主任、中央党校第三部主任、延安大学副校长。

张如心是党内较早研究毛泽东思想的理论家。他曾于 1941 年 3 月，在《共产党人》杂志第 16 期发表《论布尔什维克的教育家》一文，首次正式使用了"毛泽东同志的思想"这一提法，对毛泽东的理论和策略进行了概括。《毛泽东论》主要内容是介绍毛泽东的人生观、毛泽东的科学方法、毛泽东的科学预见、毛泽东的作风等，是当时干部培训的必备教材。扉页上这句话——"共产党员之所以有存在的必要，没有别的，就是为人民服务"，就来自本书的第 6 页，是毛泽东常对中国共产党党员说的话，这句话点出了这本书的核心思想。

这本签名本来历考证为：1948 年上半年，在战场上连遭失败的国民党反动派加紧镇压国统区的人民民主运动。为了保存力量，中共地下党上海市委及时做出决定，把部分上海地下党员和上海解放后进行接管和建设的干部等，有组织有计划地撤往苏北解放区盐阜地区华中工委所在地进行培训。同时组织了苏中交通总站，下建五个分站，开展大规模交通护送工作。据统计，经过淮南交通线送到华中党校的有 600 多人，占撤退到苏北解放区人数的 50％。本书签名人员主要为上海及沿途交通站的交通员，在护送工作结束后，被编入华中党校"上海队十四队"学习。学习目的是"把曾在白区做城市秘密工作的同志，培养成为解放区的城市工作者"。

　　由于江淮地区解放进展太快，急需大批干部前去接收，其中王培根（后改名郭集五，圣约翰大学地下党员）等七位同志，担任去蚌埠的先遣队。也许这些同志当时就意识到，此次一别，可能再无共事的可能。因此，他们拿出最珍贵的一本书《毛泽东论》，在书的扉页上，写下了他们此次的学习心得——"共产党员之所以有存在的必要，没有别的，就是为人民服务"，并签名送给王培根同志作为纪念。

（钱运春）

135

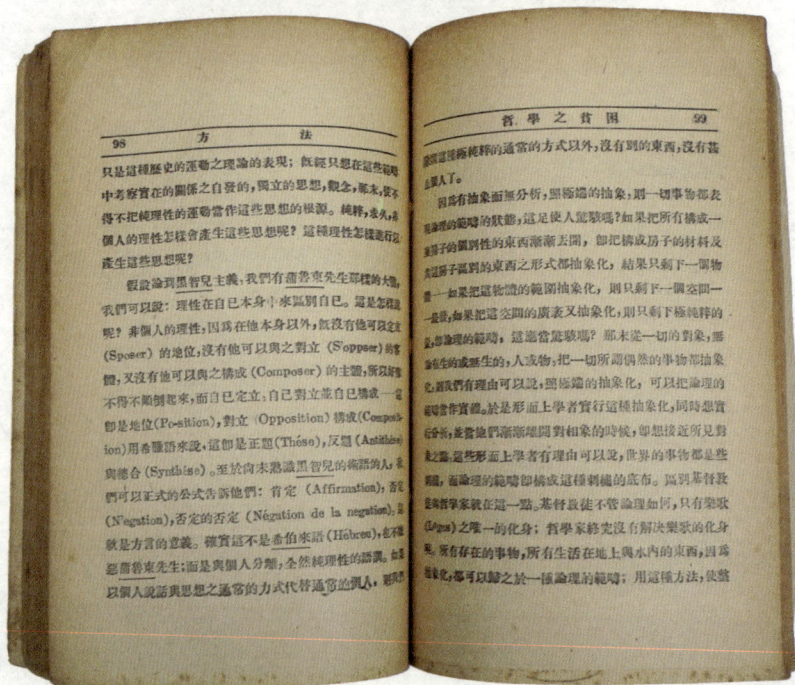

责 任 者 ［德］马克思 著，杜竹君 译

出版机构 作家书屋

出版时间 1949 年 3 版

定　　价 不详

杜竹君，为汪泽楷（1894—1958）的曾用名之一，笔名孤竹、万武之，湖南醴陵人。1919 年 9 月赴法国勤工俭学，秘密加入法国共产党。1922 年加入中国社会主义青年团。同年邓小平被吸收为中国社会主义青年团的成员，汪泽楷是介绍人之一。1923 年入莫斯科东方大学学习，后转为中国共产党党员。1929 年 11 月，因坚持陈独秀右倾错误路线被开除出党。1931 年至 1949 年在北平、桂林等地高等学校任教。中华人民共和国成立后，曾任湖南省第一届各界人民代表会议代表、省政协委员、湖南大学图书馆馆长、武汉中南财经学院教授。

《哲学的贫困——答蒲鲁东先生的〈贫困的哲学〉》（以下简称"《哲学的贫困》"）是马克思批判蒲鲁东主义的经典著作，也是马克思唯物史观、政治经济学、共产主义思想、科学方法论集中迸发的文本，以全新的历史唯物主义为理论武器，从经济学和哲学两个方面批判了蒲鲁东唯心主义经济学，揭露了其对资本主义批判的非科学性和小资产阶级的反革命性，为后续《资本论》的写作提供世界观基础和方法论前提。它的产生代表着马克思唯物史观的公开问世，是马克思走向政治经济学批判的新高地，是共产主义思想的清晰呈现，是科学方法论的成熟脱胎，是马克思和恩格斯"有决定意义的论点"的第一次公开阐发。

杜竹君翻译的《哲学之贫困》是该书第一个中文全译本，书前附德文本第一版的序言和德文本第二版的按语，书后附录包括《论蒲鲁东》、《政治经济学批判》第二章 B（即关于货币计量单位的学说），以及《关于自由贸易问题的演说》三篇文章。该版的译者附言写于 1929 年 6 月 15 日。1930 年 10 月，水沫书店再版该书。从《政治经济学批判》和《共产党宣言》转向《哲学的贫困》，说明中国共产党对马克思唯物史观译介的视野拓展了。这一事实反映出，马克思主义中国化是历史的选择。《哲学的贫困》作为马克思思想发展过程中的重要理论环节，时至今日，它依然对当代马克思主义哲学中国化的研究、中国特色的政治经济学研究、马克思主义科学方法论的研究等具有重要价值，为哲学社会科学体系的构建和中国特色社会主义伟大实践提供有益的启示。

（钱运春）

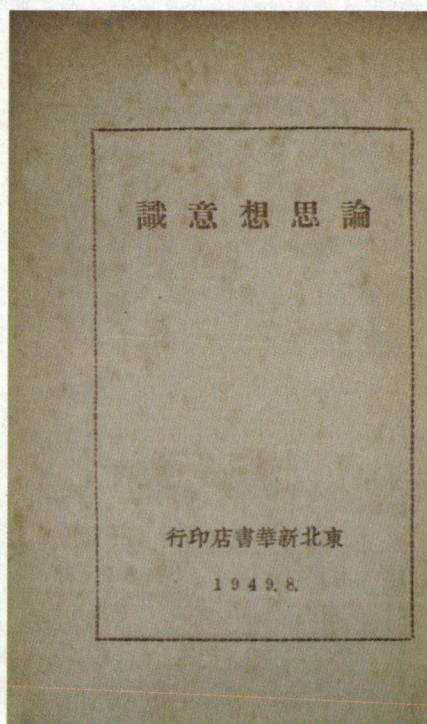

责 任 者 刘少奇等 著

出版机构 东北新华书店

出版时间 1949 年

定 价 不详

刘少奇（1898—1969），湖南宁乡县人。1921 年加入中国共产党，是党和国家主要领导人之一。中华人民共和国成立后，当选为中央人民政府副主席。曾主持制定《中华人民共和国土地改革法》，参与制定《中华人民共和国宪法》，在制定国家政治、经济、文化、教育、外交等方针政策方面发挥了重要作用。他也是党内公认的党建理论家，代表作有《论共产党员的修养》《论党》《论党内斗争》等。

解放战争开始后，随着革命形势的根本变化和土地改革的深入，党的队伍不断壮大，针对党内出现的各种问题，1947 至 1949 年在各解放区开始了整党运动，对党员进行批评和自我批评。整党运动的深入开展，教育了成千上万的基层党员，党的干部队伍建设得到加强，密切了群众关系，保证了土地改革的顺利完成，推动了解放战争的胜利进行。

《论思想意识》就是这一时期出版的一部整党参考文献汇编。全书将所收文章分为三类。第一类：各种错误的思想意识，包括《反对自由主义》（毛泽东）、《入党动机》、《反对剥削阶级意识》（刘少奇）等 6 篇，附《个人主义的发展规律》（吴芝圃）、《革命的英雄主义》（朱德）等 7 篇参考文件。第二类：反对军阀主义、官僚主义，包括《反对脱离群众》（毛泽东）、《肃清军国主义倾向》（谭政）等 4 篇，附《发扬民主精神》（刘少奇）等 3 篇参考文件。第三类：整风学习方法，包括《整风与坦白运动》（饶漱石）等 5 篇。书前有刘少奇的《人的阶级性》。

该书由东北新华书店于 1949 年印行出版。1945 年 11 月东北书店在沈阳成立，是东北日报社领导下的图书出版发行机构。1946 年 6 月在佳木斯成立了东北书店总店，1947 年迁到哈尔滨，归中共中央东北局宣传部直接领导。1949 年 7 月 1 日，东北书店总店改称为东北新华书店，出版发行了大量政治图书、革命文艺作品和报纸、刊物，成为宣传马克思列宁主义、毛泽东思想和党中央方针政策的重要基地和革命文化的摇篮。值得一提的是，该书第三类整风学习方法中收录了上海社会科学院首任党委书记李培南同志的 2 篇文章——《反省自传应该怎样写法》和《分局党校讨论反省自传的介绍》。

（程佳）

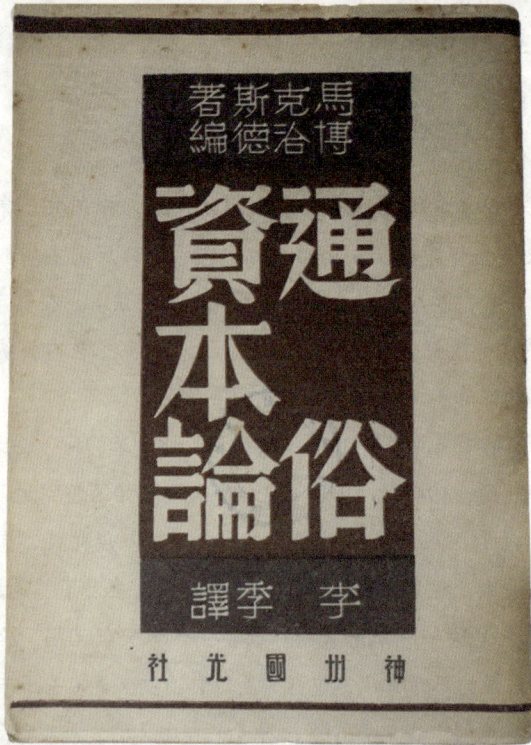

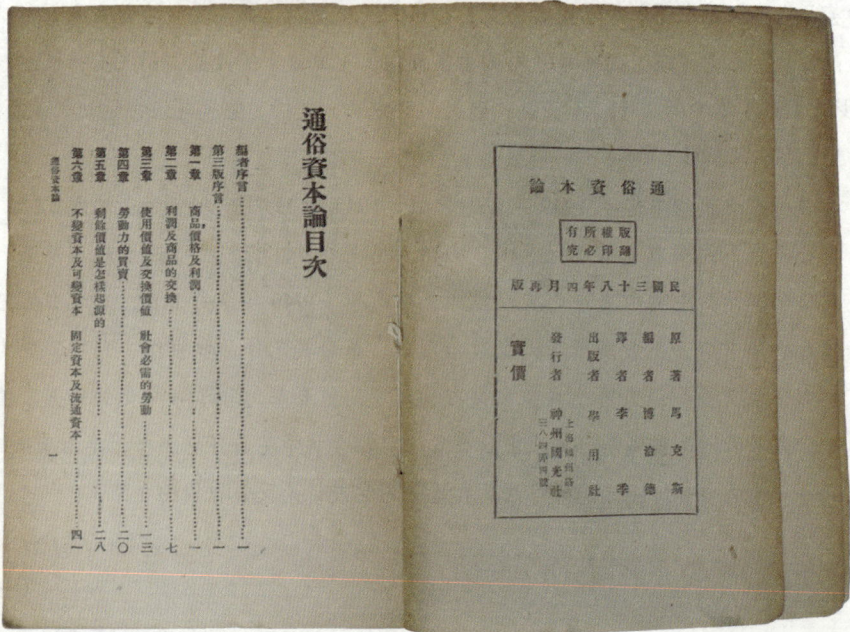

通俗資本論目次

通俗資本論

版權所有
翻印必究

民國三十八年四月再版

原著者　馬克斯
編者　博治德
譯者　李用季
出版者　神州國光社
發行者　上海福州路三八四號

實價

责 任 者　　［德］马克斯（马克思）　著，［德］博洽德　编，李季　译

出版机构　学用社

出版时间　1949 年 4 月再版

定　　价　不详

博洽德是专门研究马克思学说的德国学者，潜心研究《资本论》三十年之久，曾与比利时学者合作将《资本论》译成法文出版。因《资本论》卷帙浩繁、分量巨大，博洽德立志"将《资本论》通俗化，使那些渴想知道此书内容而又不能以研究此书为一己生平工作中一部分工作的最多数人能够了解"。此编百分之九十以上内容是出自马克思自己的手笔，由编者将《资本论》三卷中最重要的学说和艰深的文句予以条理化和通俗化，引导普通民众借此书为初阶，进而阅读原著。

李季的中译本根据 1923 年第 4 版的《通俗资本论》德文原文译出，全用直译，分为二十四章，并附录《马克思危机的本质》，卷前有译者 1925 年 12 月所撰"译者序言"。《通俗资本论》作为李季在上海大学社会学系讲授"政治经济学"的课本，据时人回忆"当时系里的同学差不多人手一册"。此后虽曾一度遭禁，但先后有多种版本的翻印，流行极广。马克思的《资本论》中文全译本出版之前，中国知识界主要是通过一些译介文章和若干简写本、缩编本和入门书来了解和学习《资本论》的，李季翻译的《通俗资本论》是流行较广、影响较大的一种。

（袁家刚）

责 任 者 薛暮桥 著

出版机构 新华书店

出版时间 1949 年 4 月校正 2 版

定 价 不详

薛暮桥（1904—2005）, 原名薛与龄、薛雨林，江苏无锡人。1927 年加入中国共产党。"四一二"反革命政变爆发后，时任中共杭州区委工人部部长的薛暮桥与钟鼎祥、王汝高、许仲平等工会领导人一起被捕入狱。关押期间受张秋人同志"读书就是为着革命"的信念影响，在狱中三年多的时间里，薛暮桥坚持学习大量政治、经济、哲学、历史等相关知识，打下了扎实的学术基础。出狱后，师从陈翰笙，并接受其推荐去广西师范专科学校任教。1938 年，薛暮桥在新四军教导总队任训练处长，主讲政治经济学。薛暮桥是中国经济学界的领头羊，被誉为"市场经济拓荒者"，参与创建了新中国最初的统计制度和物价管理体系，为中国社会主义经济体制的建设与发展做出过重大贡献。这位中国经济学界的泰斗晚年时总结自己这一辈子："一个人一生中不可能什么时候都正确，也不可能在什么事情上都正确。我虽然已经 87 岁，但我头脑中还有很多没有解决的问题，一个经济学家的经济观应该让时间来检验，让历史来作结论。"

此版《政治经济学》是新华书店出版的校正版，初版《政治经济学》是薛暮桥在新四军教导总队任职时编写的，当时由新知书店出版，并作为新四军军政学校的教材使用。当时新四军教导营总共开了 5 期，薛暮桥主讲政治，前后为新四军培养了近 5000 名干部。薛暮桥认为讲清政治经济学基本原理前要先厘清当时的中国国情，他主张要联系实际学习理论。但是当时市面上的相关课本都是"照搬"《资本论》，不讲半殖民地半封建社会的问题。所以薛暮桥花了 3 个月的时间根据中国实际编写了适用教材。薛暮桥的《政治经济学》通俗易懂，在新四军干部中广为流传，成为当时很多新四军干部读的第一本经济学著作。

（杨士奇）

上 海 概 况

（非 賣 品）

書 報 簡 訊 社 編 印

一九四九年四月

责 任 者 书报简讯社

出版机构 书报简讯社

出版时间 1949 年 4 月

定　 价 无

备　 注 封面印"非卖品"三个字

    1939 年 2 月，中共中央决定成立中央社会部，负责管理和领导全党的情报保卫工作。10 月，中央社会部正式成立。1943 年，中央社会部与中央情报部合署办公，副部长李克农负责主持中央情报与保卫的日常工作。中央社会部在负责情报业务工作的一室成立书报简讯科，设书报简讯社。书报简讯社根据各种途径收集的资料，编辑印发情报资料刊物《书报简讯》，提供给中央领导与有关部门阅览参考。

    1948 年底至 1949 年初，随着中国人民解放军连续取得辽沈战役、淮海战役和平津战役的胜利，国民党反动派一溃千里。中国共产党吹响了"打过长江去，解放全中国"的号角。1949 年 3 月，毛泽东主席在中国共产党七届二中全会上指出："从现在起，开始了由城市到乡村并由城市领导乡村的时期，党的工作重心由乡村转移到了城市。"正式确定党的工作重心由乡村转移到城市的战略决策。1949 年 4 月，为了顺利接管大城市，由各地区的情报部门编辑，以书报简讯社的名义印行了《南京概况》《武汉概况》《上海概况》等。

    《上海概况》就是为接管上海而编印的内部情报汇编资料。分上中下三编，共十四部分。上编"概论""土地、人口""伪政治机构""军警宪等伪军事机构""反动政党各机构"；中编"财经机构及官营事业""官商合办企业及逆产""公用事业""重要工商业"；下编"党派社团""文化事业""社会事业""外侨""其它"。前言中交代了本书的资料来源，即经过鉴别选择的"一部分是调查材料外，大部分是根据国民党统治区公开出版的书报杂志编写的"。《上海概况》收录了有关上海土地、人口、国民党机构、军事警察机构、工商、公用事业、文化、党派团体、外侨、娱乐场所等详尽信息，含各公司机构地址电话，各公司机构人员组成、股权信息及各类金融贸易表格等。例如第三部分"伪政治机构"中不仅有伪上海市政府的组织结构树状图，包括各处、各科负责人的姓名等，而且还有主要负责人的姓名、籍贯、学历、职业履历等；各局则细述其工作职责、办公地点、员工数量、组织及其执掌、重要职员等。这些为华东局的接管干部、高级军事干部提供了适合自己的了解上海基本情况的读本，为我党顺利地解放上海、接管上海做出了不可磨灭的贡献。

（高明）

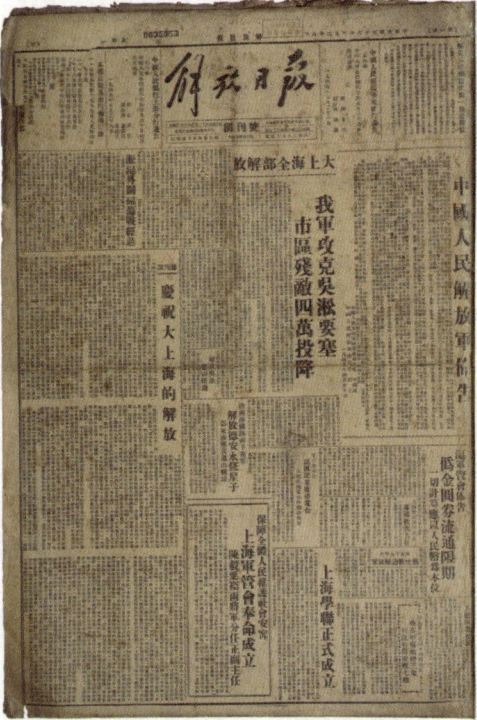

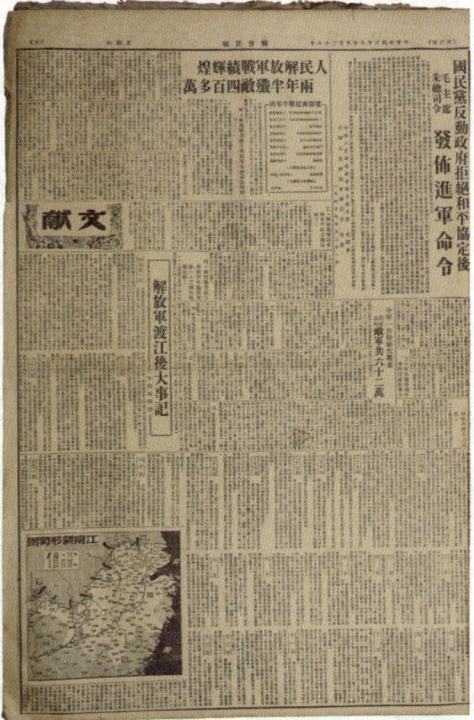

责 任 者 范长江　总编

出版机构 本报发行部

出版时间 1949 年 5 月 28 日

定　　价 人民币十五元（旧币）

1949 年 4 月 24 日，中共中央决定把原在延安出版的中共中央机关报《解放日报》的报名交给上海，作为中共中央华东局暨上海市委机关报。《解放日报》由以时任市长陈毅为主任的上海市军事管制委员会主办，市文管会文委会副主任范长江任首任社长兼总编辑，恽逸群任副社长、副总编辑。1949 年 5 月 28 日，宣告上海解放的《解放日报》创刊号从全面接管的申报馆排字房和印报机上诞生，沿用了毛泽东题写的延安《解放日报》的报头。

《解放日报》创刊号的一版头条是中国革命军事委员会主席毛泽东、中国人民解放军总司令朱德发布的《中国人民解放军布告》；二条是本报消息"我军攻克吴淞要塞，市区残敌四万投降"，横标题为"大上海全部解放"；发刊词题为"庆祝大上海的解放"，反映了当时上海一片欢腾的景象。第二版至第八版分别报道了上海市部分工厂复工、学校复课、公用事业恢复、京沪铁路全线通车的消息等。为满足广大读者对党和政府政策的关切，创刊号还特意用了两大版的"文献"专刊，刊登党和政府的各项重要政策、文件。此外，创刊号上还有"上海行情""解放副刊""社会服务"等专刊专栏。据统计，该报共发消息 104 条。

《解放日报》创刊号在上海解放的第二天即面世，发行 14 万份，居上海日报之首，受到市民的热烈欢迎。发行的当天上午，市长秘书朱青给《解放日报》总编室来电，传达了陈毅市长的表扬："共产党刚解放上海，就有了自己的声音，等于打了一个胜仗。"从某种意义上说，《解放日报》创刊号不失为上海解放的历史见证人。《解放日报》的迅速出版更是从新闻宣传上占据领导地位，是党执政上海的重要体现。《解放日报》作为上海乃至华东地区的新闻中心，致力于宣传马克思列宁主义、毛泽东思想以及党的路线、方针、政策，发布党的重要文件和文章，密切配合党的中心工作，成为党联系群众的桥梁和党的重要舆论阵地，为加强党的执政能力做出了奠基性的贡献。

（刘奕）

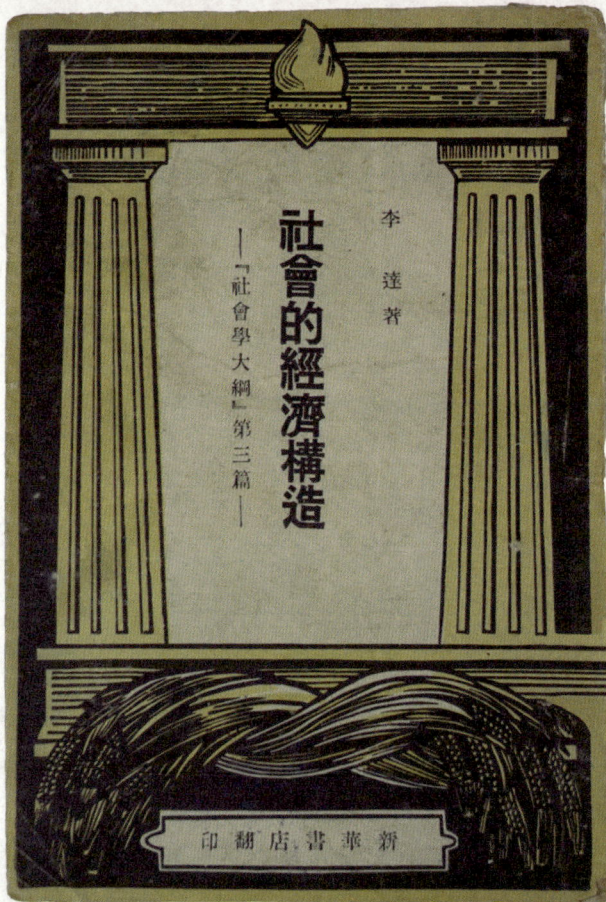

责 任 者 李达 著

出版机构 新华书店翻印

出版时间 1949 年 5 月

定　　价 不详

备　　注 《社会学大纲》第三篇

　　《社会学大纲》是李达在国立北平大学法商学院任教授时所著，共五篇，通过他自己对马克思主义哲学的见解，结合鲜明的中国特色，精准阐释了马克思主义哲学中国化的转变，即辩证唯物主义和历史唯物主义转向实践唯物主义。他在书中构建了一套以"实践的唯物论"为核心的马克思主义哲学阐释体系。此版为新华书店翻印版，且根据当时的情况，应广大读者需求将书中的专业术语换成了通俗译语。毛泽东对此书有高度评价，曾多次阅读并做了很多批注，其中写道："找出法则，指示实践、变革社会，这是本书的根本论纲"，更是赞扬此书是"中国人自己写的第一本马克思主义哲学教科书"，在很大程度上影响了毛泽东哲学思想的形成和发展。

　　《社会的经济构造》作为《社会学大纲》中的第三篇，在生产力与生产关系、经济构造之历史的形态这两个方面做了详细的阐述。《社会的经济构造》中引出了许多政治经济学的基本理论，文中指出"社会经济的构造，即是生产力与生产关系的对立统一"，强调了社会发展的原动力是生产力与生产关系的矛盾，提出了生产关系、分配关系、交换关系和消费关系，以及它们之间的联系等经济学问题。《社会的经济构造》虽系《社会学大纲》第三篇章，但在内容中更多涉及了经济学原理和基本内容。

（杨士奇）

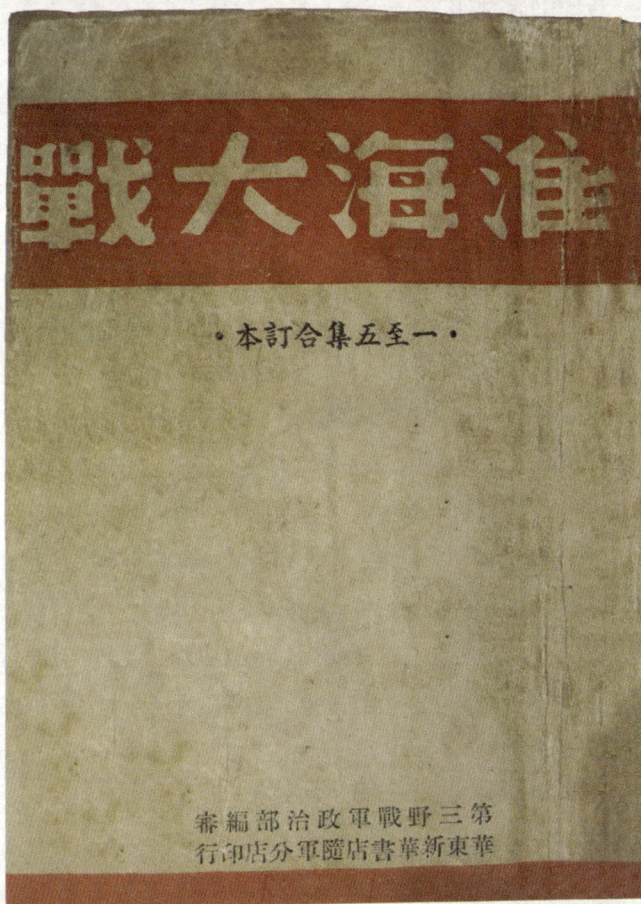

责 任 者 第三野战军政治部 编审

出版机构 华东新华书店随军分店

出版时间 1949 年 5 月

定 价 不详

本书详细介绍了伟大的人民解放战争三大战役之一的淮海战役中所发生的战斗故事。淮海战役自 1948 年 11 月 6 日开始，到 1949 年 1 月 10 日完全胜利结束，历时六十六天。在整个战役中，我军坚决执行中共中央毛主席"军队向前进"的指示，英勇顽强，连续作战两个多月，始终保持旺盛的士气。冰天雪地，渡河涉水，忍饥耐寒，不怕疲劳，不怕艰苦，高度发扬了革命英雄主义。

该书为《淮海大战》一至五集的合订本。

第一集介绍的是战役第一阶段的战斗故事：《强攻运河桥头堡垒》《十人桥》《夺取万年闸》《突破碾庄圩》《张树才舍身炸毁敌地堡》《勇猛机智的张忠班》《新参军战士姚俊》《敷料员徐育英》。

第二集介绍的是战役第二阶段的战斗故事：《歼灭黄维之战》《大王庄争夺战》《张治法和他的突击连》《英勇的机枪手——何万胜》《钢铁阵地——小李庄》《守住周口子桥》《活捉黄维记》《共产党员赵成山》。

第三集介绍的是战役第三阶段的战斗故事：《智捉梦中蒋匪》《英勇顽强的鲁楼阻击战》《政治攻势下的蒋匪军》《战地新年》《一九四九年的第一炮》《打进陈官庄》《英勇奋战李康楼》《两人活捉二百多》《王寨战斗中的刘林森》《单臂爆破手王守保》《开路先锋孙景成》《高永泰火线光荣入党》。

第四集介绍的是人民热烈支援前线的故事：《送军鞋》《热爱伤员的许秀英》《新区人民和解放军》《李大爷智捉六散匪》《庄户孩子参军》《李保仁带路杀敌》《黄文喜得救》《女担架员李兰贞》《钢铁担架员朱正章》《郑信劝子参军》。

第五集介绍的是杜聿明匪部覆没的狼狈下场：《徐州蒋匪败逃的狼狈相》《围歼圈内》《受难的学生》《在杜聿明匪部覆没的战场上》《战犯杜聿明落网记》《邱匪清泉被我击毙》《陈元湘被俘记》。

（成雯吉）

目次

民主革命·新的勝利

— 23 —

— 22 —

责 任 者 〔美〕埃德加·斯诺 笔录，张尚志 编，余鲁 校

出版机构 三风书局

出版时间 1949 年 3 月

定 价 不详

1936 年，中国工农红军完成二万五千里长征，胜利到达陕北，中国共产党的影响日益扩大，国内外人士都十分渴望了解毛泽东和中国共产党；同时，为了打破国民党的舆论封锁，让更多的人正确认识中国共产党及其领导下的武装力量，中共中央把对毛泽东的研究、宣传提高到了党的政治工作的战略高度。1936 年夏，埃德加·斯诺在宋庆龄和中共地下工作者的帮助下，来到了当时中共中央和中国工农红军的总部——陕北保安县城，受到毛泽东多次接见，并进行了三个多月的广泛采访，将自己在苏区的所见所闻写成《红星照耀中国》（即《西行漫记》）一书。

中文单行本《毛泽东自传》的底本是《红星照耀中国》一书的第四篇《一个共产党员的由来》，以第一人称的形式，最早发表在美国杂志 *ASIA*（《亚细亚》）1937 年 7 月至 10 月号上，分四期连载，不仅记录了毛泽东从出生到长征时期的成长过程和革命活动，也记录了中国共产党和红军的发展史实，还记录了毛泽东对中国近代史上有关人物、事件的评判，记录了毛泽东关于中国共产党和红军政策的评论以及他对中国共产党必将取得胜利的决心和信心。

早在 1936 年，埃德加·斯诺就做出评价："毛泽东生平的历史是整整一代人的一个丰富的横断面，是要了解中国国内动向的原委的一个重要指南。"这本由埃德加·斯诺笔录的毛泽东一生中唯一的口述自传，提供了毛泽东、红军、中国共产党等多方面历史的第一手珍贵史料，是一部吸引和推动大批青年走上抗日之道，维护抗日民族统一战线的扛鼎之作。

（刘奕）

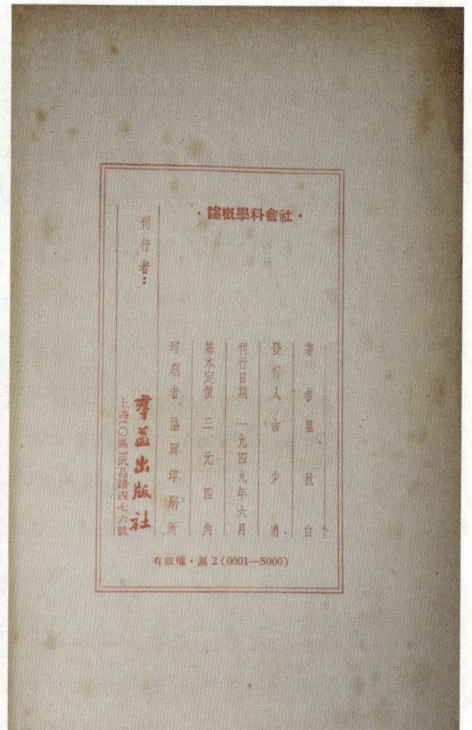

责 任 者 瞿秋白　著

出版机构　群益出版社

出版时间　1949 年 6 月再版

定　　价　三元四角

　　1923 年夏，瞿秋白经李大钊介绍到上海大学工作，担任教务长兼社会学系主任，主讲"社会科学概论"和"社会哲学"两门课程。1924 年暑假，上海学生联合会发起上海夏令讲学会，分请邵力子、瞿秋白、施存统、陈望道、恽代英、杨贤江诸人演讲。1924 年 10 月，瞿秋白在上海夏令讲学会上的演讲稿"社会科学概论"，由上海书店出版，全书二万余字，分为"总论""社会的意义""经济""政治""法学""道德""宗教""风俗""艺术""哲学""科学""社会现象之联系"，共十二章。

　　时人评价此书：第一，解释唯物史观，清晰异常，娓娓动听，看了这一本书，可以扫除许多关于唯物史观的误解。第二，对于弱小民族的国民革命运动与世界无产阶级的社会革命运动，都给予一种科学的解释，并且提示被压迫者一个有效的斗争武器。第三，对于社会、经济、政治、法律、道德、宗教、风俗、艺术、哲学、科学等现象，都给予一个正确的定义和解释，并且指明其相互之关系，使我们对于这些日常的现象能有一种科学的认识。因是书说理明显，文字通俗，满足青年需要，先后发行多种版本。

（袁家刚）

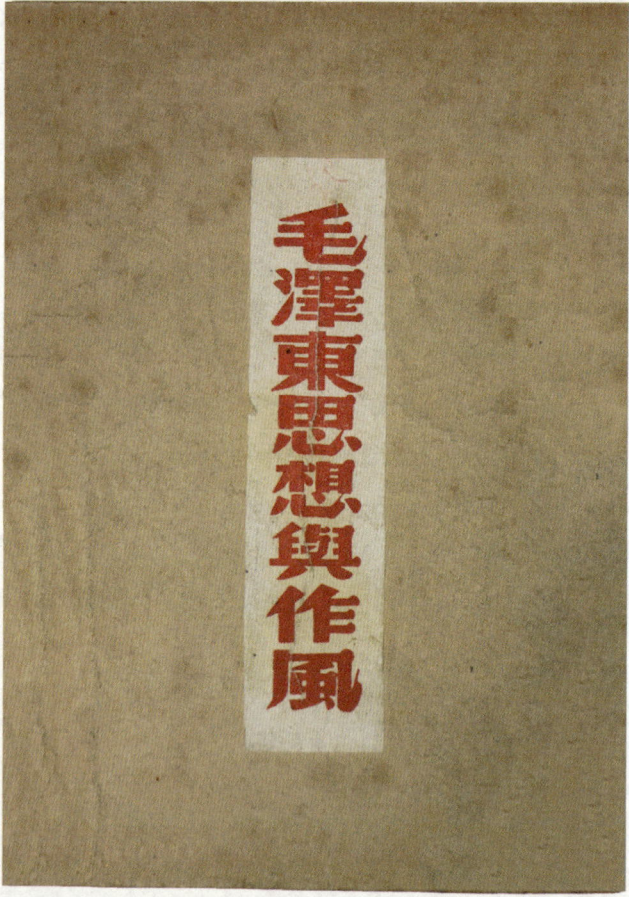

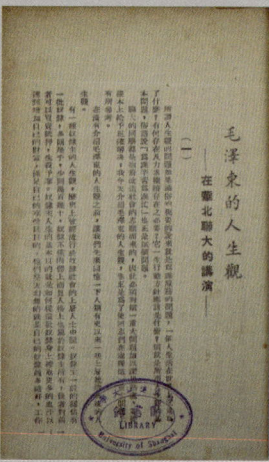

责 任 者 张如心 著

出版机构 苏南新华书店

出版时间 1949 年 6 月

定 价 不详

1946 年 8 月，张如心率延安大学和华北联大百余名教师、干部到达佳木斯，10 月任东北大学党委书记、副校长，主持学校工作。

到达佳木斯以后，应东北书店之邀，张如心出版了《毛泽东的思想及作风》一书，是将他 1946 年初在华北联合大学及张家口市青年讲座上的一系列演讲的底稿整理汇编而成的，分为毛泽东的人生观、毛泽东的科学方法、毛泽东的科学预见、毛泽东的作风四个专题并附华北联合大学的学习总结报告——《青年学习问题》。这本书在 1946 年 11 月正式出版后很受欢迎，1947、1948 年均有再版，印数都达到一万本。1949 年 6 月，苏南新华书店选取其中毛泽东的人生观、毛泽东的科学方法、毛泽东的科学预见、毛泽东的作风四个专题，删去附录《青年学习问题》及张如心的《写在前面的几句话》，命名为"毛泽东思想与作风"重新出版。

本书是论述毛泽东思想和理论的较早的专著，也是研究中国共产党党史、毛泽东思想，研究党的思想教育史的珍贵资料。

（刘海琴）

76.《解放歌集》第一集

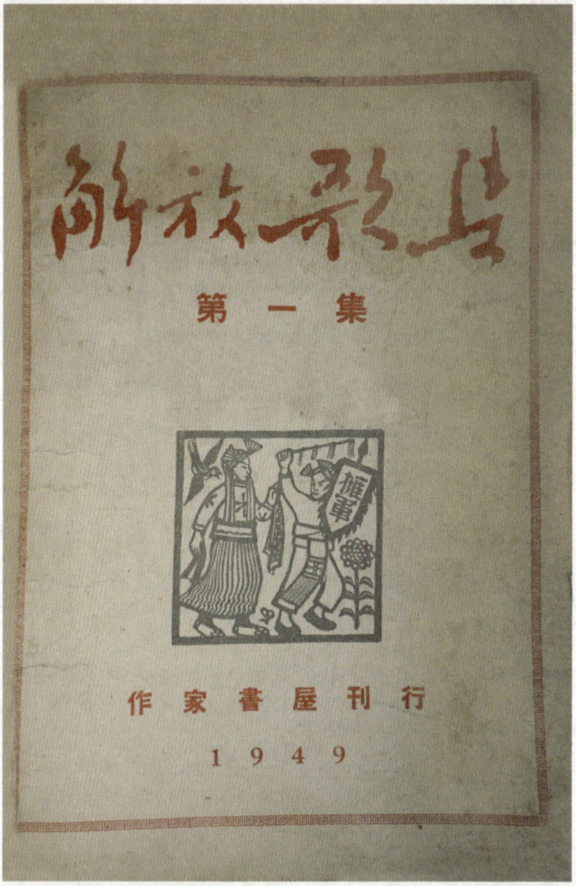

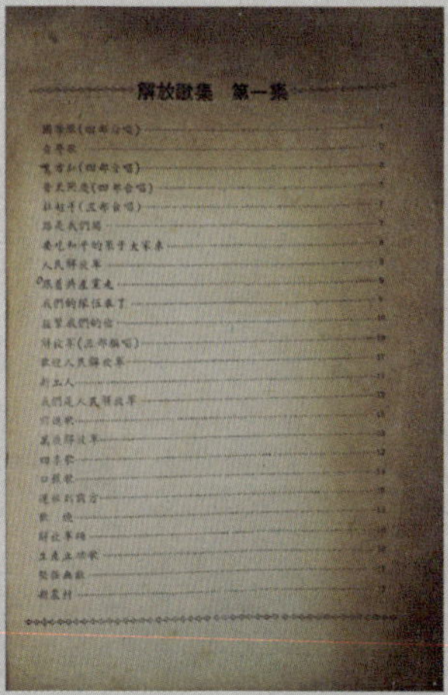

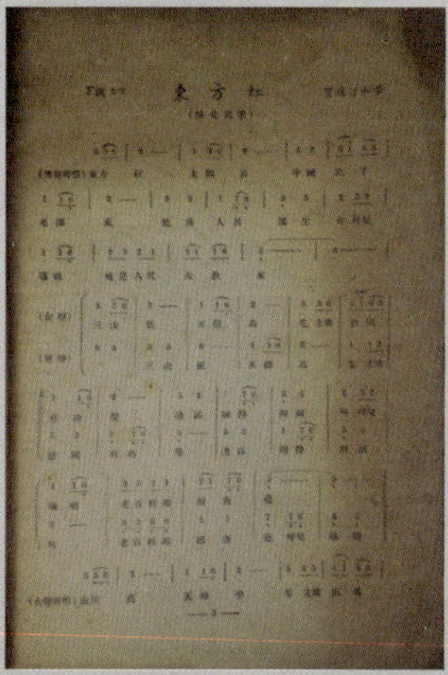

责 任 者　苏夏　著

出版机构　作家书屋

出版时间　1949 年 6 月

定　　价　八角

　　《解放歌集》第一集以拥军为主题，选辑了解放区中最流行、最受广大人民喜爱的40 支解放歌曲。歌曲通过不同的演唱形式和地域特色，共同唱响共产党好，生动体现了人民子弟兵与敌人英勇斗争、在解放后解放军受到中国人民热烈拥戴等各种场景。另附由育才学校集体创作的《兄妹劳军》秧歌剧一首。《解放歌集》第一集的出版为当时新中国大量从事音乐教育的人员及广大师生群体提供了宝贵的歌曲合集教材。歌集中收录的著名歌曲有《国际歌》《青年歌》《东方红》《路是我们开》《人民解放军》《跟着共产党走》《我们的队伍来了》《欢迎人民解放军》《前进歌》《生产立功歌》《新农村》《新民主主义青年歌》《新的中国已经来临》《解放军进了大上海》《新民主进行曲》《毛主席》《没有共产党就没有中国》《解放军进行曲》《我们工人有力量》《解放区的天》等耳熟能详的经典之作。

　　歌集中的《东方红》《新民主进行曲》是由中国著名音乐家贺绿汀所创作的。贺绿汀既是音乐教育家也是音乐活动家，他创作了许多体裁多样的作品，在中国有重大影响。他为中国的音乐教育事业做出了重大贡献。歌集中的《路是我们开》是由中国著名作曲家、钢琴家冼星海创作的。冼星海还创作了大量具有战斗性和感染力的群众歌曲。歌集中，还有相当一部分传唱度至今仍然很高的歌曲，听到旋律依旧朗朗上口。全书蔚为大观，所录歌曲宏伟壮阔，既是一本优秀的革命歌曲教本和合唱讲义，也不失为一部经典的学习重温和歌颂伟大人民解放战争的歌曲大全。

（成雯吉）

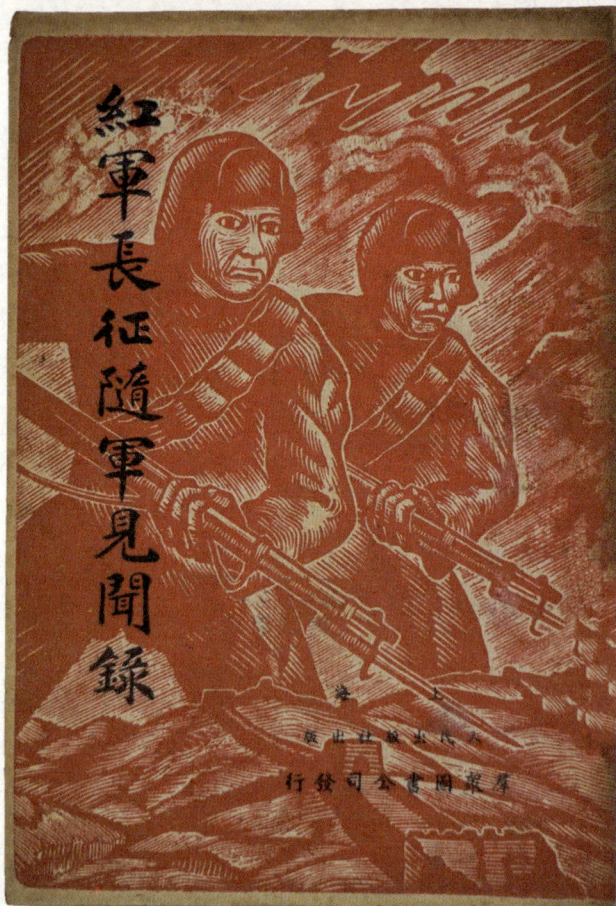

责 任 者 廉臣 著

出版机构 上海人民出版社

出版时间 1949 年 6 月

定 价 不详

本书其实是《随军西行见闻录》在国内出版发行的其中一个版本。廉臣实际上是陈云的笔名。1985 年 1 月，纪念遵义会议召开 50 周年时，《红旗》杂志首次公开说明"廉臣"为陈云的笔名，并以陈云本名发表《随军西行见闻录》。陈云（1905—1995），江苏青浦（今属上海）人。1934 年 10 月，陈云跟随中央红军从江西出发参加长征，于 1935 年 5 月 31日到达四川泸定。为了完成秘密任务，陈云于 1935 年 6 月离开长征队伍前往上海，后抵莫斯科向共产国际执委会书记处报告中国工农红军长征和遵义会议的情况。其间陈云整理其在上海时撰写的叙述长征的文稿，1936 年 3 月以《随军西行见闻录》为名发表在《全民月刊》，署名"廉臣"。这是最早宣传红军长征的文献，后以单行本的形式在莫斯科出版。

《红军长征随军见闻录》是 1949 年 6 月由上海人民出版社出版、群众图书公司发行的，在这之前已有不同书名的多个版本。第一次在国内出版是在 1937 年 4 月，王福时与郭达、李华春、李放等人主要编译美国记者埃德加·斯诺的作品，并由上海丁丑编译社出版《外国记者西北印象记》，《随军西行见闻录》是以附录形式被收录的。之后国内陆续出版发行《随军西行见闻录》的单行本和合集，其中有 1937 年 11 月由民生出版社出版的《从江西到四川行军记：八路军光荣的过去》（后同年 12 月，陕甘人民出版社也印行了这本书），1938 年 1 月由明月出版社出版的《从东南到西北：红军长征时代的真实史料》，1938 年 3 月由武汉生活书店、新知书店出版发行的《随军西征记》，1939 年 1 月由大文出版社出版的《长征两面写》。

《红军长征随军见闻录》的封面为守卫长城的两名持枪红军战士木刻套红版画。封面右下方印有"上海人民出版社出版 群众图书公司发行"。在扉页后、正文前，收录毛泽东所作红军长征诗一首——《七律·长征》。在正文后、版权页前，附有四首红军歌曲，分别为《入川歌》、《红军纪律歌》、《渡金沙江》和《三大纪律八项注意》。根据上海陈云故居暨青浦革命历史纪念馆收藏的《随军西行见闻录》手抄本上的注释，陈云是以一名被红军俘获的国民党军医的视角，生动、详细地刻画了红军真实形象，讲述了红军长征经历。

（朱莹）

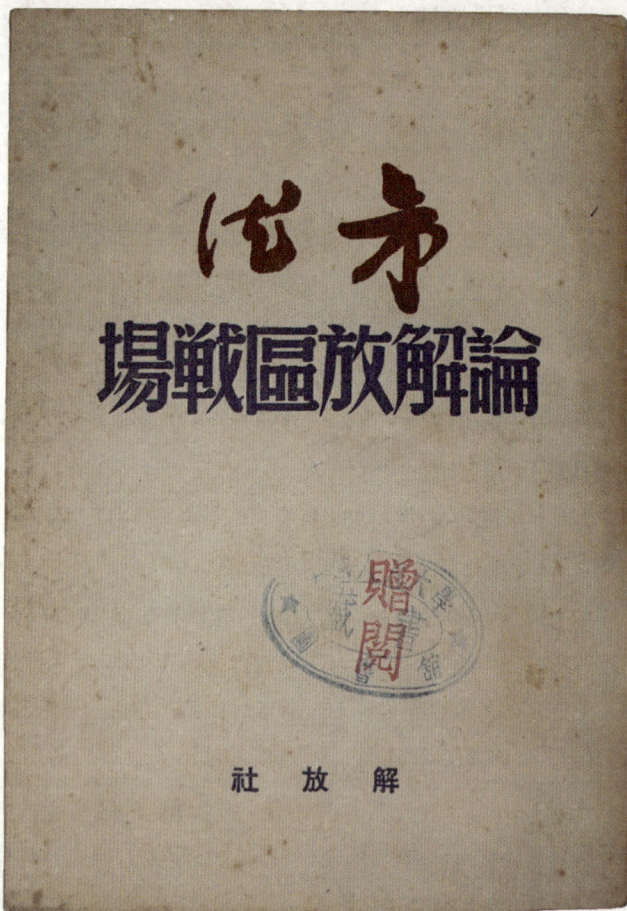

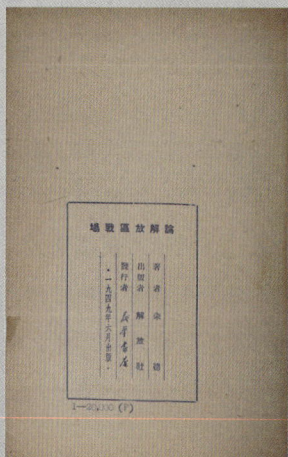

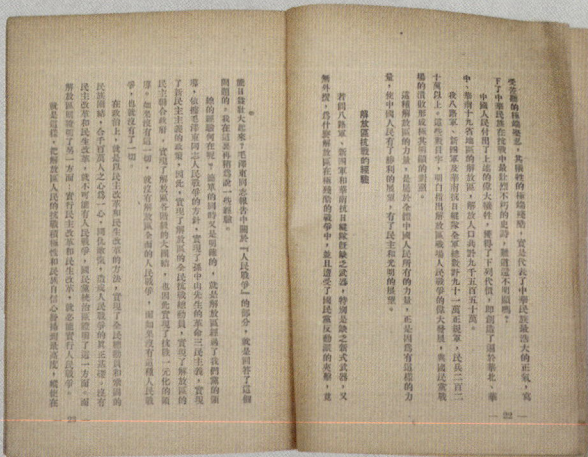

责 任 者 朱德 著

出版机构 解放社

出版时间 1949 年 6 月

定 价 二元四角

朱德（1886—1976），四川仪陇人。23 岁时前往云南陆军讲武堂，由此开始了他几十年的军事生涯。1922 年 11 月，在德国经周恩来、张申府介绍，经国内党组织批准加入了中国共产党。朱德先后参加过辛亥革命武装起义、反袁复辟战争、北洋军阀护法战争、南昌起义、抗日战争、解放战争等，可谓是戎马一生。朱德在他长期的革命战争中累积了丰富的军事实战经验，在军事理论上也能结合党的政治方针加以理性的思考和总结。1928 年 4 月，和毛泽东在井冈山会师后根据当时的作战需要，共同概括出"敌进我退，敌驻我扰，敌疲我打，敌退我追"十六字诀的游击作战原则。中华人民共和国成立后，朱德担任中央人民政府副主席、中国人民解放军总司令。1955 年，朱德被授予中华人民共和国元帅军衔。

上海社会科学院图书馆馆藏的《论解放区战场》为 1949 年延安解放社的再版。此版的封面设计与以往的众多版本有很大不同，没有使用著者的照片，而是选用了朱德同志的签名字体。《论解放区战场》是 1945 年 4 月 25 日朱德在中国共产党第七次全国代表大会上发表的报告讲话，介绍了抗战时期解放区战场的基本情况、共产党的抗战军事路线，并提出今后的军事任务。《论解放区战场》随后被新华书店、解放社、晋察冀日报社等多家机构出版。《论解放区战场》主要分为抗战八年、论解放区战场、中国人民抗战的军事路线、今后的军事任务、结束语五个部分。朱德在报告中指出"离开政治，单纯地就军事论军事，显然是不正确的"这明确表明了军事方针要遵循正确的政治方针，必须要依据毛泽东同志的这个政治报告的精神及其方针才是可行的。朱德还总结了在抗日战争的三个阶段（防御阶段、相持阶段、反攻阶段）中各个部队的作战情况，强调了"解放区战场"在抗日战争中的重要地位，是抗日的重心。

《论解放区战场》报告中多次提到毛泽东，始终贯彻毛泽东军事思想，总结提出了"人民战争"的概念。朱德指出："没有民主改革和民生改革，就不可能有人民战争，国民党统治区证明了这一方面。而解放区则证明了另一方面：实行民主改革和民生改革，就必能实行人民战争。"强调了依靠群众力量的重要性，明确了日后人民的军队、人民的战争和人民战争的战略战术的军事路线。

（杨士奇）

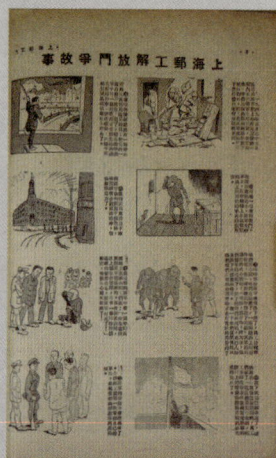

责 任 者 《上海邮工》编辑委员会

出版机构 上海邮务工会筹备委员会文教科

出版时间 1949 年 7 月 7 日

定　　价 非卖品

　　《上海邮工》月刊（创刊号封面印"半月刊"），于 1949 年 7 月 7 日创刊，由上海邮务工会筹备委员会文教科发行，后实际每月 1 号发行，共出版 4 期后停刊。

　　该刊主要介绍上海解放初期党在邮务工作方面的方针政策，并反映广大邮务工人迎接解放，争做企业主人翁的精神。设有"社论""工人世界""支局通讯""邮政要闻""各地通讯""学习通讯"等栏目。该刊还刊载了邮务工会的组织章程、工作报告、工作指示和成员名单等，有《上海邮政工会章程》《筹备工作报告》《中华全国邮政工会筹备委员会常务筹备委员名单》《上海总工会关于正式成立工会进行选举运动的指示》等。

　　《上海邮工》创刊号"工人世界"栏目主要发表关于上海总工会成立和世界工联大会的介绍及反映工人在工会成立后生产热情空前高涨的文章，载文《上海总工会筹委会成立》《全总将开工作会议各地职工会先后成立，工人生产情绪提高》和《世界工联大会开幕我代表团抵捷克》等。其中《上海总工会筹委会成立》一文不但阐述了上海解放过程中，上海工人自发开展护厂运动的情况，对于工人们在保护机器、物资、工厂及组织人民保安队协助人民解放军等方面所发挥的作用给予了高度的肯定，而且还介绍了上海总工会成立的盛况及其组织情况。"支局通讯"和"各地通讯"栏目主要刊载上海本地邮政支局和外地邮局的概况和新闻，载有《十一局在新生中》《民主堡垒的十八局》《光荣的十九局》《五局活跃起来了》《十三局的新气象》等。

　　该刊较为详细地记载了上海解放初期其邮务工作及其组织创立和发展的概况，对于考察这一时期的上海邮政运行和发展状况以及当时邮工的生存状态具有重要参考意义。

（高明）

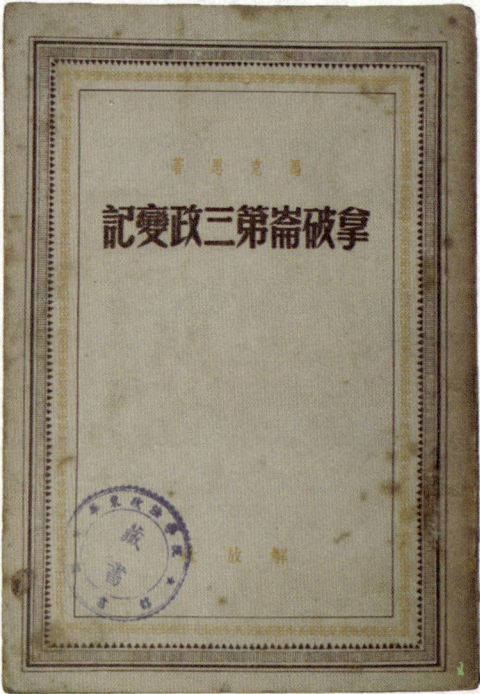
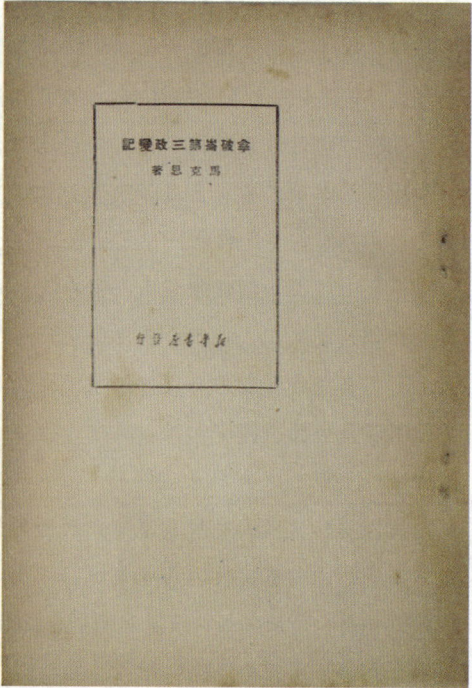

责 任 者 ［德］马克思 著，柯柏年 译

出版机构 解放社

发行机构 新华书店

出版时间 1949 年 7 月

定　　价 不详

柯柏年，即李春蕃。我国著名的翻译家、外交家。1924 年加入中国共产党。他精通多国语言，翻译了大量马克思主义经典著作，推动了马克思主义在中国的传播。他一生始终坚守马克思主义信仰，他的名字就生动地说明了这一点："柯柏年"三个字的汉语拼音首字母中"k"代表卡尔·马克思，"b"代表恩格斯（恩格斯的早期笔名为费雷德里克·班德尔），"n"代表列宁。

1852 年，马克思出版《路易·波拿巴的雾月十八日》，该书系作者在波拿巴第二雾月政变后所写相关七篇文章的集合，评析了 1848 年 2 月"二月事变"至 1852 年 2 月期间所发生的事。马克思用"雾月十八日"这一表述，是由于拿破仑（第一）在法国共和历雾月十八日这一天（即公历 1799 年 11 月 9 日）发动政变，改共和为帝制，实行军事独裁。1851 年 12 月 2 日，路易·波拿巴仿效他的伯父拿破仑（第一）发动政变，因而马克思借用"雾月十八日"作为"政变"的代名词，含有讽刺路易·波拿巴的意思。该书于 1869 年出第 2 版，马克思为第 2 版写了一篇"序文"。1883 年出德文第 3 版，恩格斯为之作序，将马克思的这部著作誉为"天才的著作"，并称"这篇叙述，对于自二月事变以来的法国历史的全部经过，以其内在相互的联系来说明，把十二月二日的奇迹，解释成为这种相互联系的自然的、必然的结果，而在这样解释时，对于政变的主人翁，除了以应有的轻蔑去对付他之外，用不着以其他的态度去对付他"。

20 世纪 30 年代，为了便于读者理解，中译本被定为《拿破仑第三政变记》。1940 年，柯柏年翻译了马克思的《拿破仑第三政变记》。1942 年，在党中央的统一组织下，按照马列学院编译部的要求，柯柏年第二次重新完整翻译了马克思的《法兰西阶级斗争》并出版。对于《拿破仑第三政变记》和《法兰西阶级斗争》，柯柏年认为"马克思正是在这两本书里应用他的唯物史观剖析了他所处时代的重大事件。如果我们要学习马克思的理论，学习他如何应用理论，那就必须仔细钻研这两本书"。《拿破仑第三政变记》中，马克思运用阶级分析理论，从唯物史观切入，阐述了当时法国的社会结构和阶级斗争状况，评述了路易·波拿巴政变的原因、过程和结局，分析了资产阶级国家的本质，阐明了马

克思主义国家学说，提出了无产阶级革命必须摧毁旧的国家机器的思想。全书包括序文两篇以及正文七篇。附录是一八四八至一八五二年法国大事记年表。每章开头译者加了内容提要，附注释。

（蒋洁）

责 任 者 李大钊 著

出版机构 上海北新书局

出版时间 1949 年 7 月新一版

定　　价 一元五角

李大钊（1889—1927），原名耆年，字寿昌，后改名大钊，字守常，河北乐亭人。1913 年毕业于天津北洋法政专门学校，同年冬赴日本留学，入早稻田大学政治本科学习。1916 年 5 月回国，任北京《晨钟报》编辑部主任、《甲寅》日刊编辑，投身新文化运动，并撰写文章宣传马克思主义。1918 年起任北京大学图书馆主任，并参加《新青年》编辑部工作。1920 年发起成立北京共产主义小组，是中国共产党的创始人之一。1927 年 4 月 6 日被奉系军阀逮捕，28 日在北京英勇就义。

《守常文集》是李大钊部分文稿和讲稿的汇编，共 30 篇，是在李大钊之侄李乐光搜集整理的四卷本遗稿基础上选编而成的。初编于 1933 年，并请鲁迅作序，交由上海群众图书公司出版，题名"守常文集"，但终未能出版。1939 年 4 月，北新书局将其改名为"守常全集"，以"社会科学研究社"名义出版，但当即被租界当局没收。直至上海解放后，1949 年 7 月北新书局据 1939 年的《守常全集》原纸型重印，并恢复了"守常文集"的名称，故称"新一版"，上海社会科学院图书馆所藏本即为此版。该书分上下两卷，卷上 12 篇，卷下 18 篇，分卷标注序号，正文每篇均于篇末标注出处，但篇题不加序号，也不见卷上卷下字样，仅卷上最末一篇《中山主义的国民革命与世界革命》后有一页空白。总计 1918 年二篇、1919 年三篇、1920 年七篇，1921 年一篇、1922 年三篇、1923 年七篇、1926 年三篇、无日期者四篇，内容涉及经济学、政治学、法学、社会学、历史学、文字学等诸多领域。鲁迅 1933 年 5 月 29 日夜写的序附前，称"他的遗文却将永在，因为这是先驱者的遗产，革命史上的丰碑"。

1939 年版《守常全集》及同纸型的"新一版"《守常文集》，是最早的李大钊遗文出版物，保存了李大钊若干遗文，是以后李大钊著作出版的重要参考底本。1959 年 5 月人民出版社第一版《李大钊选集》抄录了其中的《原人社会于文字书契上之唯物的反映》《中山主义的国民革命与世界革命》《鲁豫陕等省的红枪会》等三篇文章，直到该书 1978 年 5 月第二次印刷时，前两篇仍出自《守常文集》。2013 年人民出版社《李大钊全集》出版时，《中国古代经济思想之特点》与《原人社会于文字书契上之唯物的反映》两篇仍然"依据北新书局 1949 年出版的《守常文集》作了校勘"。

（刘海琴）

82. 《法兰西内战》

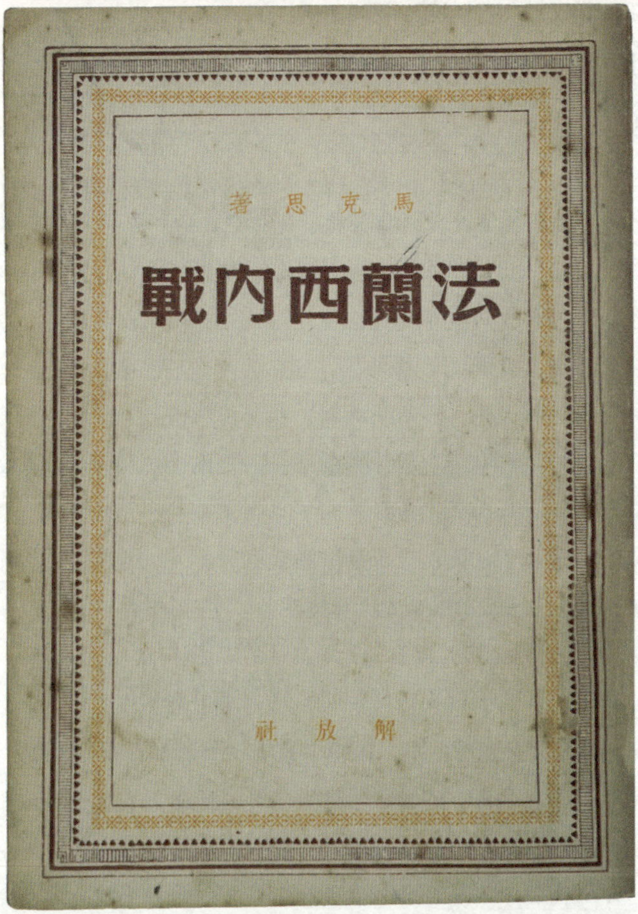

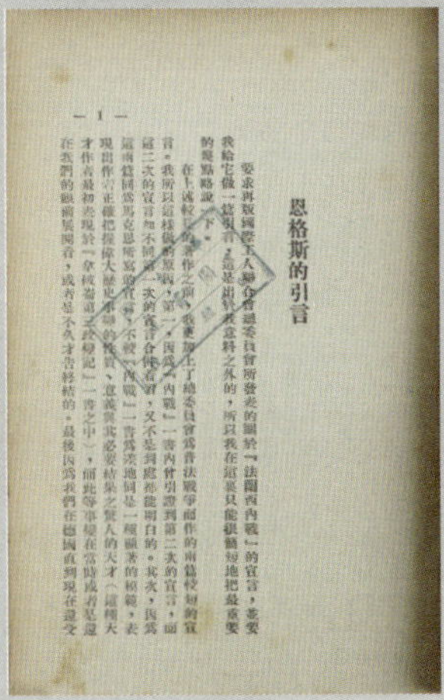

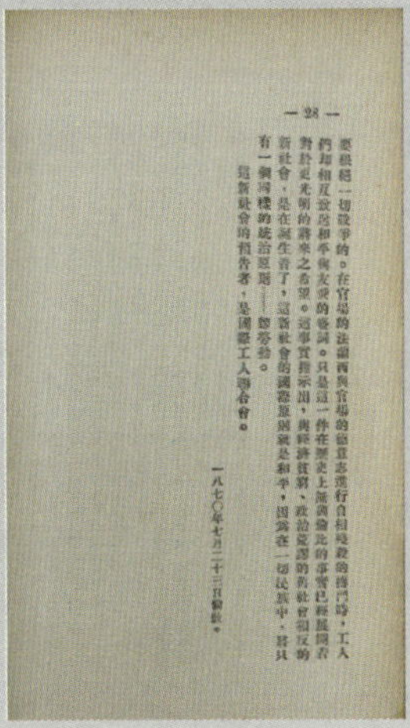

责 任 者　[德]马克思　著，吴黎平、刘云　译

出版机构　解放社

出版时间　1949 年 7 月

定　　价　不详

　　《法兰西内战》是马克思生前传播最快、流传最广的一部作品。写作于 1871 年四五月间，当时法国巴黎公社运动尚在进行中。正如恩格斯所言：这部著作突出显示了马克思"惊人的才能，即在伟大历史事变还在我们眼前展开或刚刚终结时，就能准确地把握住这些事变的性质、意义及其必然结果"。马克思阐述了巴黎公社的经过，概括总结了巴黎公社的实践经验、伟大意义和历史教训，并深刻指出巴黎公社"实质上是工人阶级的政府，是生产者阶级同占有者阶级斗争的结果，是终于发现的、可以使劳动在经济上获得解放的政治形式"，认为无产阶级未来要取得革命胜利，就必须掌握武器——"这次革命的新特点，是教会了法国无产阶级掌握武器"。《法兰西内战》充分体现了马克思鲜明的无产阶级立场和彻底的唯物主义历史观。

　　吴黎平（即吴亮平）、刘云（即张闻天）翻译的《法兰西内战》是第一个中文全译本，是中国共产党在延安时期组织编译的一批马克思列宁主义著作之一。该译本之后被多次重印。本馆所藏据考证为第九种译本，1949 年 7 月由解放社出版，上海新华书店发行。

　　本书共分六个部分，分别为"恩格斯的引言""国际工人联合会总委员会为普法战争告欧美各分会全体委员第一书""国际工人联合会总委员会为普法战争告欧美各分会全体委员第二书""国际工人联合会总委员会为法兰西内战告欧美各分会全体委员书""马克思致顾格曼论巴黎公社的信""列宁在《马克思致顾格曼书信集》俄文版序文中论巴黎公社"。

（崔新梅）

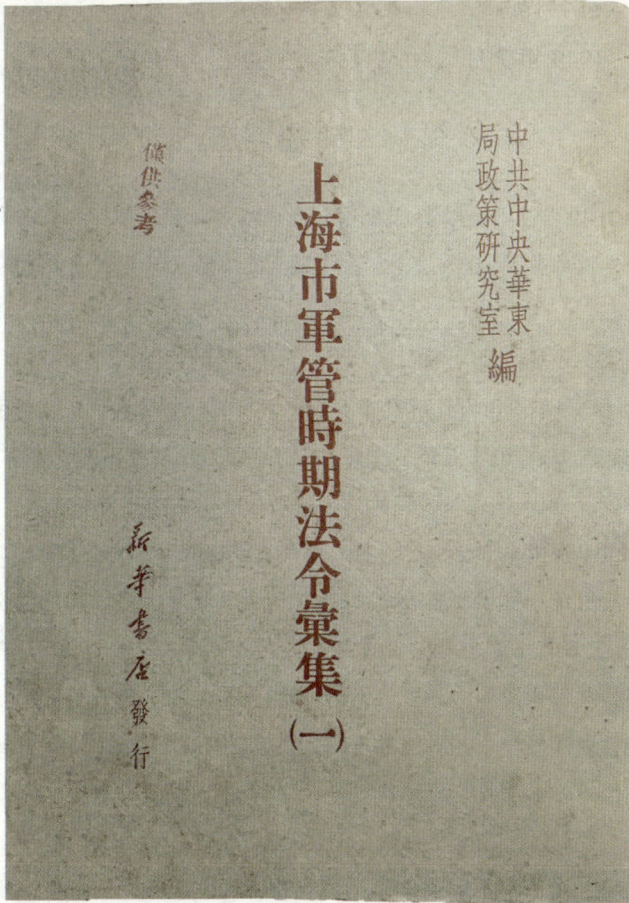

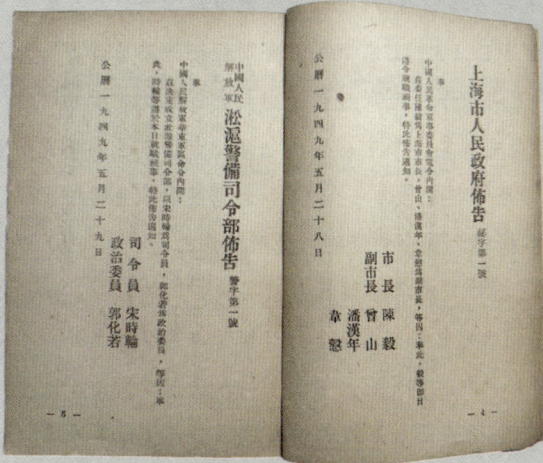

责 任 者　中共中央华东局政策研究室　编

出版机构　新华书店

出版时间　1949 年 7 月

定　　价　无

　　这本发行于 1949 年 7 月的资料汇集了上海自解放以来 2 个月内，上海市军管会发布的涉及社会各个方面的共计 80 条法令。书中既无前言亦无后记，是具有珍贵史料价值的资料汇集。

　　书中收录的法令如下：

　　1．就职布告：（1）中国人民解放军上海市军事管制委员会主任、副主任就职布告；（2）上海市人民政府市长、副市长就职布告；（3）中国人民解放军淞沪警备司令部司令员、政治委员就职布告；（4）上海市人民政府公安局局长、副局长就职布告。

　　2．金融：（1）上海市军管会关于使用人民币及限期禁用伪金圆券的规定布告；（2）上海市军管会关于使用统一货币的布告；（3）中国人民银行上海分行关于收兑伪金圆券办法的公告；（4）上海市军管会严禁伪造解放区各种货币的布告；（5）中国人民银行上海分行关于限期收兑伪金圆券的公告；（6）中国人民解放军华东军区司令部公布施行华东区金银管理暂行办法的命令，附：华东区金银管理暂行办法；（7）中国人民银行华东区行关于指定中国银行办理收兑银元的通告；（8）中国银行总管理处储蓄部折实储蓄存款暂行章程。

　　3．贸易：（1）上海市军管会关于上海市外各机关、部队、公营工厂、公司及县以上合作社大批采购运销须委托代理部统一办理的通告；（2）上海市军管会财经接管委员会贸易处代理部关于代办购销事宜的启事；（3）上海市军管会财经接管委员会贸易处关于清理公私进出口货物的通告；（4）上海市军管会财经接管委员会贸易处关于收购各厂部分成品办理订货的通告；（5）中国人民解放军华东军区司令部公布华东区国外贸易管理暂行办法的命令，附：华东区国外贸易管理暂行办法；（6）上海市军管会财经接管委员会航运处关于招商局股份有限公司各栈埠之栈存物资临时处理办法的通告；（7）中国人民解放军华东军区司令部公布华东区国外贸易管理暂行办法实施细则的命令，附：华东区国外贸易管理暂行办法实施细则；（8）上海市军管会财经接管委员会贸易处关于停止办理收购各厂部分成品的通告；（9）华东区国外贸易管理局关于进出口贸易厂商登记办法的通告；（10）华东区国外贸易管理局关于展期报关进口的通告；（11）中国植物油料厂上海办事处重点配售食油的公告。

4．外汇：（1）中国人民解放军华东军区司令部公布华东区外汇管理暂行办法的命令，附：华东区外汇管理暂行办法；（2）中国人民银行华东区行关于中外银行可申请代理买卖外汇的通告；（3）上海市军管会关于重申严禁外币在市场计价流通的布告，附：中国银行上海外汇交易所规程；（4）华东区外汇管理办法施行细则。

5．税务：（1）上海市军管会关于继续征收各项国税市税的布告；（2）上海市军管会财经接管委员会财政处关于征收盐税的通告；（3）上海市人民政府财政局关于调整屠宰税税额的公告；（4）中国人民解放军华东军区司令部公布华东区进出口货物稽征暂行办法的命令，附：华东区进出口货物稽征暂行办法；（5）上海市军管会财经接管委员会贸易处关于国外输入棉花暂行免征进口税的通告；（6）上海市直接税局关于上海市印花税稽征暂行办法及稽征印花税税率表的公告，附：印花税稽征暂行办法、印花税税率表、贴用印花税票须知；（7）上海市货物税局关于各厂驻征人员不得接受厂方任何馈赠及额外待遇的公告；（8）上海市直接税局关于发售改制印花税票的通告；（9）上海市直接税局关于各公司严防有人假借名义调阅账册的通告；（10）上海市直接税局关于暂停征课营利事业所得税的公告。

6．文教出版：（1）上海市军管会关于上海市报纸杂志通讯社登记暂行办法；（2）上海市军管会关于出版与照片的几个规定；（3）上海市军管会文化教育管理委员会关于公私学校复课、造具清册等事项的通告；（4）上海市军管会文化教育管理委员会关于不准擅自发行毛主席著作及中央各种政策文件等事项的通告；（5）上海市军管会文化教育管理委员会市政教育处关于发放各公立学校教职员工预借生活费的通告；（6）上海市军管会文化教育管理委员会高等教育处关于发放各国立学术机关专科以上学校各级工作人员预借生活费的通告；（7）上海市军管会文化教育管理委员会高等教育处市政教育处关于呈报应届毕业生名册成绩的联合通告；（8）上海市军管会文化教育管理委员会高等教育处市政教育处关于中等以上学校延期考试的联合通告；（9）中国人民解放军华东军政大学上海招生委员会关于招生的通告及简章。

7．电台：（1）上海市军管会颁布无线电台登记及管制暂行条例的布告，附：无线电台登记及管制暂行条例；（2）上海市军管会关于上海市私营广播电台暂行管制条例。

8．专门人才登记：（1）中国人民解放军华东区海军司令部政治部关于登记国民党海军人员的通告；（2）上海市军管会空军部关于登记国民党空军人员的通告；（3）中国人民解放军华东区海军司令部登记国民党海军人员办事处关于登记办法的通告；（4）上海市军管会军事接管委员会后勤部接管第四处关于登记医师、护士等的通告；（5）上海市军管会军事接管委员会空军部续行登记航空技术人员的通告。

9. 交通管理：（1）上海市军管会财政经济接管委员会航运处关于战时船舶管理暂行办法的通告，附：战时船舶管理暂行办法；（2）上海市军管会财政经济接管委员会航运处关于登记具有打捞沉没船只经验及修理器具之公私厂商的通告；（3）上海市军管会财政经济接管委员会公用事业处关于登记车主要求发还被匪军征用车辆的通告；（4）上海市人民政府公安局关于上海市交通管理暂行规则的布告，附：上海市交通管理暂行规则；（5）上海市军管会财政经济接管委员会公用事业处关于发还被匪军征用车辆的通告；（6）上海市军管会关于订定军管时期民营长途汽车管理暂行办法的布告，附：上海市军管会民营长途汽车管理暂行办法；（7）上海市军管会财政经济接管委员会贸易处航运处关于对外籍轮船进出管理暂行办法的联合通告，附：对外籍轮船进出管理暂行办法。

10. 卫生：（1）上海市军管会关于掩埋蒋匪军尸体清除粪便垃圾的布告；（2）上海市人民政府卫生局发布夏令防疫守则。

11. 治安：（1）上海市军管会关于解散国民党、三青团、青年党、民社党的布告；（2）上海市军管会关于解散蒋匪党政系统中的一切特务组织的布告；（3）上海市人民政府公安局关于市民不得擅自迁移住地的布告；（4）上海市人民政府公安局关于制止及清除沿街搭棚设摊的通告；（5）中国人民解放军华东军区淞沪警备司令部政治部关于集中与处理蒋匪溃散官兵的布告；（6）上海市军管会关于颁布"收缴非法武器电台"办法的布告；（7）上海市人民政府公安局关于义务警察驻卫警察枪支及私人自卫枪支处理办法的布告；（8）上海市人民政府公安局登记国民党匪军退役之在乡军人的通告；（9）上海市人民政府公安局关于管理摊贩的布告，附：管理摊贩暂行规则。

12. 房地产：（1）上海市军管会关于没收国民党各机关及战争罪犯房地产的布告；（2）上海市军管会关于上海市房地产管理暂行条例的布告，附：房地产管理暂行条例；（3）上海市人民政府关于上海市一九四九年五、六两月征收房捐征收暂行办法。

13. 其他：（1）上海市军管会财政经济接管委员会工务处关于恢复一切道路、沟渠、建筑工程几个规定的通告；（2）上海市军管会关于清查与没收隐匿的官僚资本与战犯财产的布告；（3）上海市军管会关于敌伪存粮申报登记办法的布告；（4）上海市军管会财政经济接管委员会工务处关于一切营建工程务必办理领照手续的通告。

（宋京）

大衆知識叢書之一

大衆革命知識

艾寒松著

上海華夏書店印行

责 任 者 艾寒松 著

出版机构 上海华夏书店

出版时间 1949 年 7 月

定　价 不详

备　注 大众知识丛书之一

　　艾寒松（1905—1975），江西高安人，又名艾逸尘，笔名寒松等。1930 年毕业于上海复旦大学。他发表在《生活》周刊上的第一篇文章是《青年烦闷之由来》，以后就陆续在这本刊物上刊出不少对青年进步有益的文稿，为此受到《生活》主编邹韬奋的器重。后就被邀请参加了《生活》的编辑工作，成为邹韬奋的助手。艾寒松也是生活书店创办人之一。1933 年邹韬奋被迫出国，《生活》编务由艾寒松负责。1935 年 9 月艾寒松因处境危险，在上海无法存身，也被迫出国，先到了法国巴黎，后来又去苏联莫斯科参加中国共产党在国外出版的中文《救国时报》的编辑工作。在 1938 年 2 月回到武汉，与战友重逢感到格外亲切，担任了生活书店总务部主任。生活书店总管理处由武汉迁至重庆。艾寒松改任生活书店编审委员会委员兼秘书，负责编辑部日常工作。1939 年 9 月，因为上海的编辑出版工作非常重要，艾寒松被调到上海主持相关工作。他在上海组织书稿，参加编辑《集纳》杂志，团结了不少文化界人士，积极从事党的统战工作，并担任中共地下党的文委委员。1942 年春天，艾寒松奉组织的命令去了苏北解放区。1945 年底组织再次将他调到上海工作，在上海徐家汇岳父家里，艾寒松建立了党的地下秘密联络点。三年后，敌人知道艾寒松一直在上海，为了安全起见，组织让艾寒松全家撤离。他们先坐船到天津，再通过层层封锁线到达了河北平山县党中央所在地，得到了周恩来等中央领导同志的热烈欢迎。

　　《大众革命知识》一共有四个章节，分别是革命的意义、历史上的各种革命、怎样进行革命、现代革命问题；本书的每一章节中还细分了好几个小节，作者把革命相关的知识非常全面完整地进行了解释，是一本值得认真学习研究的读物。

（成雯吉）

178

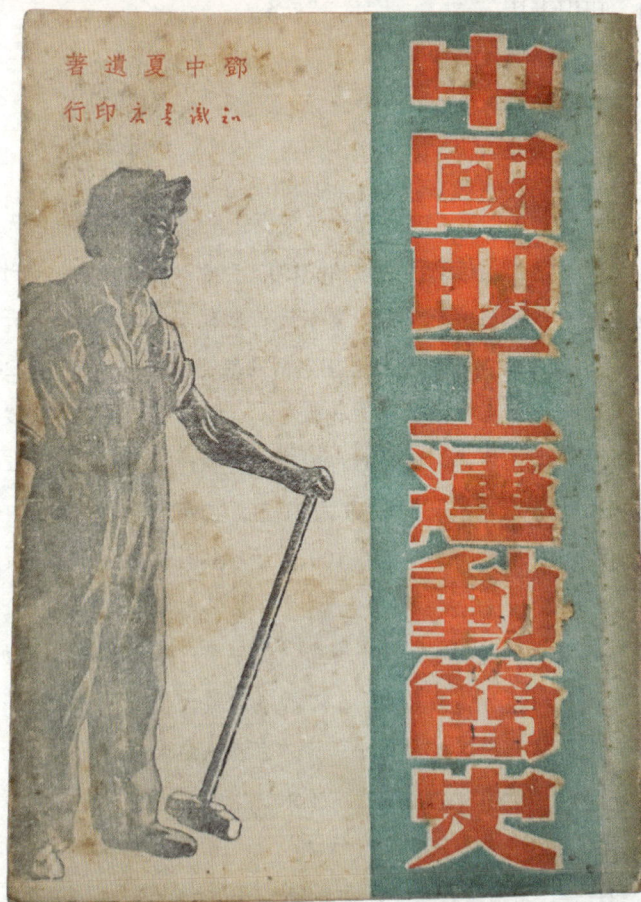

责 任 者 邓中夏 著

出版机构 知识书店

出版时间 1949 年 7 月

定 价 不详

邓中夏（1894—1933），原名邓隆渤，字仲澥，湖南宜章人。中国无产阶级政治活动家、革命理论家，中国工人运动杰出领袖。1917 年考入北京大学，当时正在北大任教的李大钊、陈独秀的进步思想给予了邓中夏很大的教育与启发，邓中夏开始对马克思主义进行全面系统的学习与研究，成为一名坚定的马克思主义信奉者。1920 年 10 月，邓中夏协助李大钊发起成立北京中国共产党早期组织。1922 年 5 月，邓中夏任中国劳动组合书记部主任；此后，他领导了一系列对中国革命进程产生重要影响的工人斗争。1933 年 5 月邓中夏在上海被国民党当局逮捕；9 月 21 日，在南京雨花台就义，献出了年仅 39 岁的宝贵生命。2009 年，邓中夏被评为"100 位为新中国成立做出突出贡献的英雄模范人物"。

《中国职工运动简史》一共有十三个章节，分别是"原始的职工运动"、"职工运动黎明期"、"中国第一次罢工的高潮"、"香港海员大罢工"、"第一次全国劳动大会及劳动立法运动"、"开采五矿大罢工"、"京汉铁路大罢工——二七惨案"、"职工运动消沉期"、"职工运动复兴期"、"上海日本纱厂大罢工"、"第二次全国劳动大会，中华全国总工会的成立"、"五卅运动"及"省港大罢工"。本书最早总结中国职工运动的经验和规律，对后世产生了深远影响。

（成雯吉）

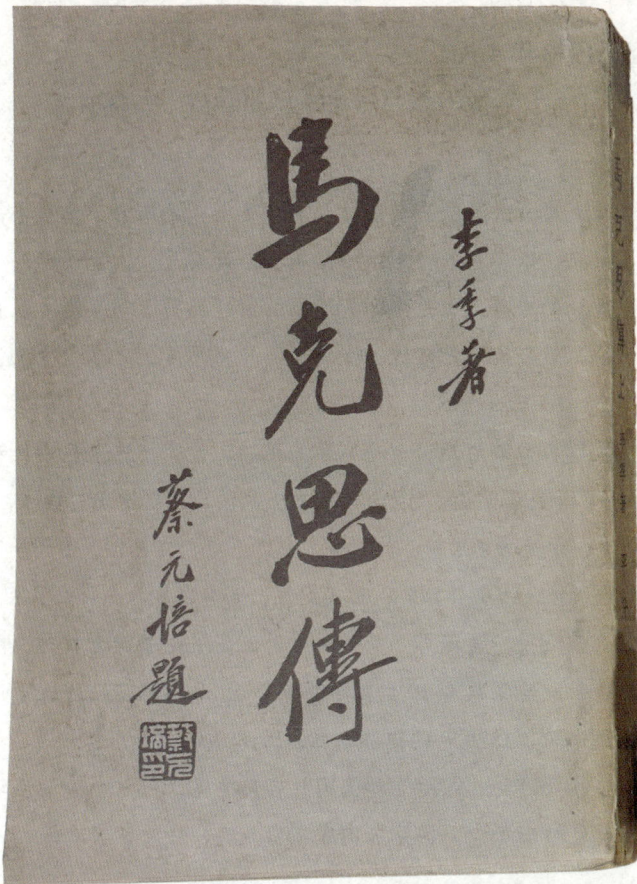

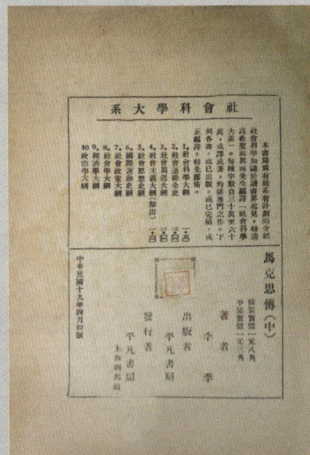

责任者 李季 著

出版机构 平凡书局

出版时间 1930 年 4 月

定　　价 上册：一元六角；中册：一元三角；下册不详

　　本书初名《马克思——其生平其著作及其学说》，是作者李季留学德国期间，搜集大量德文、英文材料，以多年的精力用心结构、辛勤撰写、反复修订的一部论述马克思生平事业与学说理论的专著，也是中国人编撰的第一部关于马克思之人物传记。作者原拟分为上、下两编，后经出版社建议，上编用《马克思传》之名，分上、中、下三册陆续出版。

　　本书出版于大革命失败后期，书前有蔡元培序，云："现今各国反对共产党、敌视苏俄者甚多，而对于马克思学说，则无不有译本。我国马克思学说之译本，亦渐渐出版矣；应论世知人之需要，于是马克思传亦为当务之急。李季前在德国，专研马克思，所草《马克思传》，汇前人所作，而辨其异同，正其讹舛，庶有以见马克思之真相。"

　　李季在上海大学教授"马克思主义"课程时，即用此书作为教材，内容除马克思本人生平事业外，连带叙述了欧洲 19 世纪下半期以至 20 世纪初期的战争史与革命史，如 1848 年欧洲各国的革命、1870 年的德法战争、1918 年的德意志革命等。此外，本书还论及了党派历史，包括共产党、国际党和德国社会民主党，以及个人的活动与学说，包括恩格斯、拉塞尔、巴枯宁等人。因此书内容丰富充实，极受读者欢迎，先后有多种版本行世。

　　1929 年 12 月上海平凡书局出版《马克思传》上册，1930 年 4 月出版《马克思传》中册，封面由蔡元培题签。1932 年此书版权转归神州国光社，陆续出版神州国光社版之《马克思传》上、中、下三册，此后多次重印，并改换封面。

（袁家刚）

中国人民文艺丛书

地覆天翻记

王希坚著

新华书店发行

责 任 者 王希坚 著

出版机构 新华书店

出版时间 1949 年 8 月

定　　价 5.50 元

备　　注 中国人民文艺丛书

王希坚（1918—1995），又名王熹坚，山东省诸城人。1937 年加入中国共产党，后转东北军任地下党工委干事会干事，编辑《火线下》小报，写过一些诗歌、快板、杂耍剧等宣传品。1941 年到 1943 年任独立旅宣传科科长。1943 年到山东分局群委会工作，1945 年当选为山东省农会委员、山东省农会宣传部部长，主编《山东群众》《群众文化》等刊物，并根据耳闻目睹的党领导下根据地百姓生活的变化，写出了《翻身道理》《翻身民歌》《万事不求神》等通俗读物。某次到鲁南执行任务时，碰到了敌人的连续封锁无法前行，在被困的山区小驿站里，完成了他的首部长篇小说《地覆天翻记》，时年 1946 年，次年由山东新华书店总店出版。

这部小说以鲁南新开辟的革命根据地莲花汪为背景，围绕减租减息、建立农村基层政权、武装反扫荡等重大事件，展示了广大贫苦农民在斗争中逐渐觉醒、提高和成长的过程。采用章回体形式，共 22 回，从"小放牛初进万缘堂　老毛头叙述大门口"到"反'蚕食'英雄擒恶霸　真晴天大会祭烈士"。无论是回目的对子，还是每一回用"欲知后事如何？且看（听）下回分解"结尾，下一回用"话说""书接上回，且说""书接上回""上回说到""上回书说""且说"起首的套数，以及带有浓郁地方色彩的方言如"扎活""一满"等，都是当时农民所喜闻乐见的，很适合群众口味，贴近群众生活。《地覆天翻记》作为我国第一部反映抗战时期革命政权下农村经济关系发生大变革的长篇小说，是被誉为"山东赵树理"的王希坚的重要代表作，值得关注。

上海社会科学院图书馆馆藏《地覆天翻记》为 1949 年新华书店出版的"中国人民文艺丛书"本。该丛书是为了展示毛泽东《在延安文艺座谈会上的讲话》发表以来解放区取得的文艺创作实绩，在全国范围内推广解放区文艺，传播新思想、新生活。1948 年春夏之交，在时任华北局宣传部部长周扬的领导下，由柯仲平、陈涌负责具体收集解放区历年来——特别是 1942 年《在延安文艺座谈会上的讲话》发表以来——各种优秀的文艺作品，包括戏剧、小说、通讯报告、诗歌、曲艺等各类文学体裁，编选出版了这套丛书。编辑者署名"中国人民文艺丛书社"。王希坚的诗歌集《佃户林》也在其中。

（刘海琴）

上海市
第一次
各界代表會議紀要

上海市人民政府編印

责 任 者　上海市人民政府　编

出版机构　上海市人民政府　印

出版时间　1949 年 8 月

定　　价　无

中华人民共和国成立后，"各界人民代表会议"一度被设定为地方政权的主要组织形式，由它代行人民代表大会职权。其常设机构（协商委员会和常务委员会）又成为全国政协在地方的分支机构。这一阶段的"各界人民代表会议"兼具权力机关、政权机关、协议机关、统一战线组织等多重职能。"上海各界人民代表会议"是上海解放后，军事管制委员会管理初期，由军事管制委员会和市政府传达政策、报告工作、征求人民群众意见的协议机关。

1949 年 8 月 3 日至 5 日，上海市第一次各界代表会议（后统一定名为上海市第一届第一次各界人民代表会议，简称市一届一次各界人民代表会议，余类推，到 1954 年 2 月结束，历经三届九次会议）在逸园饭店（今复兴中路 597 号，后改建为文化广场）召开。会议代表共 656 名，由于群众团体的基层组织还没有完整建立，如总工会、妇联都在筹备过程中，旧的同业公会尚待整理，遂由市军管会和市政府以商定邀请的方式产生。会议代表由工人、近郊农民、驻沪部队，工商、文教、医药、宗教等各界人士，中共上海市委，各民主党派组织，以及市军管会、市政府等方面构成。其中，以工人、工商界和文教界代表人数为多，各民主党派代表有 81 名。

市军管会主任、市长陈毅作《关于上海市军管会和人民政府七、八两月的工作报告》，分"解放上海的经过""两月来的接收工作""军管时期的具体工作""今后应做的工作"四个部分。中共上海市委提出了六大任务：（1）积极支援人民解放军南下作战，迅速解放福建、台湾，并配合全国各地解放其他一切尚未解放的地区；（2）有计划有步骤地疏散人员和将部分学校工厂内迁；（3）改变今后上海生产方针与发展方向；（4）动员大批共产党员、干部和工人、学生到乡村去开展农村工作；（5）发展内地交通，鼓励城乡物资交流；（6）实行节衣缩食，克服目前一切困难。

会议期间，先后有 32 名代表发言，代表们递交了关于工商产业、劳资关系、救灾、航运、文教等方面的 59 件提案，一致表示拥护中共上海市委"粉碎敌人封锁以建设新上海"的方针。经讨论，通过组织劳资关系委员会、组织生产问题研究委员会、组织疏散难民回乡生产委员会、筹组工商团体、筹组成立中苏友好协会上海分会委员会等五件重要决议案，通过劳资关系等四个委员会组成人员名单。对未纳入决议案的其余提案，均交由市政府研究处理。此外，还通过向毛泽东主席致敬并拥护迅速召开新政协，向毛泽东主席、朱德总司令致敬并拥护胜利进军解放全中国等通电。最后，大家一致同意市军管会和市政府的工作报告，表示愿为克服目前困难、完成中共上海市委提出的"六大任务"而奋斗。

（高明）

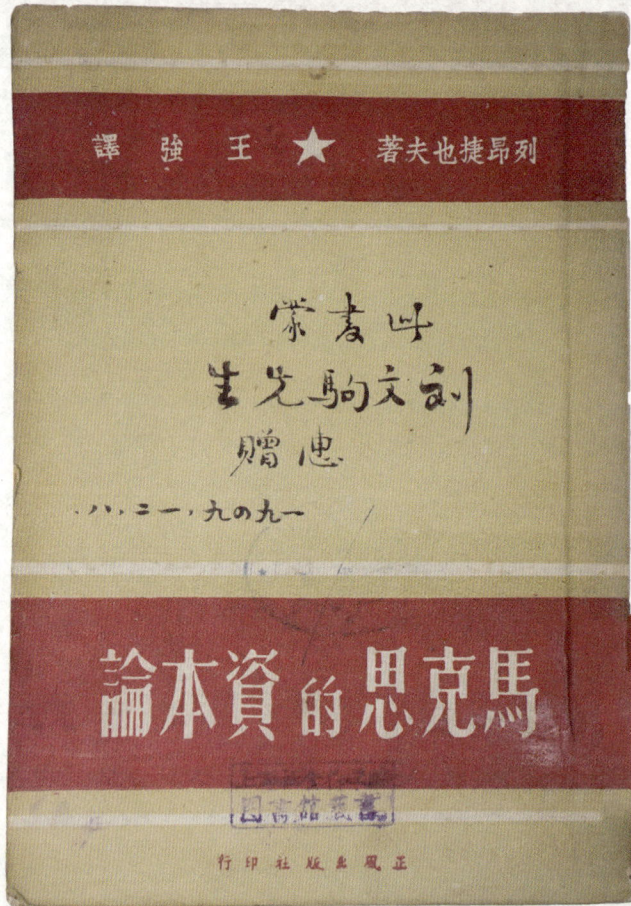

譯　強　王　★　著夫也捷昂列

蒙麥此
生先駒文創
贈　惠
一九〇九、一二、八、

論本資的思克馬

圖書館藏書

正風出版社印行

目錄

责 任 者　　[苏]列昂捷也夫　著，王强　译

出版机构　　正风出版社

出版时间　　1949 年 9 月

定　　价　　不详

　　《资本论》是马克思主义发展史上的一部划时代的巨著，是马克思主义的"百科全书"，深刻揭示了资本主义生产关系的本质和资本主义生产方式的运动规律，科学论证了社会主义必然代替资本主义的历史趋势，为当时和后来的无产阶级提供了强大的理论武器，是工人阶级的"圣经"。

　　1946 年，王强在纽约读到苏联著名经济学家列昂捷也夫所著的《马克思的资本论》，书中论及《资本论》的重要意义、特征及写作过程，详细叙述了马克思在革命斗争中的治学精神以及在晚年搜集土地问题资料的苦心孤诣。王强深觉此书是一本取材恰当、论断确切的研究《资本论》的入门图书，便以英译本为底本，着手翻译成中文，历时三年方成。与英译本相比，王强译本除对附注略加删减外，其余原文未作更改。至于附录的参考文献，王强原想将已有中译本的注明，但因不便查考，只好暂付阙如。

　　《马克思的资本论》王强译本是上海学界对《资本论》的研究开始从以传播为主转向对原著有关内容进行分析的代表性著作，也是我国资本论研究开始从受日本影响转向受苏联影响的重要标志。它给予中国读者一把钥匙，以便走进马克思《资本论》的花园，去看看马克思是怎样研究资本主义，是怎样把资本主义同以前各种生产方式进行比较的。这就是马克思政治经济学中国化的必要的准备工作。

（刘奕）

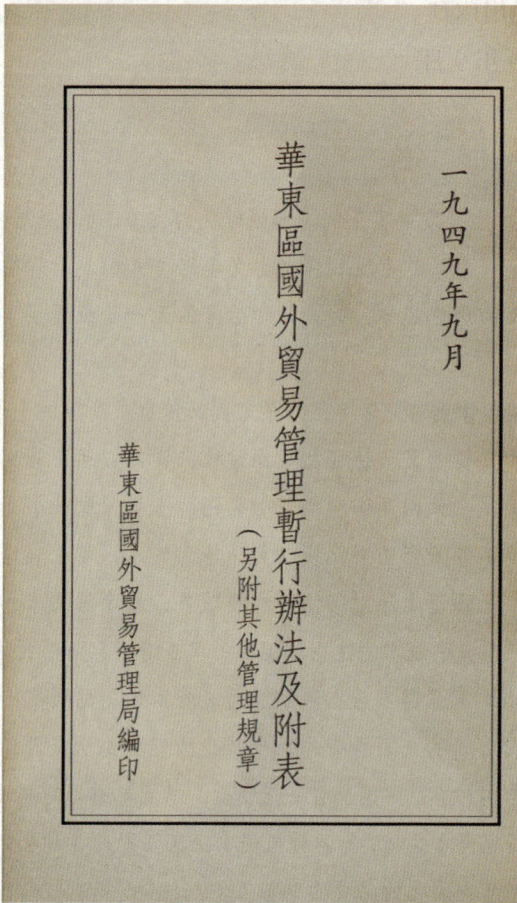

责 任 者　华东区国外贸易管理局　编

出版机构　华东区国外贸易管理局

出版时间　1949 年 9 月

定　价　无

　　1949 年 2 月 16 日，刘少奇主持起草了两个文件：《中共中央关于对外贸易的决定》和《中共中央关于对外贸易方针的指示》。《中共中央关于对外贸易的决定》中提出"应该立即开始进行新中国的对外贸易"。1949 年 3 月，中国共产党在西柏坡召开七届二中全会，毛泽东在会上指出"人民共和国的国民经济的恢复和发展，没有对外贸易的统制政策是不可能的"。根据中共中央指示，华东解放区颁布了《华东区国外贸易管理暂行办法》。《华东区国外贸易管理暂行办法》第一章总则中第一条规定："为推广输出，管理进口，发展生产，繁荣经济，特制定本办法。"可见，这不仅是制定华东区对外贸易政策的指导方针，还是管理华东区国外贸易的目的和任务。上海解放后，相应的统制对外贸易体制开始逐步建立。上海市军管会财政经济接管委员会贸易处接管国民党政府输出入管理委员会等外贸行政机构。1949 年 6 月 15 日，以原输管会为基础，改组成立华东区国外贸易管理局。其职责为"决定华东区对外贸易政策，计划并督导实施，管理全区对外贸易业务及进出口物资调节"。1950 年 6 月，又改组为上海对外贸易管理局。1953 年 1 月，上海对外贸易管理局与上海海关合并，统称上海海关。

　　本书包括华东区国外贸易管理暂行办法及附表、华东区国外贸易暂行办法实施细则、有关进口的规则、有关出口的规则、有关石油的规则、关于清理解放前未了案件的规则、有关登记的规则、关于关税稽征的规则、关于进出口货价译名的统一规定、华东区与未解放区间往来货运管理暂行办法。

（朱莹）

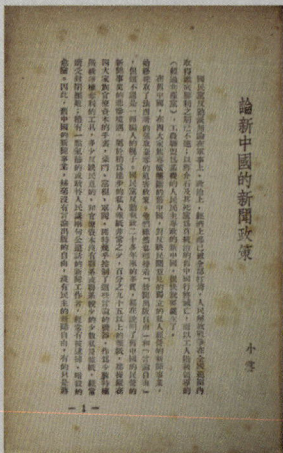

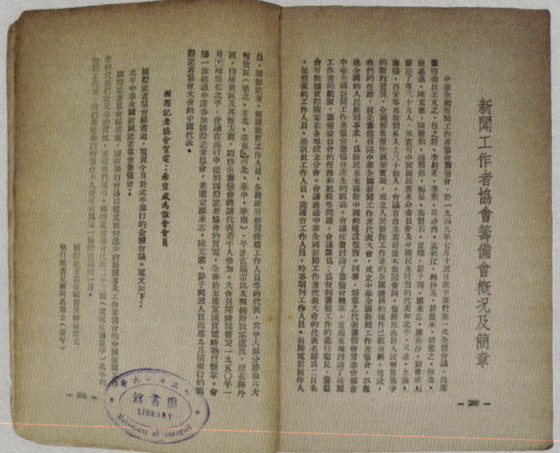

责 任 者　集体著作

出版机构　智源书局

出版时间　1949 年 10 月

定　　价　港币三元

　　本书是一群在香港的新闻工作者集体学习的结论，也是他们部分工作经验的总结，总共包含了二十多位新闻工作者的文章。它刊行于中国人民解放战争即将彻底胜利的前夕，是作者们用以迎接解放的工作表现之———希望这本小册子对于新中国的新闻工作人员的培养与改造，以及新闻事业的建设起到一点推动的作用。

　　本书的内容分为三个部分：理论部分、技术部分、附录。第一部分完全属于理论的探讨，是作者们共同研究的几个问题的结论，例如：由张问强写的《人民的新闻记者的基本任务》《新闻记者思想意识的修养》；第二部分属于个别工作经验的总结，由本书编辑委员会特约对于各部门工作比较有经验的人执笔，都是经验之谈，例如：由王子野写的《怎样给报纸写论文》，由张强写的《谈新闻翻译》《我怎样编通讯版》，由陈凡写的《怎样找新闻》；第三部分是有关新中国新闻事业与新闻工作的报道、批评与建议以及足资新中国报人参考的文章的转载，例如：由陈寒克写的《新区如何办报纸》；最后附《新闻工作者筹委会概况及简章》。

　　书里虽没有繁杂的长篇大论，但能提供给读者一点粗浅的、切合实际的经验和资料。初入新闻界的新人在工作技术方面固应向先进者学习，久经考验的老干部也必须为迎接新的环境、担负新的工作任务而吸取新的技术经验。本书编辑委员会为介绍站在人民立场的新闻工作者的经验，特约当时香港进步的报人进行写作。书中还提到了关于社论写作、新闻编辑、采访与校对等各方面的工作经验。读了这本书后，初入新闻界者在技术方面或可以略识门径。希望本书对于前进的和志切改造自己的新闻工作者们能起一点教育作用。

（成雯吉）

92. 《华东区外汇管理法规汇编》第一辑

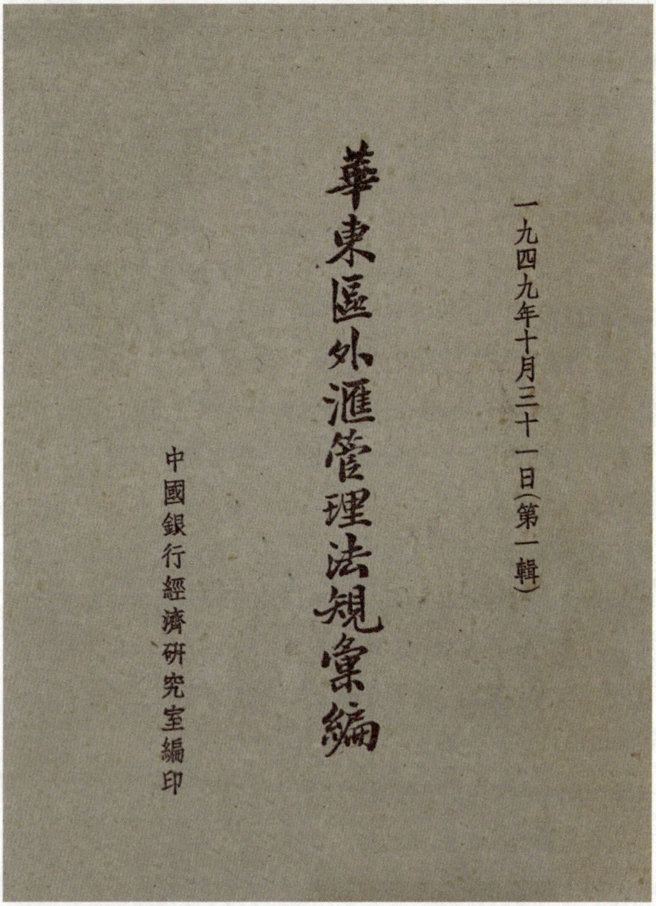

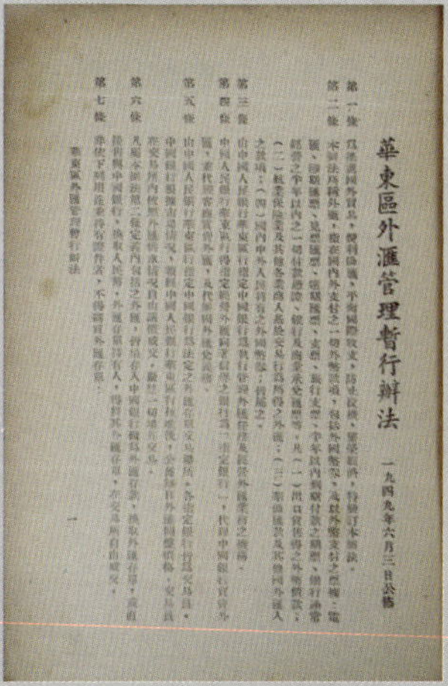

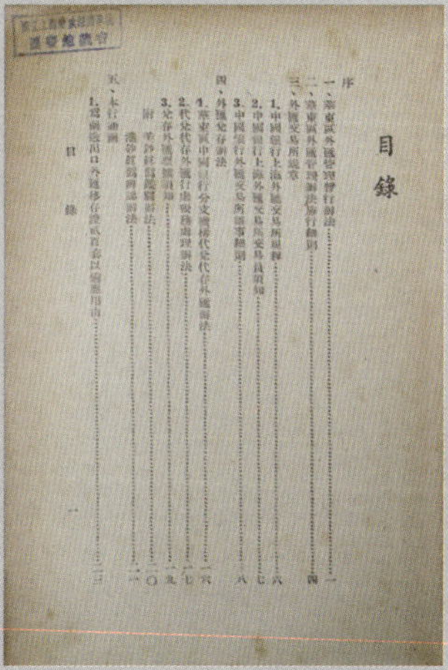

责 任 者 中国银行经济研究室 编

出版机构 中国银行经济研究室

出版时间 1949 年 10 月 31 日

定 价 无

1949 年 5 月 28 日，中国人民解放军上海市军事管制委员会接管中国银行总管理处。中华人民共和国成立后，中国银行机构在中国人民银行的领导下进行整编，在总管理处设立经济研究室，满足国家开展国际经贸和外汇工作的需要。

1949 年 6 月 3 日公布的《华东区外汇管理暂行办法》第一条明确规定："为推进国外贸易，便利侨汇，平衡国际收支，防止投机，繁荣经济，特制定本办法。"可见当时外汇管理的任务。《华东区外汇管理法规汇编》包括华东区外汇管理暂行办法、华东区外汇管理办法施行细则、外汇交易所规章、外汇兑存办法、本行通函、附录及附表。这些华东区外汇管理的法令章则和通函构成了华东区外汇管理制度，从具体规定中也能了解到华东区外汇业务中的若干问题。华东区在全国外汇交易中占有重要地位，加之外汇业务复杂，这就意味着对华东区外汇业务问题的解决办法，可以以很大比例为全国外汇业务问题的处理提供参考。因此，这也凸显了华东区外汇管理制度的重要价值。

（朱莹）

新华时事丛刊

中国人民政治协商会议
第一届全体会议
重要文献

新华书店发行

责 任 者	新华书店编辑部
出版机构	新华书店
出版时间	1949 年 10 月
定　价	无

自中共中央发出"五一"号召起，到中共七届二中全会的决定，再到后期的筹备商议，经过各界长期努力终于促成 1949 年 9 月中国人民政治协商会议第一届全体会议在北平召开，会议历时 10 天。会议代行全国人民代表大会的职权，代表了全国人民的意志，强调会议是中国人民民主统一战线的组织，启用中国共产党与各民主党派、各阶级人民以政治协商方式通过各项法案，拟定了国旗、国歌、国徽、国都、纪年等问题，宣告中华人民共和国是一个由工人阶级领导的、以工农联盟为基础的人民民主专政的社会主义国家。

朱德在会议的闭幕式上说道："在整个会议期间，我们全体代表始终团结一致，和衷共济。这是我们国家兴旺发达的气象。我们既然能够团结一致，开创了中华人民共和国，我们就一定能够团结一致把我们的国家建设好，把我们的国家引导到繁荣昌盛的境地。"整个会议圆满完成了使命，这标志着中国共产党领导的中国革命民族统一战线的伟大胜利。这是建设新中国的起点，为新中国的国家制度和政治体系奠定了基础，构建好了治理模式的基本框架，也为日后的全面发展做好了充分准备！

《中国人民政治协商会议第一届全体会议重要文献》完整收录了中国共产党中央委员会主席毛泽东同志在会议上的开幕词，其中毛泽东经典语录"中国人从此站起来了"就是出自这里。开幕词最后的三句祝词："庆贺人民解放战争和人民革命的胜利！庆贺中华人民共和国的成立！庆贺中国人民政治协商会议的成功！"展现了中国革命的全面胜利，揭示了新中国打开了全新的篇章，中华民族从此进入了一个新的时代。文献全面收录了相关资料，包括会议上通过的《中国人民政治协商会议组织法》和《中华人民共和国中央人民政府组织法》，在当时具有临时宪法意义的《中国人民政治协商会议共同纲领》，起草的《中国人民政治协商会议第一届全体会议宣言》，等等。

（杨士奇）

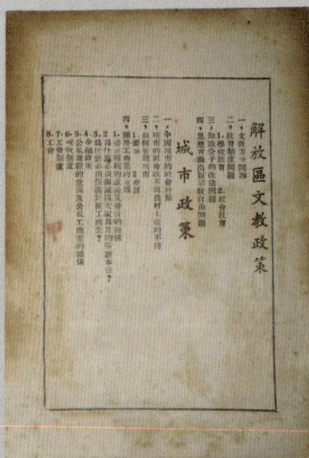

责 任 者 无

出版机构 大公出版社

出版时间 1949 年前后

定 价 无

中华人民共和国成立初期，为及时向群众宣传普及共产党政策，编写出版了一批宣传手册，《解放区文教政策》就是其中之一。是书仅 23 页，内容分为"解放区文教政策"和"城市政策"两部分。"解放区文教政策"部分，包括：（1）文教方针问题；（2）教育制度问题；（3）知识分子的改造问题；（4）思想言论出版宗教自由问题。"城市政策"部分，包括：（1）中国城市的社会特点；（2）城市的社会改革与农村土改的不同；（3）如何管理城市；（4）关于工商业的处理。全书语言朴素准确，说理透彻平实，每个段落前多以概括语加以提示与提炼，帮助读者理解和掌握共产党的相关政策。这本书内容简明，篇幅简短，便于携带和传播，是中华人民共和国成立初期中国共产党政权建设的珍贵史料。

（袁家刚）

國和共民人華中
典盛國開

毛ㄓ狷

版出店書華新北西

目次

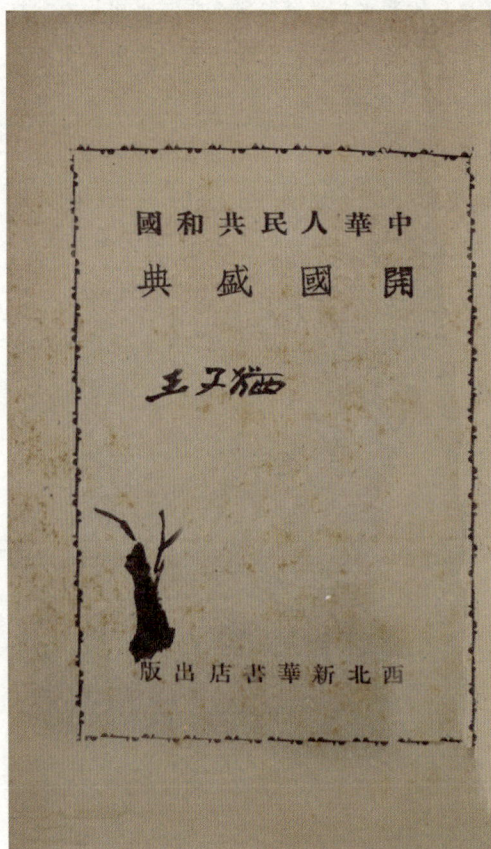

责 任 者 不详

出版机构 西北新华书店

出版时间 1949 年 10 月

定 价 不详

备 注 王子猷旧藏

　　《中华人民共和国开国盛典》目录前依次为国旗、中华人民共和国国歌以及毛主席戴八角帽早期肖像。全书正文共 122 页,收录 20 种中华人民共和国开国文献,依次为:《毛主席在人民政协筹备会上的讲词》《中国人民政协开幕》《毛主席致开幕词》《人民政协首届全会宣言》《中华人民共和国中央人民政府公告》《中国人民解放军总部命令》《中央人民政府外交部长周恩来将毛主席公告函送各国政府》《人民政协筹备经过》《中国人民政协共同纲领》《人民政协共同纲领起草经过及其特点》《中国人民政协组织法》《中国人民政治协商会议组织法起草经过和主要内容》《中华人民共和国中央人民政府组织法》《中央人民政府组织法起草经过及其基本内容》《中华人民共和国中央政府正式成立》《人民政协首届全会各单位代表名单》《首届人民政协全国委员会委员名单》《朱副主席致开幕词》《大会电慰解放军》《人民英雄永垂不朽》。

　　这是中华人民共和国成立初期由新华书店统一编辑发行的重要开国文献之一,与共和国同龄。1949 年 10 月的第 1 版印数 20000 册,很快又出了"普及本",印数 30000 册。上海社会科学院图书馆藏本原为署名"王子猷"者于 1951 年 12 月 31 日所得,后经旧书店转藏上海社会科学院图书馆。

　　　　　　　　　　　　　　　　　　　　　　　　　　　　（刘海琴）

大正十一年十二月一日印刷
大正十一年十二月一日發行
大正十一年十二月十五日再版
大正十一年十二月二十五日三版
大正十二年一月一日四版
大正十二年三月一日五版
大正十二年六月一日六版
大正十二年七月一日七版

大正十三年一月一日八版
大正十三年三月一日九版
大正十三年五月二十日十版
大正十三年十月一日十一版
大正十四年五月一日十二版
大正十四年十月一日十三版
大正十五年二月一日十四版

正價金五圓

著作者　河上　肇

發行兼印刷者　八坂淺次郎
京都市丸太町寺町東

印刷所　弘文堂印刷部
京都市夷川通川端東

禁漢譯　不許複製

發行所　弘文堂書房
京都市丸太町寺町東
振替大阪一七〇五番

發賣元　弘文堂東京店
東京市神田區淡路町
二丁目四番地

製本所弘文堂工場

责 任 者　［日］河上肇　著

出版机构　弘文堂书房

出版时间　1923 年 12 月第七版

定　　价　金五圆

　　《社会组织和社会革命》是河上肇宣传马克思主义经济学的早期著作，写于 1921 年 3 月至 1922 年 10 月，当时日本正处于第一次世界大战之后，资本主义经济危机越来越深，1918 年日本国内爆发了 33 个县将近千万人参与的"米骚"——抢米风潮。1920—1921 年，日本社会矛盾日益加深，工人罢工运动激增。在此背景下，河上肇回观历史面对现实，重新思考其经世济民以及历史向何处去的问题。作者河上肇毕业于东京帝国大学法科大学政治系（1902），兼任大学讲师后成为读卖新闻的记者，后在京都帝国大学工作（1908—1928），其间留学欧洲（1913），1932 年加入日本共产党，因违反治安维持法被检举（1933），1937 年刑满出狱。他是日本马克思主义经济理论研究的先驱者，他的著作对同时代知识分子产生了极大的影响。在不允许思想自由的时代，他无所畏惧地贯彻了自己的信念。

　　《社会组织和社会革命》是一本重要的马克思主义入门图书，是河上肇在京都帝大任教时创办的个人杂志《社会问题研究》（1919 年 1 月发刊）上发表的一系列马克思主义研究论文的集大成。全名是《关于社会组织和社会革命的若干考察》。当时日本年轻一代的知识分子，受到这本杂志的启蒙，开展了如火如荼的学生和社会运动，把马克思主义的社会活动扩展到全国各地。当时的中国留学生中也有几位是河上肇的学生。李闪亭、漆树芬、王学文等都是直接受河上肇指导的学生。郭沫若与这三人都有接触。有时他也从李闪亭和漆树芬那里听到河上肇的授业内容，还经常阅读《社会问题研究》，但对以学术性为主、缺乏社会实践的河上肇理论敬而远之。河上肇在接受马克思主义时，已经是著名的社会科学者，是京都帝国大学的教授。他始终把马克思主义作为一种学问，以学者的严谨态度予以对待。

　　而郭沫若开始认真阅读河上肇的著作并敬仰河上肇是始于 1924 年的春天。在前期创造社解散后不久，他难以忍受上海的艰难生活，举家前往日本谋生时，遇上了河上肇的《社会组织和社会革命》。这本书仿佛将郭沫若从半醒半睡的状态中唤醒。两年后，郭沫若将本书译为中文，在翻译过程中，他写信向河上肇请教，河上肇回信并给予指导。郭沫若把这本著作分为上中下三篇，上篇题为"关于资本主义的若干之考察"，中篇题为"社会组织与个人之生活"，下篇题为"关于社会革命的若干之考察"，于1924年春夏之交完成，1925年5月便由商务印书馆出版。翻译的过程，也是他思想发生巨大转变的过程。正如他自己所说，通过翻译这本书，他的思想"分了质，而且定型化了"，"自此以后便成为了一个马克思主义者"。他还习得了社会分析的方法，在致成仿吾的信中写道：

　　我从前只是茫然地对于个人资本主义怀着的憎恨，对于社会革命怀着的信心，如今更得着理性的背光，而不是一味的感情作用了。这书的译出在我一生中形成一个转换的时期，把我从半眠状态里唤醒了的是它，把我从歧路的彷徨里引出了的是它，把我从死的暗影里救出了的是它，我对于作者是非常感谢，我对于马克斯（思）列宁是非常感谢，我对于援助我译成此书的诸位友人也是非常感谢的呢。（郭沫若：《孤鸿》，《创造月刊》1926年第1卷第2期。）

（金琳）

97. 『労資、価額および利潤』（《工资、价格及利润》）

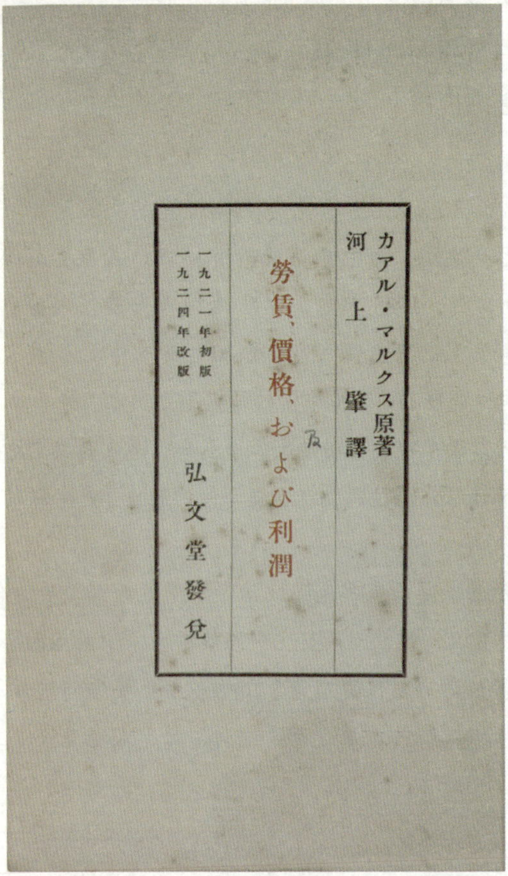

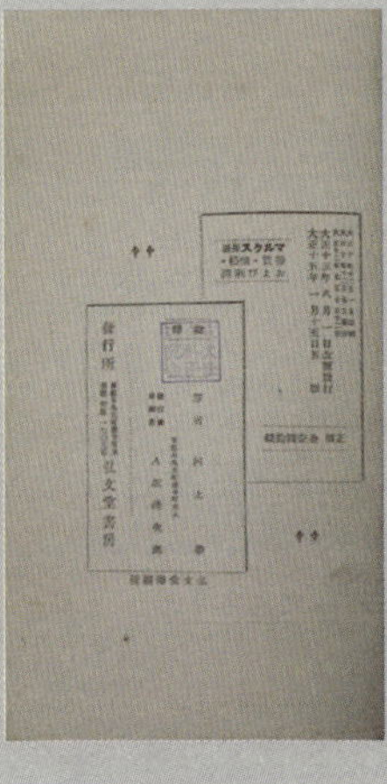

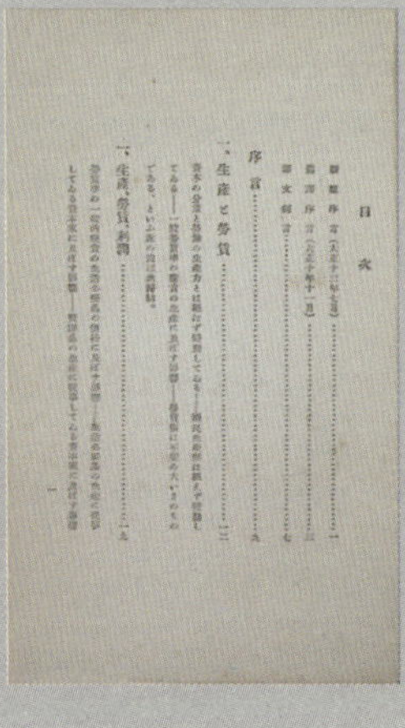

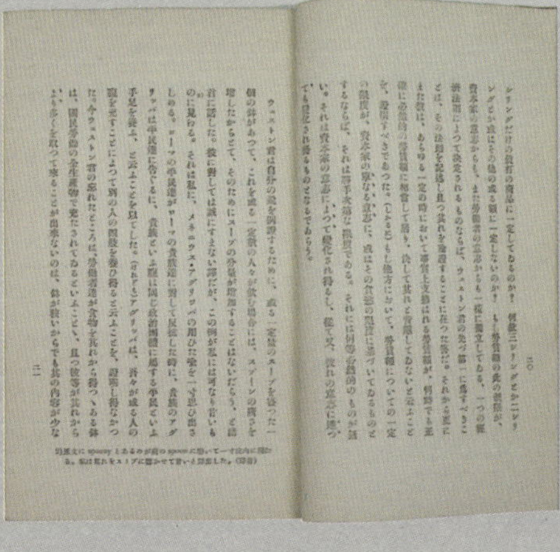

责 任 者　　［德］卡尔·马克思　著，［日］河上肇　译

出版机构　　弘文堂书房

出版时间　　1924 年 8 月 1 日改版

定　　价　　金壹圆拾钱

河上肇，日本经济学家、日本马克思主义研究的先驱者、京都帝国大学法学院教授。在京都帝国大学时期，他主要钻研、讲授资产阶级经济学。在这期间，他的思想逐渐向无产阶级转变。1923 年起，他陆续翻译发表了马克思的《雇佣劳动与资本》《工资、价格和利润》。河上肇的著作是 20 世纪初中国人学习、接受马克思主义思想的重要教材，它影响和培育了一大批中国的马克思主义者。在日本和中国的马克思主义思想传播史上影响巨大。很多留日中国学生如周恩来、李大钊、李达、李汉俊、王亚南、郭沫若、陈望道、艾思奇等都通过阅读或者翻译他的著作，受他的影响走上了马克思主义道路。

《工资、价格及利润》是马克思论述政治经济学的一部重要著作。它是在无产阶级反对资产阶级、马克思主义路线反对改良主义路线的斗争中诞生的。在这部著作中，马克思用工人阶级们听得懂的语言对《资本论》中的一些重要原理进行了详细的阐述，对剩余价值的形成过程和工人工资的本质进行了说明，对工人遭受资本家剥削的秘密进行了揭示。

（来庆利）

MARX-ENGELS
GESAMTAUSGABE
BAND 1

改造社版 一九二八年

マルクス＝エンゲルス全集

第一巻

発兌

東京市芝区愛宕下町
四丁目六番地

改造社

昭和三年六月二十一日印刷
昭和三年六月二十五日発行

マルクス
エンゲルス
全集第一巻

編纂代表者　　山本　美

発行者　　山本　美
東京市芝区愛宕下町四丁目六番地

印刷者　　杉山愛二
東京市牛込区原町加賀町二ノ三

责 任 者　［德］卡尔·马克思、弗雷德里希·恩格斯　著，

　　　　　　［日］加田哲二、冈田宗司、林要等　译

出版机构　改造社

出版时间　1928—1935 年

定　　价　不详

1928—1935 年日本改造社编辑出版过一版《马克思恩格斯全集》，该日文版是世界上最早出齐的一部《马克思恩格斯全集》。改造社版《马克思恩格斯全集》（1928—1935）于 1928 年开始出版，1933 年出版了全集共 27 卷 30 册，以及一册别卷（收录了全部目录），之后 1935 年发行了 1 本补卷，所以改造社版《马克思恩格斯全集》由 32 册组成。

改造社版《马克思恩格斯全集》在与日本同人社、弘文堂、希望阁、岩波书店、严文阁 5 家出版社共同策划的联盟版《马克思／恩格斯全集》的激烈广告竞争中获得胜利并最终发行。在国际马克思恩格斯财团相关人员的帮助下，全集的编辑出版花了 10 多年时间，收集了俄罗斯国立社会政治史文书馆的相关文件，全集中还收录了包括共产国际、日本共产党、达维德·波里索维奇·梁赞诺夫、改造社负责人山本实彦、福田德三、驻日苏联大使特拉亚诺夫斯基之间的书信、电报、各种通知等。

但日本改造社版《马克思恩格斯全集》存在一些严重的问题，在学术上受到不少日本学者的诟病，被称为"非学术性的作品"，如编辑体例杂乱，马克思与恩格斯的著作、草稿、书信的收录基准不清，书目信息、注解（包括译注）、索引、译名不统一，错译，漏译等。

（金琳）

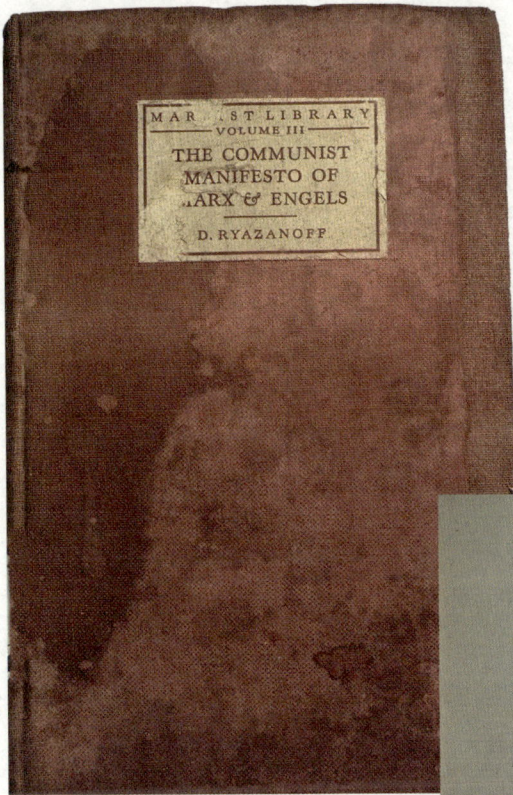

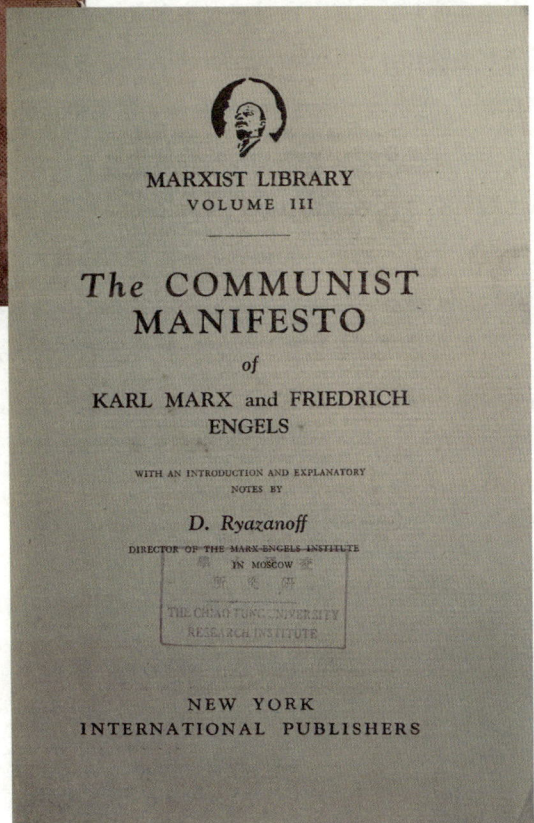

责 任 者　［苏］梁赞诺夫　著

出版机构　纽约国际出版社

出版时间　1930 年

定　　价　62.00 美元

《共产党宣言》（下称《宣言》）自产生以来就以单行本的形式广为传播。《宣言》在马克思主义理论体系中有着重要的架构性作用，因此也是世界各国学者研究马克思主义的最重要文本之一。自 1888 年恩格斯审定的穆尔英译本出版后，《宣言》在 20 世纪上半叶出版了多种英译本。本《宣言》（英文）文本部分译自 1847 年的德文原版，引言和注释则译自著名"马克思学"学者梁赞诺夫《共产党宣言》（俄语版）1922 年修订版。该俄文版《宣言》注释读本在社会主义国家影响较大。

梁赞诺夫是苏联马克思恩格斯研究院院长，是马克思和恩格斯遗著文献研究专家，对马克思恩格斯全集的编辑工作做出了独一无二的卓越贡献。梁赞诺夫（1870—1938）出生在苏联敖德萨，15 岁开始参加青年革命，17 岁开始流亡海外。在海外期间，他开始了解欧洲社会主义运动，1889 年参加了第二国际的成立大会，并开始研究马克思和恩格斯著作。回国后，他提出的建立马克思恩格斯研究院的建议得到了列宁和党中央的支持。

梁赞诺夫担任马克思恩格斯研究院第一任院长的十年间（1921—1931），在翻译和出版马克思恩格斯著作、收集马克思恩格斯的资料等方面，成绩卓著，受到了苏共高层的充分肯定。梁赞诺夫在这十年间从德国搜集到的各类图书，至今仍然是俄罗斯国家社会政治历史档案馆最为珍贵的图书资料。这些文献，连同梁赞诺夫所收集到的马克思、恩格斯的手稿、书信和笔记，被称为苏联"马克思学"的学科构建基础。1927 年，梁赞诺夫主编的《马恩全集》（历史考证版）第一部分第 1 卷正式出版，标志着至今对学术界仍有深刻影响的"马克思学"的正式确立。梁赞诺夫多年搜集马克思恩格斯文献的贡献，让他成为"马克思学"的开创者。

（宋京）

FRÉDÉRIC ENGELS

L'ORIGINE DE LA FAMILLE
DE LA PROPRIÉTÉ PRIVÉE
ET DE L'ÉTAT

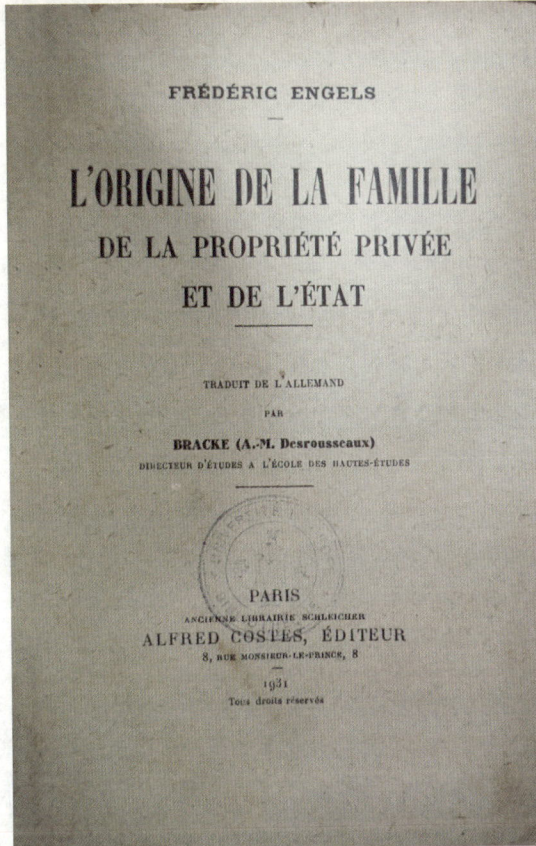

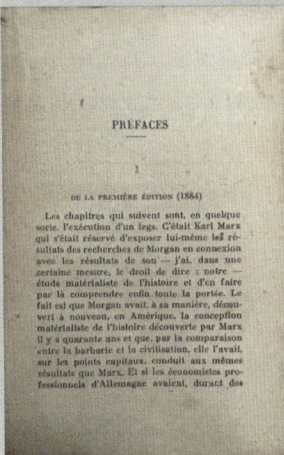

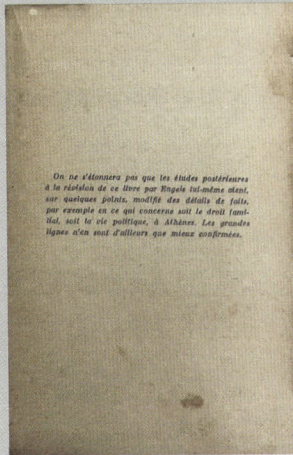

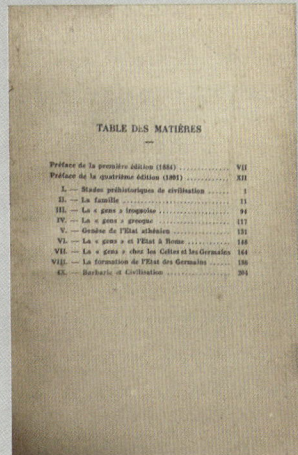

TRADUIT DE L'ALLEMAND

PAR

BRACKE (A.-M. Desrousseaux)

DIRECTEUR D'ÉTUDES À L'ÉCOLE DES HAUTES-ÉTUDES

PARIS

ANCIENNE LIBRAIRIE SCHLEICHER

ALFRED COSTES, ÉDITEUR

8, RUE MONSIEUR-LE-PRINCE, 8

1931

Tous droits réservés

责 任 者　［德］弗雷德里希·恩格斯　著，［法］亚历山大－马利·德鲁索 译

出版机构　阿尔弗雷德·科斯特斯出版社

出版时间　1931 年

定　　价　不详

《家庭、私有制和国家的起源》首次出版于 1884 年，是马克思主义的基础文献之一，影响非常深远。恩格斯通过研究早期人类社会的形态，论述了家庭的起源和发展、私有制和阶级的产生以及国家的产生原因和阶级本质，并将这一发现作为马克思主义历史唯物主义的基础。同时也影响了后来的妇女解放和性别平等运动。

本书为恩格斯经典名著的法语版本，1931 年由阿尔弗雷德·科斯特斯出版所（Alfred Costes Éditeur）在巴黎出版。

译者亚历山大－马利·德鲁索（Alexandre-Marie Desrousseaux，也被称为 Bracke 或 Bracke-Desrousseaux，1861—1955）是法国一名法语教师、记者、政治家、社会主义活动家，他在阅读了《资本论》之后接受了马克思主义，他也是罗莎·卢森堡著作的首位法语译者。

值得一提的是本书的编辑和出版者阿尔弗雷德·路易·科斯特斯（Alfred Louis Costes）（1878—1970），是第一位尝试用法语系统编译出版卡尔·马克思和弗雷德里希·恩格斯著作全集的出版商，在 1924 年到 1954 年间共出版 60 多卷（一说 46 卷），包括了马恩的信件等。该全集既有单行本，又有文集，虽在出版和发行上较灵活自由，但缺乏全局性，主要译者雅克·莫里托（Jacques Molitor）的翻译也受到诟病。时代局限性和编纂上的种种缺陷，在某种程度上成为马克思在法国长期受到误解的主要原因。

本版次含 1884 版序言和 1891 版序言，收录于该所出版的恩格斯著作集中，该集还包括《反杜林论》3 卷，《英国工人阶级状况》2 卷，《德国维护帝国宪法的运动和农民战争》，《1870—1871 年战争短评》，《恩格斯书信集（1884—1895）》2 卷等。

（甄成）

『資本論入門』（終）

昭和七年十二月十七日印刷
昭和七年十二月二十一日發行

資本論入門　定價金五圓

著者　河上肇
發行者　山本三生
印刷者　君島潔
發行所　改造社

序說
第一巻　資本の生産過程
第二篇　商品および貨幣
第一章　商品

資本論入門目次

序說
一、『資本論』は何のために著はされたか
二、『資本論』における研究方法の基礎
三、『改造經濟學全集』における『資本論』の地位ならびに

责 任 者 ［日］河上肇 著

出版机构 改造社

出版时间 1932 年

定 价 金五圆

河上肇被誉为日本最纯粹的马克思主义理论家，他在大学期间就对社会的不公深有感触，对劳动者的贫困境遇产生深度的同情，积极投身社会主义运动之中，参与日本共产党的创建，宣传马克思主义理论。他在历史唯物论、经济学的教学与研究进程中，不仅影响了日本的知识青年，也对中国马克思主义的早期传播产生了十分重要的影响。从某种意义上讲，河上肇走上马克思主义道路是从关心贫民大众的社会问题和经济开始的，从研究《资本论》开始步入马克思主义的殿堂。1929 年，河上肇出版的《资本论入门》，被认为是世界上关于《资本论》第一卷解说得最好最详尽的论著，是河上肇马克思主义经济学研究的巅峰著作。河上肇对中国早期马克思主义者的影响主要是他的著述。《资本论入门》等系列中文译本，是我国早期马克思主义传播的重要启蒙书，第一代中国共产党人几乎程度不一地受其影响。

河上肇的《资本论入门》是对《资本论》第一部分所有章节的解说，是迄今为止他以各种形式尝试过的对马克思经济学解说最详细的论著，这本书可以说是河上肇关于"资本论"研究的总结。他自己也认为这本书是自己众多著作中最为重要的。《资本论入门》最初的形式是从昭和三年（1928）四月开始，由弘文堂每月以分册的形式出版一册，至昭和四年（1929）二月出版到第 8 册。根据第 1 册的序言内容来看，河上肇从大正十五年（1926）五月到昭和二年（1927）一月精读了《资本论》第 1 卷第 1 篇，然后对其速记进行修改的正是此书。因此，《资本论入门》从一开始就不是以整本《资本论》为目标，然而，第一部分对《资本论》整体来说具有特殊的意义。河上肇在书中写道："《资本论》的第一部分是列宁劝我们反复阅读的东西，这对于整体来说是最基础的部分，也是最难理解的部分。"分册形式的《资本论入门》的第 1 册至第 7 册解说了《资本论》第 1 章的商品，第 8 册解说了第 2 章的交换过程，但未涉及第 3 章的货币和商品流通。这 8 本分册在昭和四年（1929）四月装订成合集，由弘文堂作为《资本论入门》第 1 卷上册出版，2 年后的昭和六年（1931）二月由同人社作为续篇出版了《资本论入门》第 1 卷中册。（自《贫乏物语》以来，弘文堂出版了众多河上肇的著作，但进入昭和四年（1929）后期，弘文堂与河上肇的关系断绝。）这本中册与弘文堂出版的上册构成了一部完整的对于《资本论》中最难理解的第一篇《商品和货币》的解说。

（金琳）

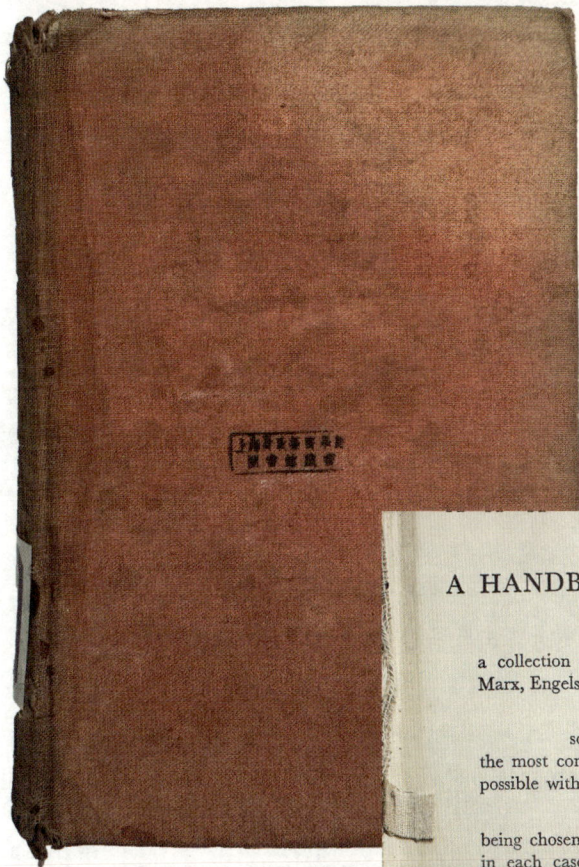

A HANDBOOK OF MARXISM

being
a collection of extracts from the writings of
Marx, Engels and the greatest of their followers

selected
so as to give the reader
the most comprehensive account of Marxism
possible within the limits of a single volume :

the passages
being chosen by Emile Burns, who has added
in each case a bibliographical note, & an
explanation of the circumstances in which the
work was written & its special significance in
the development of Marxism : as well as the
necessary glossaries and index

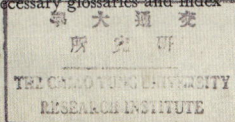

LONDON
VICTOR GOLLANCZ LTD
1935 OR

责 任 者　［英］埃米尔·伯恩斯　选编

出版机构　伦敦戈兰茨出版公司

出版时间　1935 年

定　　价　2 英镑

这本发行于 1935 年的英文版《马克思主义手册》厚达 1087 页，是一本收录了马克思、恩格斯及其伟大追随者著作的摘录作品集。发行者希望尽可能地在单本内对马克思主义进行最全面的描述。书中文章均由英国人埃米尔·伯恩斯（Emile Burns）挑选，他对每一篇文章都进行了书目注释，并对作品的写作环境及其在马克思主义发展中的特殊意义进行了解释。20 世纪 20—30 年代是马克思主义在西方社会的探索时期；进入 20 世纪 30 年代后，马克思主义逐渐迎来了发展期，各种流派的马克思主义逐渐进入了大众文化的视野。这本书的发行恰好适应了时代的需求，为读者提供最初始的马克思主义文献。

书中收录的文章详细目录如下：

1．马克思和恩格斯《共产党宣言》（原文发表于 1848 年。1934 年，马丁·劳伦斯出版有限公司再版了 1888 年获得授权并经由恩格斯审定的英译本，并附有恩格斯和马克思的序言。）

2．马克思《中央委员会告共产主义者同盟书（1850）》（1850 年 3 月，由马克思起草，获共产主义者同盟中央委员会通过。1922 年 9 月，由马克思·比尔（Max Beer）翻译并在《劳动月刊》上发表。）

3．恩格斯《1848 年至 1850 年的法兰西阶级斗争介绍》（写于 1895 年 3 月，删去一些重要段落后，发表在德国社会民主党机关报《前进报》上。完整的原文刊载在英文版的《法国的阶级斗争》中，1934 年由马丁·劳伦斯出版有限公司出版。）

4．马克思《1848 年至 1850 年的法兰西阶级斗争》（文章 1850 年发表在《新莱茵报》上。英文版由马丁·劳伦斯出版有限公司 1934 年出版。）

5．马克思《路易·波拿巴的雾月十八日》（1852 年首次发表在纽约发行的月刊杂志《革命》上。英文版由马丁·劳伦斯出版有限公司 1935 年出版。）

6．恩格斯《德国的革命和反革命》（1851 年至 1852 年间以连载方式首次发表在纽约的杂志《每日论坛》上。1933 年，与恩格斯同时期的其他著作一起，由马丁·劳伦斯出版有限公司以书的形式出版发行。）

7．马克思《法兰西内战》（由马克思起草的三篇在国际工人协会理事会上的发言稿组成，时间分别是 1870 年 7 月 23 日、9 月 9 日以及 1871 年 5 月 30 日。英文版由马丁·劳伦斯出版有限公司于 1933 年出版。）

8．恩格斯《法兰西革命的介绍》（写于 1891 年；含有《法兰西内战》的英文版，由马丁·劳伦斯出版有限公司于 1933 年出版。）

9．马克思《克里米亚战争》（从 1853 年至 1856 年间，马克思给《纽约论坛报》写了一系列信件和文章，讨论导致克里米亚战争的事件和战争本身。1897 年，艾琳娜·马克思·艾威林和爱德华·艾威林将这些信件和文章编辑在一起，以《东方问题》为名由伦敦 Swan Sonnenschein & Co. 出版。）

10．马克思《印度》（为《纽约论坛报》撰写的文章；其中一些与印度有关的文章已在各种刊物上转载，但没有完整的英文版合集。）

11．马克思《爱尔兰和英国工人阶级关系》（1869 年起草的关于爱尔兰革命的决议。1933 年摩登书屋在《马克思、恩格斯和列宁关于爱尔兰革命》一书中再次刊发该文。）

12．恩格斯《英国工人运动》（1881 年在伦敦为《劳动旗帜报》撰写的社论文章。1934 年由马丁·劳伦斯出版有限公司以图书的形式再版发行。）

13．马克思和恩格斯《德意志意识形态》

14．恩格斯《路德维格·费尔巴哈》（1886 年首次在《新时代》上连载的一系列文章。英文版由马丁·劳伦斯出版有限公司 1934 年出版发行。）

15．马克思《关于费尔巴哈》（写于 1845 年；最初是作为 1888 年恩格斯的《路德维格·费尔巴哈》的附录出版发行。此书的英文版中也包括了马克思的这一部分文章，由马丁·劳伦斯出版有限公司 1934 年出版。）

16．恩格斯《反杜林论》（1877 年首次以连载方式在莱比锡《前进报》发表。1935 年，马丁·劳伦斯出版有限公司出版发行了包括恩格斯分别在 1878 年、1885 年和 1894 年所写序言的完整英文版。）

17．恩格斯《家庭、私有制和国家的起源》（1884 年首次发表。目前唯一的英文版本是由芝加哥科尔出版社出版的。由于翻译不令人满意，文中所载章节已经特别重新翻译。）

18．恩格斯《论住宅》（1872 年首次以文章的形式在莱比锡社会民主报《人民国家报》上发表。英文版为 1935 年马丁·劳伦斯出版有限公司发行的版本。）

19．马克思《哲学的贫穷》（1847 年发表。英文版为 1935 年马丁·劳伦斯出版有限公司发行的版本。）

20．马克思《政治经济学批判导言》（1859 年首次发表。英文版为 1904 年芝加哥科尔出版社发行的版本。）

21．马克思《资本论》（这部作品有三卷。卷一：资本的生产；卷二：资本的流通过程；卷三：资本主义生产的总过程。分卷的首次发表（德文）分别在 1867 年、1885 年和 1894 年——第二卷和第三卷是由恩格斯在 1883 年马克思逝世后完成的。第一卷的英文译本是 1886 年由伦敦 Swan Sonnenschein & Co. 首次刊行的；目前完整的三卷本英译本只有芝加哥科尔出版社发行的版本。）

22．列宁《卡尔·马克思的学说》（1914 年以缩写形式，发表在俄文《格拉纳特百科全书》中。英文版为 1931 年马丁·劳伦斯出版有限公司发行的版本。）

23．列宁《我们的纲领》（写于 1899 年；1925 年首次发表。1928 年 7 月，英文版在《共产党人》上发表。）

24．列宁《怎么办？》（1902 年发表；英文版为 1931 年马丁·劳伦斯出版有限公司发行的版本。）

25．列宁《1905 年的革命》（文章分别于 1905 年和 1906 年发表在布尔什维克期刊上，以及 1907 年 1 月在苏黎世的一次演讲稿。英文版为 1931 年马丁·劳伦斯出版有限公司发行的版本。）

26．列宁《唯物主义和经验批判主义》（1909 年首次发表。英文版为 1928 年马丁·劳伦斯出版有限公司发行的版本。）

27．列宁《马克思学说的历史命运》（1913 年 3 月 14 日发表。英文版为 1933 年 4 月发表在《共产主义评论》上的版本。）

28．列宁《社会主义与战争》（1915 年 8 月发表。英文版为 1931 年马丁·劳伦斯出版有限公司发行的版本。）

29．列宁《帝国主义是资本主义的最高阶段》（1917 年在彼得格勒发表。英文版为 1933 年马丁·劳伦斯出版有限公司发行的版本。）

30．列宁《国家与革命》（1918 年初首次发表。英文版为 1934 年马丁·劳伦斯出版有限公司发行的版本。）

31．列宁《远方的来信》（1917 年 3 月和 4 月写于瑞士。1917 年 4 月 3 日，只有一篇发表在彼得格勒的《真理报》上。完整的英文版为 1931 年马丁·劳伦斯出版有限公司发行的版本。）

32．列宁《无产阶级在这次革命中的任务》（1917 年发表。英文版为 1932 年马丁·劳伦斯出版有限公司发行的版本。）

33．斯大林《1917 年 8 月政治局势报告》（英译本中包括了《为十月做准备》（俄国社会民主工党第六次代表大会纪要），摩登书屋 1931 年版。）

34．列宁《十月革命前夜》（1917 年 11 月 7 日前几周内所写的文章和信件；仅有部分文章在大革命后发表。英文版为 1932 年马丁·劳伦斯出版有限公司发行的版本。）

35．斯大林《十月革命》（1918 年至 1927 年间，发表在各种苏联期刊上的关于苏联革命的文章和演讲。英文版为 1934 年马丁·劳伦斯出版有限公司发行的版本。）

36．列宁《无产阶级革命和叛徒考茨基》（最早发表于 1919 年；1929 年摩登书屋发行英文版。）

37．斯大林《论列宁主义基础》（1924 年 4 月的一篇讲演词；1926 年收录在斯大林的作品集中发行。英文版《列宁主义》由艾伦·昂温出版有限公司于 1928 年出版。文中所选的一封信件译自 1935 年由苏联外国工人合作出版协会出版的版本。）

38．列宁《共产主义运动中的"左派"幼稚病》（最初发表于 1920 年 6 月。英文版为 1934 年马丁·劳伦斯出版有限公司发行的版本。）

39．斯大林《1927 年 8 月的国际形势》（英文版本为 1927 年 10 月 15 日发表在《共产国际》上的版本。）

40．斯大林《在党的第十七次代表大会上的报告（1934）》（英译本《斯大林关于苏联的报告》由马丁·劳伦斯出版有限公司于 1934 年出版发行。）

41．斯大林《在红军高等院校学员毕业典礼上的讲话》（发表于 1935 年 5 月 14 日）

42．《共产国际纲领》（英译本，摩登书屋，1929 年）

（高明）

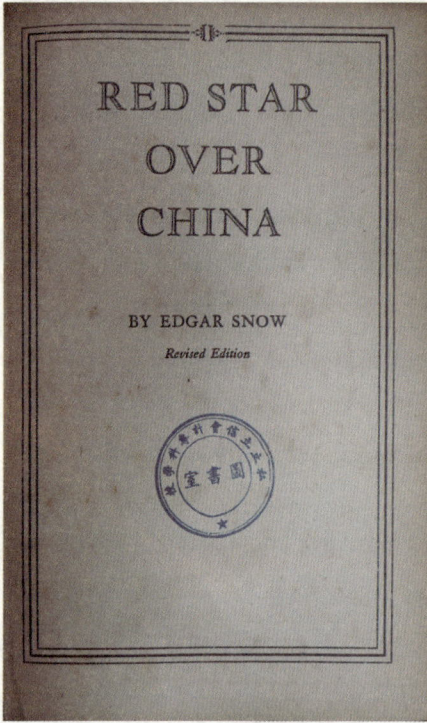

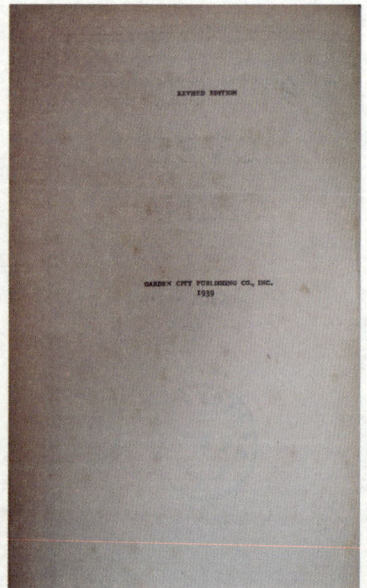

责 任 者　〔美〕埃德加·斯诺　著

出版机构　花园城市出版社

出版时间　1939 年

定　　价　不详

1937 年 10 月，《西行漫记》由英国戈兰茨出版公司第一次出版，引起巨大轰动。在此之前，中国的革命对于西方世界来说是遥远而难以理解的。这本书出版后立即被誉为对中国当时政治局势的最清晰解释。通过这本书，西方世界开始了解中国共产党和毛泽东的思想，并认识到中国革命是一场关系到中国命运的重大事件。

在《西行漫记》的手稿准备付印时，日本发动了不宣而战的侵略。花园城市出版社当时希望斯诺为初版写一篇后记概述远东战线的最新情况。但在七七事变近一年之后，出版社才与斯诺取得联系，于是有了这一修订版。在修订版中，斯诺做了很多文字改动，并增加了新的第十七章（共六节），题为"旭日上的阴影"（Shadows on the Rising Sun），还增加了一张全新的抗日战争形势地图，对时局的记述一直到 1938 年 7 月止。斯诺阐明了抗日战争的新发展，他指出了为什么日本打不赢，为什么中国抵抗得如此成功，而且他预言中国的统一将为全世界渴望民主的人民提供一个英雄的榜样。

本书首页右上角有购书者菲利普·利林索尔的签名：

Philip Lilienthal

Shanghai

1940

菲利普·利林索尔（1914—1984）毕业于哈佛大学。1938 年二战爆发前夕，利林索尔从美国来到上海，在太平洋国际学会工作，二战期间担任美国战争信息办公室（旧金山局）中国处处长，从 1946 年到 1953 年担任《太平洋事务》的编辑，其后一直是加州大学出版社亚洲图书的编辑和出版商。在本书出版后不久的 1940 年，利林索尔在上海购入此书，也佐证了本书的巨大价值。

（甄成）

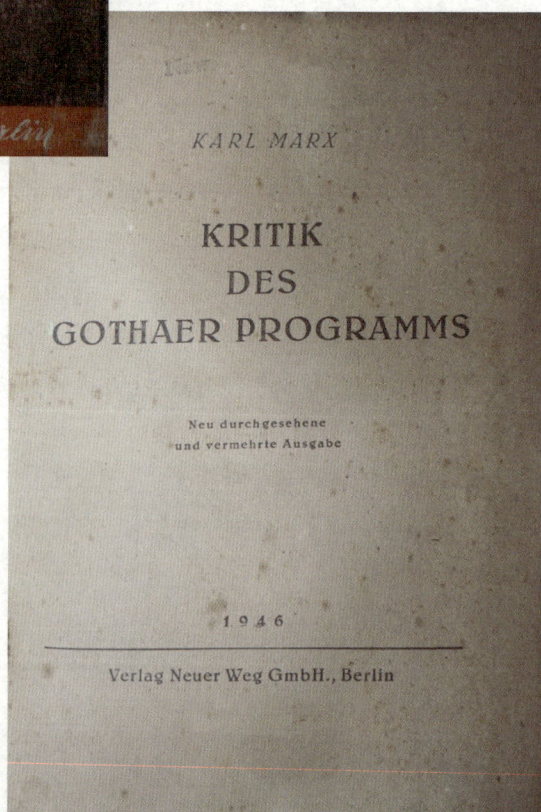

责 任 者　[德]卡尔·马克思　著

出版机构　柏林新道路出版社

出版时间　1946年

定　　价　不详

　　1875年2月，德国两大工人派别拉萨尔派与爱森纳赫派在哥达召开合并预备会议，拟定了合并后的纲领草案《德国工人党纲领》，于1875年3月公开发表在各自的机关报上。马克思和恩格斯认为这一纲领充满了拉萨尔主义精神。为此，马克思在1875年5月初给德国社会主义工人党写了一封信，后编写成《哥达纲领批判》。马克思最开始起了一个"非常谦虚"的标题"德国工人党纲领批注"，"哥达纲领批判"这个标题的出现则晚得多。德国柏林新道路出版社是德国重要的左翼出版社，二战结束后，面对无产阶级政党斗争新形势，出版社根据社会需求再版了《哥达纲领批判》。这一版本至今仍是《哥达纲领批判》的权威单行本，在德语世界较为流行。

　　与《共产党宣言》一样，《哥达纲领批判》也是马克思主义重要的纲领性著作，是科学社会主义的重要文献。这本小册子概述了无产阶级政党最重要的理论问题，马克思在写完这部著作后仅仅8年就去世了，没有时间详述德国工人党纲领的原则问题，因而《哥达纲领批判》就尤为重要。《哥达纲领批判》批判了德国工人党纲领草案中带有的"拉萨尔主义的痕迹"，批判了"公平分配""不折不扣的劳动所得""铁的工资规律""自由国家"等错误观点，阐述了科学社会主义的基本原理，尤其是第一次区分了共产主义社会发展的两个阶段及其基本特征和分配原则；论述了历史唯物主义国家观，强调国家具有阶级性；指出在资本主义社会和共产主义社会之间有一个政治上的过渡时期，这一时期的国家只能是无产阶级的革命专政。

（来庆立）

MANIFESTO

OF THE

COMMUNIST PARTY

BY

KARL MARX AND FRIEDRICH ENGELS

AUTHORIZED ENGLISH TRANSLATION

EDITED AND ANNOTATED BY FRIEDRICH ENGELS

INTERNATIONAL PUBLISHERS
NEW YORK

责 任 者　[德]卡尔·马克思、弗雷德里希·恩格斯　著

出版机构　国际出版公司

出版时间　1948 年

定 价　25 美分

《共产党宣言》首先作为共产主义同盟的纲领发表，1847 年 11 月在伦敦召开的同盟代表大会上，马克思和恩格斯受命准备出版一个完整的理论和实践党纲。该手稿于 1848 年 1 月以德文起草，2 月在英国伦敦的哈里逊印刷所出版。法文译本在 1848 年 6 月法国六月起义前不久在巴黎出版。两位作者对他们的共产主义思想进行了深刻的阐述，设想了一个没有阶级、私有财产或国家的社会。《共产党宣言》全文贯穿马克思主义的历史观，是马克思主义诞生的重要标志，被公认为有史以来最重要的政治文本之一。

《共产党宣言》诞生后也迅速传播到了美国。十月革命前，美国是出版《共产党宣言》语种最多的国家。至今，也是除中国和苏联外出版《共产党宣言》语种最多、次数最多的国家。

1948 年，《共产党宣言》诞生 100 周年。当时，世界政治格局和美国国内政治形势都发生了重大变化，二战后美国共产党的活动空间不断被挤压。尽管受到打压，《共产党宣言》所代表的正义、进步力量，在美国知识界并未退却。美国的老牌出版社国际出版公司（International Publishers）就于《共产党宣言》发表 100 周年之际再次出版《共产党宣言》。《共产党宣言》的英文版一直是塞缪尔·穆尔（Samuel Moore）翻译的唯一授权译本，由恩格斯委托并校注。本版也含有恩格斯为 1888 年英文版所做的序言。

本版《共产党宣言》被收录于国际出版公司"小小马克思书库"（Little Marx Library），该书库收录了马克思和恩格斯的多部经典著作，包括《工资、劳动与资本》《价值、价格与利润》《路易·波拿巴的雾月十八日》《法兰西阶级斗争》《法兰西内战》《致库格曼书信集》《社会主义：乌托邦和科学》《费尔巴哈论》《英国工人阶级状况》《劳动在从猿到人转变过程中的作用》等。

（甄成）

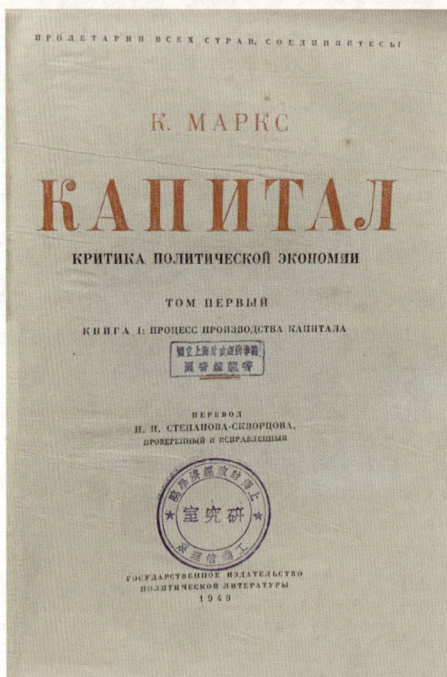

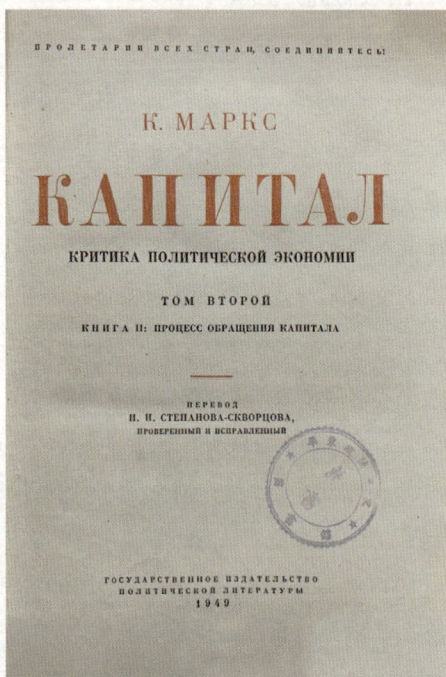

责 任 者 ［德］卡尔·马克思 著，［苏］伊万·伊万诺维奇·斯克沃尔佐夫－斯捷潘诺夫 译

出版机构 莫斯科国家政治书籍出版社

出版时间 1949 年第二版

定 价 55.00 卢布

备 注 三卷上分别有国立上海财政经济学院图书馆、上海学院图书馆、上海财政经济学院工业管理系研究室、华东政法学院图书馆藏书章。

1872 年 4 月 8 日，《资本论》第一卷俄译本在彼得堡出版，它是《资本论》的第一个外文版本，总印数仅 3000 册。1956 年莫斯科出版的《十九世纪 60—70 年代俄国的经济思想和马克思主义》一书数据显示，一个半月之内，《资本论》第一卷俄译本就售出了总印数的三分之一。

1907 年至 1909 年，斯克沃尔佐夫－斯捷潘诺夫与巴扎洛夫共同着手重新翻译《资本论》，列宁本人参加过一些准备工作，将斯克沃尔佐夫－斯捷潘诺夫的翻译版本称为最好的俄语译本。该版本与 1872 年译文版本存在明显不同，译稿中将诸多观点和规定进行了澄清阐释，并成为苏联时期《资本论》各版本最准确的译文基础。

尽管如此，该译本第一版中仍然存在诸多缺陷。例如，对马克思手稿的考证研究以及译文工作做得不够细致，出现了一些错误。而且，译文及参考资料无论是质量还是体例都不符合出版科学共产主义经典作家著作的要求，既不符合供科学研究的版本要求，也不符合通俗版的要求。

从 1933 年起，针对德国社会民主党发行的考茨基版《资本论》普及版存在的诸多"缺陷"，苏联开始发行新的普及版。斯克沃尔佐夫－斯捷潘诺夫在第二版《资本论：政治经济学批判》前言中指出，第一版《资本论》并非自德语原文翻译而来，而是基于考茨基"重新加工"并歪曲过的文本润色而来。因此，第二版更正了考茨基版以及第一版翻译中的错误，统一了文中术语。特别是列宁在自己作品中也曾引用《资本论》中的术语，在第二版《资本论：政治经济学批判》中，部分术语以列宁翻译的版本为主。第二版《资本论：政治经济学批判》译本编写方式与第一版相同，与 1893 年德语第二版《资本论：政治经济学批判》经恩格斯排版和编辑的原文进行了核对，对德语中的错字和遗漏在俄语译文中进行了更正，并在第二版中以括号形式进行标注。第二版《资本论：政治经济学批判》（共三卷）于 1949 年出版，发行量 20 万本。

马克思在《资本论》中以唯物史观的基本思想作为指导，通过深刻分析资本主义生产方式，揭示了资本主义社会发展的规律，并使唯物史观得到科学验证和进一步的丰富发展。《资本论》跨越了经济、政治、哲学等多个领域，是全世界无产阶级运动的思想指导。

（倪文卿）